Christine Beusch

Jahresfeste anders feiern

Christine Beusch

Jahresfeste anders feiern

Kreativ mit Elementarwesen

FUTURUM

Für die nachkommenden Generationen, ganz besonders meine Kleinen: Mira, Jakob, Ole, Felix, Malin, Anneli, Rosalie, Leni und alle Enkelkinder, die da noch kommen mögen.

Für Lene und Manuel, die ich in diesem Buch erwähnen durfte.

Für Kirsten, Melanie, Sophia, Elisa und Anton, Elementarwesenkinder, die mir besonders nahestehen.

Der Futurum Verlag wird vom Bundesamt für Kultur für die Jahre 2021–2024 unterstützt.

1. Auflage 2022

Layout und Satz: Klementz Publishing Services, Freiburg

Umschlagabbildung: yoksel zok/unsplash

Einbandgestaltung: Finken & Bumiller, Stuttgart

Druck und Bindung: Florjančič tisk, Maribor Printed in Slovenia

Bildnachweise: Victor Beusch: Seiten 28/29; 42; 50; 110; 120; 170; 226. Claudia Zangger: 194; 234. Alle anderen: Christine Beusch

ISBN: 978-3-85636-276-8

Gerne informieren wir Sie über unsere Bücher und Veranstaltungen.

Abonnieren Sie unseren Newsletter: www.futurumverlag.com

Der Mensch ist nicht Zuschauer, er ist in das Jahresgeschehen sowohl als Naturwesen wie als Geist- und Seelenwesen einbezogen und bildet dadurch den Schlüssel für das tiefere Verständnis des Jahreslaufes selbst.

Walther Cloos

Elementarwesen repräsentieren die Beziehung zwischen außen und innen. Für uns hat sich vor das Erleben geistiger Wesen nach außen hin die Sinneserscheinung geschoben, nach innen hin das Seelenerlebnis. Dadurch wurden zwei Bereiche, die früher eins waren, aufgespalten in zwei. Nach zwei Richtungen können wir an Grenzen stoßen und Wesenhaftes berühren.

Almut Bockemühl

Inhalt

Vorwort

Ich wurde gefragt, ob ich mir vorstellen könne, ein Buch über die jahreszeitlichen Veränderungen in der Natur zu schreiben beziehungsweise über die Jahresfeste und ihre Bedeutung früher und heute im Zusammenhang mit dem Weben und Wirken der unsichtbaren Wesen der Erde. Je mehr ich darüber nachsann, desto reizvoller fand ich die Idee. Ich sah es als Chance, mich mit den Jahresfesten und den lebendigen Prozessen der Erde neu auseinanderzusetzen.

Die Feste im christlichen Jahreskreislauf zu *feiern* ist uns geläufig. Für mich gehört es unmittelbar zum Leben dazu. In der Kindheit und Jugend war ich von zu Hause aus stark im katholischen Jahresgeschehen eingebettet. Dann, über 30 Jahre in einer anthroposophischen Gemeinschaft für Menschen mit geistiger Behinderung lebend und wirkend, erlebte ich es als einen der tragenden Pfeiler, gemeinsam die Jahresfeste zu gestalten. Natürlich war ich in dem Zusammenhang verwöhnt und konnte mich von dem vorgegebenen jahreszeitlichen Rhythmus aktiv oder passiv tragen lassen. Jetzt, da wir zu zweit leben, mein Mann und ich, muss ich mich in einer anderen Art und Weise mit der Gestaltung der Jahresfeste befassen. Und da wird schon mal manches aus Bequemlichkeit oder Zeitgründen übersprungen oder nur am Rande bedacht.

Wie schwierig kann es sein, die Feste zu greifen, neu zu beleben, zu vertiefen, und sie nicht nur aus bloßer Tradition zu feiern, weil es immer schon so war! Ideen und Impulse schlafen wieder ein, aus Mangel an Zeit, aus Überforderung im Alltag, aus Interesse- oder Verständnislosigkeit … Es bleibt etwas auf der Strecke, ein fahles Gefühl entsteht. Man nimmt sich vor, es im nächsten Jahr besser und sich früher Gedanken zu machen. Wenn es einem schließlich gelungen ist, mit Andacht und Hingabe ein Fest zu gestalten und zu feiern, ob im Außen oder im Innern, fühlt man sich beglückt und zufrieden: Nahrung für die Seele! Diese Höhepunkte geben uns Kraft, unseren Alltag besser zu bewältigen.

Jahresfeste zu erleben gibt uns die Möglichkeit, bewusst in das Naturgeschehen einzutauchen, anders zu beobachten, präsenter zu sein. Es sind Momente der Stille.

Möge dieses Büchlein ein Leitfaden sein, eine persönliche Handreichung, um bewusster wahrzunehmen, was «es» mit uns macht. *Da* ist es schon, nur fühlen wir es so selten.

Mir geht es nicht um die Frage, ob die kirchlichen Feste heute noch ihre Berechtigung haben oder nicht, ob sie einer Erneuerung bedürfen oder wir an den alten Traditionen festhalten können, da diese sich der Erde schon kosmisch und ätherisch eingeprägt haben. Mir geht es darum, fühlend und erlebend bewusster durch das Jahr zu gehen. Zu schauen: Was kann ich erfahren, wie kann ich erfahren? Wo ist es für mich, mit meiner ganz eigenen Prägung, stimmig, wo kann ich andocken, bejahen, in Resonanz gehen? Aber auch darum, an mir selber erleben zu können, wo etwas sich durchaus nicht stimmig anfühlt. Wo machen mich jahrhundertealte Bräuche vielleicht unfrei, wo stehen mir Glaubenssätze, Verhaltensmuster – sowohl meine eigenen als auch übernommene – im Weg? Wo ist vielleicht «Heilung» nötig oder möglich? Ist es mir möglich, mich zu befreien, indem ich mich ganz zurücknehme und die Elementarwesen sprechen lasse? Kann ich mich auf eine Zwiesprache einlassen (die auch nonverbal stattfinden kann) und nachempfinden, was sie mir zu erzählen hat? Um lauschend liebend die vielen unsichtbaren Wesen der Natur zu erfahren und in den Alltag zu integrieren, braucht es nicht immer viel Zeit. Das kann auch sehr schnell gehen: einmal hindenken, Hallo, euch gibt es und ich weiß es, habt Dank dafür!

Das Buch setzt sich innerlich wie ein Puzzle aus verschiedenen Teilen und Ebenen zusammen.

Da sind zum einen weiterhin meine ganz persönlichen biografischen Erlebnisse, die Geschichten über Begegnungen mit vielen verschiedenen Wesen, auch solchen, die mich nun schon lange in meinem Leben begleiten und somit in den Erzählungen öfters erwähnt werden.

Daraus entspringt meine individuelle Entwicklung: am Erleben der elementaren Welt.

Dessen Schilderung ist wiederum eingebettet in die vier Jahreszeiten und die vier Elemente: die Erde, das Wasser, die Luft und das Feuer. Und in das Jahr der Erde, als Seelenwesen mit einer Ein- und Ausatmung, mit vier

Wendepunkten oder Toren: die Sonnenwende und die Tagundnachtgleiche, jeweils zweimal im Jahr.

In die Jahreszeiten hineingewebt erzähle ich über die Jahresfeste (Tradition, Brauchtum, Rituale) – vordergründig oder hauptsächlich die christlichen Feste. Ich erzähle von dem, was ich als Mensch daran erfahren darf.

Ab und zu, damit es lebendig bleibt, gibt es Anregungen, Übungen, Meditationen – es sei hierzu auch auf mein erstes Buch *Uns gibt es wirklich – Leben mit Elementarwesen* verwiesen (Pforte Verlag, Dornach 2010). Manches wird sich für Leser, die jenes Buch kennen, wiederholen und vertiefen; das liegt in der Natur der Sache. Und manche Referenzen, Quellen oder Begriffe (zum Beispiel anthroposophisch geprägte), die für neue Leser ungewohnt sein mögen, werden dort aufgelistet und erklärt. Am Ende des vorliegenden Buches nenne ich neben diesen weitere wesentliche Inspirationsquellen meiner Arbeit.

Ich hoffe, es ist mir gelungen, all diese Puzzleteile und Elemente zu einem großen Ganzen zu flechten. Es geht mir nicht um vorgefertigte Gedankenabfolgen. Ich will Lust darauf machen, in die eigenen Erfahrungen zu finden, ins eigene Tun zu kommen. Der eigenen Schöpfungskraft sind keine Grenzen gesetzt.

Letztlich könnte dieses Buch nur aus zwei Worten bestehen: Liebe und Dankbarkeit. Das ist der Schlüssel.

Christine Beusch

Einleitung: Persönliche und methodische Vorbemerkungen

1

Das Reich der Naturwesen ist ein sehr weites, vielseitiges Feld. Und ich weiß, dass es nur ein Bruchteil ist, was sich mir bis jetzt eröffnet hat, sozusagen ein kleines Stückchen aus dem großen Kuchen elementare Welt. Und das finde ich spannend, denn im Austausch mit anderen Menschen kommen mehrere solcher Ausschnitte zusammen und tragen zu einem Gesamtbild bei.

Elementarwesen unterliegen den Gesetzen der Jahreszeiten, den Vorgaben der dazugehörigen Engelwesen (z. B. Landschaftsengeln), dem Atmen der Erde und deren Impuls als Erdenwesen mit einem eigenen Bewusstsein sowie den kosmischen Einflüssen der Planeten und Fixsterne. Die Elementarwesen sind unter anderem zuständig für die Pflege der sichtbaren Wesensglieder, ein Begriff Rudolf Steiners, und der verschiedenen Reiche (Mineral – Pflanze – Tier – Mensch). Es gibt jeweils klar zugeordnete Elementarwesen: Gesteinswesen, Pflanzenwesen, das Tierelementarwesen, und das Körperelementarwesen bzw. die Organwesen bei den Menschen.

Die unsichtbaren Wesen der Natur werden Elementarwesen genannt, weil man sie den vier Elementen der Erde zuordnen kann: Erde, Wasser, Luft und Feuer.

Wer sich mit den immer wiederkehrenden lebendigen Prozessen der Erde beobachtend und einfühlend verbinden möchte, wird sehr bald merken, dass es sich, als Ganzes betrachtet, um ein sehr komplexes Gefüge handelt. Viele verschiedene Ebenen, Gegebenheiten und Einflüsse spielen eine Rolle in dem Weben und Walten innerhalb der Lebensprozesse auf unserem Planeten.

An dieser Stelle möchte ich versuchen, einige Möglichkeiten zumindest aufzuzählen. Vertiefungen haben verschiedene Autoren schon vor mir geleistet und bestimmt auch viel besser, als ich es könnte: zum Pflanzen- und Tierleben, zum Wettergeschehen, zu einzelnen Jahreszeiten.

Der Jahreslauf ist ein Zeitorganismus, durchsetzt von Teilgebilden, Teilprozessen und Teilfunktionen. Diese ergeben ein sich wiederholendes und einigermaßen einheitliches Ganzes.

Dieses Ganze kann man in einem nächsten Schritt in Organe aufteilen: die Naturreiche, die Elemente. Diese organische Natur ist im Werden und Vergehen zeitlich eingegrenzt, aber eben sich wiederholend. Sie umfasst zunächst Phänomene, Erscheinungen für das menschliche Wahrnehmen, die beobachtet, erforscht und beschrieben werden können: Sonnen- und Mondstand, Tag und Nacht in wechselnder Dauer, Lichtqualitäten, Wärmezustände, Luftbewegungen, Wolkenbildung, Witterung, Tierleben, Pflanzenleben, Bodenleben und Mineralleben. Es sind lebendige Prozesse, die tätig übergreifend gegenseitig sich beeinflussen und ergänzen, und auflösend und polarisierend in einer Wechselwirkung miteinander stehen.

Als Nächstes können wir in der Natur die sogenannten Urphänomene beobachten: Atmungs- und Kreislaufvorgänge, Ausdehnung und Zusammenziehung, Umwandlungen von Stoffen, Wach- und Schlafprozesse, Beleben und Ersterben.

All dies verdanken wir Wesenheiten, die diese Umwandlungsprozesse ermöglichen und begleiten, die Elementarwesen und die Engelwesen (die Geister der Umlaufzeiten), insbesondere die vier uns begleitenden Jahreszeiten-Erzengel Raphael (Frühling), Uriel (Sommer), Michael (Herbst) und Gabriel (Winter), der Jahresgott (aus der Hierarchie der Archai) und letztendlich Gaia, die Erdenseele selber, und der Planetengeist (aus der Hierarchie der Geister der Form). Diese unzähligen geistigen Wesenheiten regen sich gegenseitig an, impulsieren, bestimmen und begrenzen, damit unsere Erde ein trotz sich wiederholender Vorgänge lebendiger Organismus bleiben kann.

Ein nächster Aspekt, der im Weben und Walten der Erdenprozesse eine Rolle spielt, ist die geografische Gliederung der Jahreszeiten, sind die Klimazonen der Breitengrade: von Dauerwinter am Nord- und Südpol bis zu Dauersommer am Äquator, dazwischen die gemäßigten Zonen mit zwei, drei oder vier Jahreszeiten, polar zueinander, je nach Erdhalbkugel.

Spannend wird es, wenn es nicht nur als ein Wirken im näheren Erdenumkreis oder unterhalb der Erdoberfläche (Erdenumkreis) verstanden wird, sondern wenn man ebenso von einer Wechselbeziehung zwischen Erdmittelpunkt bis hin zum Planeten- und Sternenumkreis ausgeht (Schwerekräfte und Lebenskräfte), die ebenfalls einen Einfluss auf die Wechselwirkung unserer Jahreszeiten haben.

Wer den Jahreslauf der Erde erkennen will, steht vor der Aufgabe, die ganze Erde als Einheit zu betrachten und das Jahreslaufgeschehen als Ausdruck ihrer Lebendigkeit anzuschauen. Die zeitlichen Gegenläufigkeiten der Jahreszeiten auf der Nord- und Südhalbkugel sind dann nicht nur als gegensätzlich, sondern auch als einheitliche Gesamtfunktionen zu interpretieren. Nordwinter und Südsommer, als Gesamtbild, gehören gemeinsam und gleichzeitig dem Prozesshaften der Erde an.

Wir können so für den Jahreslauf zwei hineinwirkende Sphären beobachten: die Sphäre der Höhe mit den Erscheinungen von Wärme, Licht, Witterung, Wolken, Wetterbildung sowie dem Gruppenseelenhaften der Mineral-, Pflanzen- und Tierwelt – und die Sphäre der Tiefe, das Bodenleben, die Wasserzirkulation und das unterirdische Leben von Pflanze und Tier in Wurzeln, Samen und Knospen. Und ein drittes Mittleres, dazwischen seiend, wo oben und unten sich durchweben.

2

Man kann den Eindruck haben, die Zeit ginge immer schneller, die Anforderungen werden immer mehr. Nachklang über das gerade Erlebte findet kaum mehr einen Raum, das Nächste winkt uns schon und lenkt uns ab von dem, was gerade erst gewesen ist. Nachsinnen als Verdauen und Verarbeiten kommt oft zu kurz.

Jahresfeste müssen gar nicht immer groß gefeiert werden. Sich Zeit nehmen, innehalten, sich auf die Tagesstimmung einlassen, hinfühlen, reflektieren, sich mit den Bräuchen und Traditionen befassen, all das kann schon sehr erfüllend sein. Liebevoll inspiriert werden, vor allem während des direkten Erlebens in der Natur, in der Landschaft, unmittelbar in Resonanz seiend mit den unsichtbaren Wesen, ohne die es keine Wandlung gäbe, keine Prozesse im Jahreslauf, kein Wachstum und Reifen, kein Sterben und Leben auf unserer Erde. Auch uns gäbe es nicht ohne sie.

Was uns äußerlich im Jahreslauf erscheint, sei es der Schnee im Winter, das Sprossen und Wachsen im Frühjahr, das Blütenmeer des Sommers, sei es das Heranreifen der Beeren und Früchte und das sich verfärbende Laub im Herbst, all das, was für uns physisch sichtbar ist, ist nur da, weil ein Geistiges dahintersteht. In jedem Stein, in jeder Pflanze, in allen Wesen leben geistige Wesenheiten: die Naturgeister.

Einmal bewusst hinauszugehen in die Natur, raus aus dem Alltag, beglückt. Ich kann dort zu mir selber finden, im Einklang sein mit dem, was ist, und regenerieren. Im Vertrauen, getragen und begleitet zu sein von höheren Wesen. Es gibt sie wirklich und sie sind überall!

Was früher selbstverständlich war, etwa ein Gang durch den Wald, heißt heute Waldbaden. Dazu gibt es sogar ausgebildete Waldbademeister und -meisterinnen, die uns an die Hand nehmen, weil wir es verlernt haben. Achtsamkeit ist nicht ohne Grund ein zeitgemäßes, durchaus wichtiges Wort geworden.

Meine Wahrnehmung der Elementarwesen und meine Kommunikation mit ihnen sind kein Dauerzustand. Es ist nicht so, dass ich diese Verbindung immer parat habe oder ständig aufrechterhalten kann. Sie setzt sich vielmehr aus Erlebnissen und Augenblicken der besonderen Art zusammen. Es bedarf meinerseits einer Konzentration, einer Hinwendung – durchaus eine willentliche Tat. Es ist auch nicht so, dass ich sie immer und alle und stets überall sehe, einfach so im Vorbeigehen. Ich muss mir dafür Zeit nehmen, zur inneren Ruhe kommen und mich darauf ausrichten. Ich muss mich einlassen wollen. Das ist auch gut so, denn ich möchte und ich kann gar nicht ständig mit der elementaren Welt über das Sehen in Resonanz stehen. Das wäre auch nicht gesund. Oder es ist als Fähigkeit noch etwas Zukünftiges: dauerhaft und allgegenwärtig den Blick dorthin zu wenden. Es wäre dann in dem Sinne auch keine Tätigkeit mehr, sondern ein Seinszustand.

Und das ist auch nicht das Wichtigste für meine Beziehung zu den Wesen der Natur, als Dolmetscherin ihrer Welt. Ich weiß permanent über sie, dass es sie gibt, dass sie da sind, um mich sind, mich begleiten, Anteil an meinem Leben haben und ich an ihrem. Kurzum, unsere Beziehung besteht vor allem aus dem Wissen: Es gibt sie, und sie wissen, dass ich weiß, dass es sie gibt!

Wahrnehmen ist dabei ein sehr umfassender Begriff. Wahrnehmen ist mehr als sehen, es ist Aufmerksamkeit, Achtsamkeit, Andacht, Bewusstheit. Wahrnehmen ist vor allem: mit dem Herzen fühlen. Wahrnehmen ist schmecken, hören, riechen, tasten und fühlen. Wahrnehmen ist reflektieren, aber nicht bewerten. Mir ist es immer hilfreich während meiner feinstofflichen Prozesse, in einen Vergleich zu gehen, um besser differenzieren zu können. Wie es geschieht, ist sehr individuell. Ich kann Anregungen geben, aber die Erfahrung muss letztendlich jeder selber machen. Spielerisch ausprobieren. Man sollte es mit Freude tun! Ich persönlich, wenn ich ein Bild eines Elementarwesens bekommen möchte, kann es besser mit geschlossenen Augen sehen. Wobei ein Bild zu haben überhaupt nicht im Vordergrund steht. Die Informationen, die ich erhalte, können sehr vielfältig sein. Ich muss nicht immer wissen, wie der Gnom für mich aussieht, wenn ich ihn fühlen oder riechen kann, wenn er mir Gedanken zuspielt, wenn ich entdecke, welche Gefühle zwischen uns weben oder was er braucht. Sein Informationsfeld erfahren – so nenne ich es hier einmal – kann ich auf vielerlei Arten, und ich hoffe, dass es mir gelingt im Laufe dieser Schrift, ein Teil der Möglichkeiten zu schildern, sodass die Komplexität auch als Chance deutlich wird.

Zuerst nehme ich mich zurück, um dasjenige einladen zu können, was sich zeigen will. Aber dann, fast gleichzeitig, beobachte ich an mir, was es mit mir tut. Wie ich mich dabei fühle. Es sollte sich immer gut anfühlen, sowohl während des Prozesses als auch die Stunden oder die Tage danach. Dies bedarf, meiner Erfahrung nach, einer starken Aufmerksamkeit.

Um Elementarwesen wahrzunehmen, habe ich verschiedene Herangehensweisen. Ich kann mich gedankenleer machen (*No mind*-Zustand), mich öffnen und in eine visuelle, innerlich-kontemplative Wahrnehmung gehen. Das geschieht, wenn ich die Augen geschlossen habe. Ich muss mich dafür konzentrieren, d. h. willentlich dabei sein. Ich bekomme auf diese Weise innerlich bunte, farbenfrohe Bilder (Imaginationen) von Gestalten. Umrisse. Und ich kann über diese Bilder mit dem Wesen in einen Austausch kommen, was heißt, dass Informationen in beide Richtungen fließen. Wenn ich mich mit offenen Augen auf die Suche nach Elementarwesen mache, bekomme ich zuerst eine Ahnung (ohne Bild). Es fühlt sich wie eine Einladung an. Ich werde von außen auf etwas aufmerksam gemacht und dann bleibt mein Blick irgendwo haften, ich sehe scheinbar nichts, aber ich weiß, da ist etwas, eine Präsenz. Wenn ich mich dann auf diese Stelle konzentriere (Willensakt), kann ich so etwas wie eine Energiewolke oder wie einen

Energiedunst wahrnehmen, eine Gestalt, mit Ausdehnung und Größe. Es bleibt in der Erscheinung aber vage und nebulös. Keine Farben, keine Bilder. Es ist mehr ein Wissen: Da ist ein Wesen. Ich kann mich in die Gefühle, die mir von diesem Wesen entgegenkommen, hineinfühlen, sie miterleben und begrifflich schildern. Dazu gehe ich gerne in eine Aufzählung, in eine Wiederholung.

Eine weitere Möglichkeit der Annäherung habe ich, indem ich etwas ahne, als Frage bewege, und indem ich rationell, analytisch und logisch versuche, da heranzugehen. Ich gewähre mir Zeit, bis sich innerlich, im Verstandesmäßigen, eine plausible Antwort ergibt. Das kann manchmal Jahre dauern, bis es mir plötzlich wie einfällt. Das ist eine Methode, die ich ebenfalls gerne für Fragen anwende, die ich im Leben habe, wenn Prozesse mich bewegen, wo ich nicht gleich eine vorgefertigte Meinung haben möchte. Es gibt mir eine gewisse Sicherheit und Wandlungsfähigkeit, um nicht durch voreilige Schlüsse zu einem falschen Ergebnis zu kommen, einem Ergebnis, das mich prägen würde, ohne dass ich weiß, es ist falsch.

Natürlich plagen mich nach wie vor auch Unsicherheiten, Zweifel. Sie hindern mich manchmal daran, Schritte zu gehen, mir die Zeit zu nehmen, etwas tiefer zu betrachten. Dann hege ich es lieber weiterhin als Frage, die sich schon irgendwann beantworten wird.

Kolleginnen und Kollegen haben unter Umständen sehr unterschiedliche, individuelle Methoden der Wahrnehmung der feinstofflichen Welt. Das ist auch gut so. Es macht es lebendig. Deshalb aber ist es auch nicht einfach, eine Methode weiterzugeben, die andere einfach sofort erfolgreich übernehmen können. Jeder muss durch Tun und Üben seine eigenen Möglichkeiten finden. Man hat immer nur einen Teilaspekt des Ganzen für sich entdeckt und integriert. Je nachdem, mit welcher Ebene man in Resonanz geht, kann es zu unterschiedlichen Wahrnehmungen kommen. Und manchmal auch zu scheinbaren Differenzen oder Widersprüchen. Doch im Austausch miteinander ergibt sich dann wieder ein vollständigeres, sich ergänzendes Bild. Ich fühle mich nicht allein mit meinen Fragen und Erlebnissen. Das macht es interessant, und ich bin immer dankbar für diesen fruchtbaren Austausch.

3

Über die Auseinandersetzung mit der Vergangenheit, mit Ursprung und Brauchtum und bewährten Ritualen können wir einfacher in eine Jahresfeststimmung eintauchen. Rituale sind hilfreich: innehalten, sich Zeit nehmen, es zelebrieren. Es ist wie ein Geschenk, eine Opfergabe, die ich den übersinnlichen Wesen darbringe.

Wir tauchen in das Feld einer oft schon jahrhundertealten Tradition ein. Es ist ein Kollektivfeld, was sich uns zur Verfügung stellt, ein Erfahrungsschatz – auch wenn manches in Vergessenheit geraten ist: Volkstümliches, Qualitäten des Gemüthaften. Sich mit der Vergangenheit zu befassen heißt, daraus neue Anregungen und Ideen entstehen zu lassen, um einen zeitgemäßen Umgang mit Ritualen zu entwickeln. Die Haltung: Wir haben es doch immer schon so gemacht! – das trägt heute nicht mehr.

Sobald ich Liebe und Dankbarkeit zu den Naturwesen oder auch zu den technischen Elementarwesen (die Wesen, die mit den technischen Geräten verbunden sind und ohne die diese nicht funktionieren könnten) empfinde oder hinschicke, komme ich in eine Resonanz mit ihnen. Sie antworten gleichsam, allerdings subtil. Es kommt als Grundstimmung immer auch Dankbarkeit zurück. Es ist keine Einbildung.

Ich habe seit dem ersten Buch sehr viel aufnehmen, erleben und entdecken dürfen. Ich könnte auch sagen: *unserem* ersten Buch, da ich es ohne die Mitwirkung meiner Freunde, der Naturwesen, nicht hätte so schreiben können. Sie inspirieren mich und ich darf durch sie viel lernen, auch über mich selbst. Ich bin lediglich in der Lage, ihre Informationen, ihr Wissen, ihr Bewusstsein, das, was sie zu uns hinüberschwingen, irgendwie zu übersetzen und auf meine Art und Weise zum Ausdruck zu bringen. Andere Menschen kommen auf einer anderen Ebene mit den Elementarwesen in Resonanz und erfahren es deshalb unter Umständen etwas anders gefärbt. Das muss sich nicht widersprechen.

Wenn ich schreibe, spüre ich die Elementarwesen, die in meinem eigenen Leben einen speziellen Platz haben, immer besonders stark.

Dabei ist es für mich immer wieder wichtig, zu erleben, dass ich im Wahrnehmen des Feinstofflichen nur weiterkomme, wenn ich mich gleichzeitig selber an der Nase packe – im Sinne der Arbeit an meiner eigenen

Entwicklung: Aufarbeitung alter Geschichten, Durchschauen der eigenen Verhaltensmechanismen und -muster, Überprüfen von Glaubenssätzen und Unzulänglichkeiten.

Oft bekommt man, wenn man sich mit seiner Aufmerksamkeit in der Ätherwelt befindet, wie einen Spiegel vorgesetzt. Da könnte man meinen, die Bilder, die man empfängt, oder andere Erfahrungen, die man auf dieser Ebene macht, würden etwas über Elementarwesen oder Fabelwesen aussagen, was ja durchaus oft der Fall ist. Aber nein, das kann einfach nur eine Projektion meiner eigenen inneren Welt, das heißt, meiner eigenen Seeleninhalte sein. Ein Spiegel meines Selbst, in seinen oft noch unbewussten Tiefen. Dies kann mich darauf aufmerksam machen, genauer hinzuschauen, etwas aufzugreifen oder aufzuarbeiten. Es können sich auf diesem Wege auch alte Traumata zeigen, die unbedingt angeschaut und aufgelöst werden möchten, weil es dafür an der Zeit ist, für die eigene Entwicklung und Heilung.

Diese Hinweise der Elementarwesen erlebe ich durchaus als kostbare Geschenke. Und ich glaube, es ist auch sehr wichtig, diese beiden Aspekte, die sehr ähnlich sein können, unterscheiden zu lernen: Wann wird meine Hilfe oder Unterstützung gebraucht – und wann bekomme ich diese Hilfe für mich selbst. Ich erlebe es als ein Geben und Nehmen. Es führt kein Weg daran vorbei, sich dabei selber ständig infrage zu stellen.

Heute noch ist etwa 90 Prozent von dem, was wir denken, sagen, fühlen und tun, wie wir funktionieren und agieren, unbewusst. Was wir von uns wissen, was wir meinen, wer wir sind, ist nur ein Bruchteil unseres Bewusstseins. Vergleichen wir es mit einem Eisberg: Dasjenige, was vom Eisberg oberhalb des Wassers sichtbar ist, ist unser Bewusstsein, und was sich unterhalb der Wasseroberfläche befindet, ist noch ein Unbewusstes. Das ändert sich nun im Zeitalter der – anthroposophisch gesprochen – Bewusstseinsseelenentwicklung allmählich. Diese Bewusstwerdungsprozesse können seelisch schmerzhaft sein, deshalb schrecken wir gerne davor zurück oder möchten uns erst gar nicht damit auseinandersetzen müssen. Das *Erkenne dich selbst*, wie es schon über dem Eingang zum Apollotempel in Delphi, dem heiligen Orakel aus dem alten Griechenland, eingeschrieben stand, ist unbedingt notwendig und immer noch vollkommen zeitgemäß. Viele Menschen, egal welchen Alters, geraten in Krisensituationen, wo sie damit konfrontiert werden, sich selber infrage zu stellen, sei es privat oder beruflich. In der Generation meiner Eltern war dieses stetige Auseinandersetzen mit sich selbst so noch nicht gegeben. Ich meine damit nicht, dass sie es einfacher hatten. Auf diesem wahrscheinlich nie endenden Weg erfahre ich große Hilfe seitens meiner Freunde, der Elementarwesen, und das erfüllt mich mit Freude und Ehrfurcht. Natürlich gibt es auch für mich Zeiten, wo ich kaum dazu komme, bewusst den Kontakt zu ihnen zu pflegen. Aber wir wissen voneinander und achten einander. Und einige liebevolle Gedanken hinüberschwingen ist kein großer Zeitaufwand!

4

In meinem ersten Buch hatte ich die Frage gestellt, wie denn die Verständigung mit den Elementarwesen funktioniere, wie Kommunikation möglich sei. Ob sie meiner Sprache mächtig seien, ob sie vielleicht auch andere Sprachen kennen würden.

Mittlerweile weiß ich, dass wir in dem Sinne gar nicht miteinander «reden», wie zwei Menschen miteinander reden, auch wenn sich das für mich innerlich so anhört. Sie kennen kein Deutsch oder Flämisch oder Französisch. Es gibt auch keinen Dolmetscher zwischen uns. Was uns die Elementarwesen vermitteln an Informationen, wird tatsächlich, durch einen Vorgang, der in der rechten Gehirnhälfte stattfindet, wie simultan übersetzt, sodass ich es wie eine echte Antwort oder Frage in Begriffen und Wörtern verstehen kann. Dieser Prozess findet aber in mir statt. Es sind meine «Übersetzungen» von Informationen, die eine Landschaft, einen Ort oder ein Wesen ausmachen.

Betonen möchte ich auch hier wieder: Unsere Gesinnung den Elementarwesen gegenüber ist wichtig, unsere innere Haltung. Ich muss freilassend bleiben, bedingungslos, darf keine Wünsche und keinen Eigennutz hegen oder es aus einem Profitimpuls machen wollen, oder gar die Elementarwesen mir zu Diensten machen und sie manipulieren wollen. Daraus resultiert eine hohe Verantwortung, denn diese Vorgänge gehen ganz subtil vonstatten, und die Grenze zwischen dem einen und dem anderen ist nicht immer eindeutig.

Grundhaltungen können sein: Andacht – Achtsamkeit – Aufmerksamkeit – Wertfreiheit – Wertschätzung – Respekt – Anerkennung – Demut.

5

Wie kann man nun verstehen, dass es Elementarwesen gibt, die die Nähe der Menschen suchen, in ihrer unmittelbaren Umgebung leben, gar in der Aura eines Menschen «wohnen» wollen, obwohl sie keinen freien Willen haben und also gar nicht darüber entscheiden können?

Ich denke, sie tun es, weil sie dazu «ausgesandt» werden, als Repräsentanten ihrer Art. Es ist ein Auftrag der anderen Elementarwesen ihrer Gattung, oder der höher entwickelten Elementarwesen, gar Engelwesen. Es ist für sie somit keine direkte Tat aus Freiheit (so wie wir Menschen das verstehen würden). Sie werden gleichsam zu «domestizierten» Elementarwesen. Wie bei einem domestizierten Tier ändert sich das Ursprungsverhalten; auch Tiere passen sich an, bis in die Physiognomie, und stehen im Dienste der Menschen. Somit entwickeln die Elementarwesen daraus vielleicht etwas Willenhaftes. Auf jeden Fall kann man erleben, dass sie irgendwie wacher sind. Sie haben in der Tat so die Möglichkeit, sich ein Stück weit zu individualisieren. Sie tun es zum einen, um sich mit ihren Menschen aus einer anderen Erfahrung als nur der ihren heraus weiterentwickeln zu können. Sie lassen diese Erfahrungen dann zu den anderen Elementarwesen zurückfließen. Sie sind im Austausch darüber. Das gibt für die gesamte elementare Welt ein neues Informationsfeld. Alle Elementarwesen profitieren davon. Somit tragen diese Elementarwesen wiederum zu der Bewusstseinsveränderung der gesamten Erdenorganisation bei. Wir alle sind in solchen Transformationsprozessen drin: die Erde an sich als lebendiges, intelligentes Wesen, wir Menschen und eben auch die Elementarreiche, im Sinne einer neuen Erde. Und andererseits tun sie es, um an das, was früher selbstverständlich war, das gegenseitige Respektieren, wieder anzuknüpfen. Elementarwesen sind nicht handlungsunfähig. Sie handeln aus den kosmischen Gesetzmäßigkeiten heraus.

Um auf sich aufmerksam zu machen, können Elementarwesen durchaus poltern. Sie machen sich bemerkbar, indem sie Krach machen oder Schabernack mit einem treiben. Zum Beispiel verstecken sie scheinbar Gegenstände. Man sucht und sucht, und dann war der Gegenstand doch da, wo man schon zehnmal nachgeschaut hatte. Als sei man einen Augenblick lang wie blind gewesen. Verschleiert. Ich stelle es mir gerne so vor: Sie ziehen dem Gegenstand ein Tarnhäubchen über und er wird für uns eine Zeit lang unsichtbar. Dies tun sie manchmal auch aus Not, damit wir daran für sie aufwachen können.

Wenn sich ein neues Wesen zu mir gesellt, dann nehme ich es meistens über meine Körperwahrnehmung wahr. Etwas fühlt sich anders an, irgendwas stimmt nicht. Es ist meistens zuerst ein unangenehmes Gefühl. Natürlich, sonst würde ich es nicht merken. Dann suche ich weiter, öffne mich, und entdecke das Wesen.

Meine Hauswesen sind mir eine großartige Hilfe, wenn ich etwas verlegt habe. Auch das kann ich oft erleben. Ich bekomme, wenn ich es schaffe, hinzuhorchen, einen inneren Hinweis, schaue nach, und siehe da, da liegt das gesuchte Stück.

Über die Elementarwesen, die uns in den technischen Geräten begleiten und unterstützen, habe ich noch nicht sehr viel Erfahrung gesammelt. Aber auch das ist ein sehr interessantes Thema, das zu vertiefen sich lohnen würde. Dem Bügeleisen oder der Spülmaschine einfach mal Danke zu sagen für die tolle Arbeit, die sie selbstverständlich täglich für uns verrichten – und damit das dazugehörige Elementarwesen, was durch die Erfindung und während der Fabrikation von uns dort hinein«gebannt» wurde, zu erreichen. Und dann zu schauen, was macht es mit mir, wie fühlt sich das an, was kommt mir entgegen und was verändert sich dadurch für mich. Oder für das Gerät und für die Arbeit, die es erledigt. Seine Lebensdauer.

Elementar- bzw. Naturwesen reagieren anders auf den Menschen, wenn sie wissen, was ein Mensch ist. Das ist nicht immer der Fall. In manchen Gegenden der Welt kann man noch eine große Distanz spüren. Sie fühlen sich dann eher dumpf, einfach, träumerisch an. (Das sind menschliche Worte, um etwas zu verdeutlichen.) Man kann ihnen erzählen, was uns Menschen ausmacht, wie man einem kleinen Kind etwas erzählt.

6

Gibt es Bedingungen, um mit Elementarwesen in Verbindung zu treten, um in die feinstoffliche Welt einzutauchen, sich mit ihr zu verbinden? Brauche ich Vorkenntnisse? Nein! Ich brauche nur ein großes Herz, viel Liebe (auch Selbstliebe) und die Absicht, es wirklich tun zu wollen (als Willensakt).

Doch ich muss in einer guten gesundheitlichen und seelischen Verfassung sein. Wenn dies nicht der Fall ist, brauche ich meine Kraft und Aufmerksamkeit für mich selber. So ähnlich, wie man auch kaum Hunger hat, wenn man krank ist, weil der Körper seine Kraft für das Gesundwerden braucht und weniger fürs Verdauen. Wenn ich gerade mit einer Grippe geplagt oder in der Heilphase nach einer Operation bin, bin ich kräftemäßig nicht in der Lage, objektive Erfahrungen zu machen. Da fließen meine Kräfte in den Heilprozess. Wenn ich nicht in meiner Mitte stehe, nicht ganz im Einklang bin, kann ich mich nicht gut konzentrieren. Unter Umständen bemerke ich nicht, was es mit mir macht. Ich kann nicht ordentlich reflektieren. Wo nehmen womöglich feinstoffliche Prozesse, in denen ich mich befinde, ohne dass ich das möchte, gerade dann Lebenskraft (Ätherkraft) von mir? Ich kann mich vielleicht auch nicht gut schützen und fange womöglich Fremdenergie auf, Energie, die primär nichts mit mir zu tun hat, aber dann an mir haftet und mich bewusst oder unbewusst negativ beeinflusst. Wenn ich in einer nicht guten Verfassung bin, kann ich auch keine Hilfe oder Unterstützung für andere sein. Da gilt es vor allem, erst einmal für mich selber da zu sein.

Natürlich kann ich mich gefühlsmäßig dem Elementarreich immer zuwenden, kann seinen Wesen meine Liebe oder positive Gefühle zukommen lassen, gar um Hilfe und Unterstützung bitten. Aber aufbauend, heilend für die Elementarwesen oder die Landschaft zu wirken, gelingt mir dann nicht. Wenn ich nicht objektiv sein kann, muss ich davon ausgehen, Persönliches mit einfließen zu lassen, es nicht gut differenzieren zu können, was dann eine Verfärbung der Wahrnehmung zur Folge haben kann, was wiederum zu einem falschen Eingreifen auf der feinstofflichen Ebene führen könnte.

Jahrelang «schwamm» ich in meinen Gefühlen herum und fühlte mich dementsprechend gut oder schlecht dabei, ohne dass ich es durchschaute, geschweige denn benennen konnte. Das Hauptgefühl, das mich dabei begleitete, war Unzufriedenheit. Kein schönes Gefühl. Das erste Mal, dass ich während eines Gesprächs darauf aufmerksam gemacht wurde, dass ich meine Gefühle nicht nur bloß fühlen müsse, sondern durch das Beobachten und Benennen Abstand dazu gewinnen könne, also nicht mehr dazu verpflichtet war, bloß in ihnen zu schwimmen, war ein sehr einprägendes

Aha-Erlebnis. Wie aufregend fand ich es anschließend, das Experiment zu machen, den Unterschied zwischen Unmut, Empörung und Groll, Ärger, Ingrimm oder Jähzorn, Hass und Aggressivität zu fühlen und mir der Unterschiede bewusst zu werden! (Warum gelingt es einem besser bei negativen Gefühlen? Weil sie uns leider geläufiger sind. Wir sind zum Großteil negativ konditioniert.) Es war eine echte Befreiung. Dadurch, dass ich die Möglichkeit der Anschauung meiner selbst habe, distanziere ich mich, werde zum Beobachter und muss nicht mehr abhängig sein. Wenn ich es gar schaffe, bloß wahrzunehmen, ohne zu werten, und in der Tätigkeit des Beobachtens bleibe, kann es sogar dazu führen, dass sich in wenigen Minuten angetriggerte Emotionen dauerhaft verabschieden und sich auflösen.

Mittlerweile ist mir das Verstehen von Gefühlen bei meinen Beobachtungen eines Zustandes, eines Ortes oder eines Elementarwesens sehr hilfreich.

7

Wenn ich Erlebtes, Prozesse oder Gespräche über und mit Elementarwesen schildere, muss man das so verstehen, dass es sich stets um die Beschreibung einer Gefühlsebene handelt: das Bewusstsein der Elementarwesen. Jeder Versuch, es begrifflich auszudrücken oder darzustellen, gibt einen Zug der Vermenschlichung hinzu, den man zur Verständigung beim Lesen ausblenden muss. Es ist lediglich meine Übersetzung der erlebten Situation, die ich nun einmal nur vergleichsweise zum Ausdruck bringen kann.

Die Ausrichtung unseres Bewusstseins ist der Schlüssel zu vielen Erfahrungsräumen. Wir haben es in der Hand. Es ist eine Einstellungsfrage. Wir können es nicht von außen erwarten. Wir müssen das Bedürfnis oder den Impuls in uns finden. Es ist eine Willensangelegenheit. Unsere Erde ist wunderschön, die Wesen, die sie bewohnen, ebenso, sichtbare, unsichtbare. *Noch* unsichtbare, muss ich an dieser Stelle einschieben. Es verändert sich, und ich weiß, jeder, der es wirklich möchte, wird dahin kommen können, Wahrnehmungen zu haben einer Präsenz, die uns zur Seite steht. Natürlich muss man es vielleicht trainieren, es wird uns meistens nicht geschenkt. Die beste Möglichkeit ist, es spielerisch wie die

Kinder zu üben. Wie oft fallen sie und stehen wieder auf, und fallen und stehen wieder auf, haben einen Ehrgeiz, Dinge zu erlernen, und eine Ausdauer wie vielleicht nie wieder im späteren Leben. Wir haben so vieles gelernt dadurch, dass wir es immer wieder und immer wieder gemacht haben. So ist es auch, wenn wir in die Erfahrungswelt der übersinnlichen Wahrnehmungen eintauchen wollen. Wir können es nur immer wieder tun. Und es bleibt jedes Mal eine Entscheidung: Ja, das will ich! Die Erde ist schön: ein schwerer praller Regentropfen, der in einer Pfütze hochspringt, ein Sonnenstrahl, der durch eine Wolke hindurchscheint, ein Regenbogen, der am Horizont erscheint, ein Vogel, der hin und her fliegt, um seine Jungen im Nest zu füttern. Die Liste ist unendlich. Wir dürfen diese kleinen täglichen Wunder nicht aus dem Auge verlieren. Sie geben uns die Kraft und die Freude für das Leben.

Richte also Deine Aufmerksamkeit auf etwas vermeintlich Unscheinbares! Durch die Ausrichtung wird das Besondere der Welt sichtbar. Sie kann Dich mit Freude, mit Liebe und Dankbarkeit erfüllen.

Die Ausrichtung Deines Bewusstseins macht Dich unermesslich stark. In dem Augenblick, in dem Du Dich auf das Leben mit all seiner Schönheit und all seiner Fülle ausrichtest, wirst Du zu einem Schöpferwesen. Es ist tatsächlich so einfach, wie es klingt. Auch wenn es nicht immer leichtfallen wird, lohnt es sich, diese simple Übung des Sich-Ausrichtens im Alltag zu integrieren.

Ich hoffe, dass auch dieses Buch dazu beiträgt, viele Menschen neugierig zu machen, eigene Erfahrungen in der Welt der Elementarwesen zu sammeln. Ich kann es nicht oft genug betonen: Es kommt nicht darauf an, wie weit man ist. Ob man etwas bewusst oder unbewusst wahrnimmt, ob man meint, man würde gar nichts erleben. Keine Erfahrung zu machen ist auch eine Erfahrung!

Es geht nicht um Ergebnisse, sondern darum, tätig zu sein und tätig sein zu wollen. Und wenn Du Dein Herz für die komplexe Welt der Naturwesen öffnest, auch wenn Du scheinbar nichts wahrnimmst – Dein Interesse und Deine Gefühle, Deine Herzenskräfte kommen bei ihnen an! Schon das ist für die Elementarwesen sehr wichtig und hilfreich. Es gibt auch ihnen die Möglichkeit, sich weiterzuentwickeln. Aus diesem Tun wird mit der Zeit auch eine Sicherheit erwachsen.

Wir sind immer im Prozess, im Wandel. Vielleicht ist das die wichtigste Erfahrung überhaupt. Wir müssen nicht ergebnisorientiert sein, sondern es geht darum, dass innen etwas passiert, dass ein Schalter umgelegt wird.

Jeder, egal wo er gerade steht, bekommt die Impulse, die er braucht.

Der Jahreslauf

Der Gang durch das Kirchenjahr und seine Bedeutung für die Menschenseele

Das Kirchenjahr beginnt am 1. Advent – und nicht mit der Zunahme der Sonnenkraft.

Weihnachten erwärmt die Herzenskräfte. Die Geburt des Christusimpulses in uns gibt Hoffnung, Lebensmut und Vertrauen. Wir fühlen etwas Zukünftiges, das auf der Erde stattfinden wird, dann, wenn es wieder Frühling wird. Die Vorgänge, die sich bald in der Natur zeigen werden, bekommen von der inneren Sonne ihren Segen. Durch das in der Seele noch nachwirkende Weihnachtserleben schafft es der Mensch – sich nur kurz dem Faschingstreiben hingebend –, sich davon mitreißen zu lassen. Ein Gefühl von Übermut überkommt uns, wenn das Sprießen der Natur wieder beginnt. Wir sollen uns darin nicht verlieren.

Weihnachten im Fühlen, Ostern im Denken. Unsere Vorstellungskraft braucht dies, um zu erfassen, was die Auferstehung als Mysterium bedeutet. Unser gewöhnliches Ich wird an Ostern durchdrungen von unserem höheren Ich. Dadurch kann erfahren werden: *Ich bin.* Karfreitag bis Ostern bewusst mitzuerleben geschieht über das klare Denken. Im April, dem Eröffner, fängt nun alles an zu wachsen und zu sprießen. Wieder könnten wir uns im Äußeren verlieren, fortreißen lassen, vor lauter Schönheit und Freude, wenn nicht die Ernsthaftigkeit des Karfreitags, das Sterben bis Ostern, die Auferstehung, dem vorausgingen.

Pfingsten, das Fest der Zukunft, ist noch gar nicht so leicht zu erfassen. Wir bekommen die Möglichkeit, unser Wollen von Christuskräften durchströmen zu lassen. So wie die Jünger im Wortsinn *begeistert* wurden, als ihnen der Heilige Geist vom Herrn zur Seite geschickt wurde. Wer kennt es nicht: Wenn man von einer Idee begeistert ist, geht alles leichter von der Hand.

Im rechten Feiern der Feste im ersten Halbjahr werden das Denken – unser Nerven-Sinnes-System – das Fühlen – unser rhythmische System – und das Wollen – unser Stoffwechsel-Gliedmaßen-System – gleichermaßen angesprochen. Dies sind die drei Seelenfähigkeiten des Menschen, analog zu den Drei Königen, die dem Kind ihre Gaben darbringen.

Im Bewusstseinsseelenzeitalter haben wir die Möglichkeit, diese drei Seelenfähigkeiten getrennt voneinander an uns wahrzunehmen: Wann und wie denke ich, wann und wie fühle ich, wann und wie will ich – und sie als verschiedene Potenziale und Ressourcen aufzugreifen.

So wie es das grüne Blatt nur gibt, weil es die äußere Sonne und ihre Wirksamkeit gibt, so verdanken wir, dass wir zu uns selbst *Ich bin* sagen und fühlen können, der Tatsache, dass es in uns die Wirksamkeit der inneren Sonne, des Christus, gibt.

Feste werden heute nicht mehr unbedingt von der Gruppe, der Familie oder der Gemeinschaft, z. B. in einem Dorf, getragen, aus einer Selbstverständlichkeit und aus einem alten Verständnis für die kosmischen Einwirkungen heraus. Im Zeitalter der Bewusstseinsseele dürfen die Gestaltungsideen jedes Mal neu ergriffen werden, als bewusste Entscheidung des Einzelnen: Ja, das wollen wir! Ich bin dabei! – Das können wir überall erleben. Wo vor einigen Jahrzehnten bestimmte Feste noch gewollt waren, wird es nun immer stiller in den Dörfern. Das Faschingsfest etwa verschwindet immer mehr, zu aufwendig in der Vorbereitung, zu wenige Freiwillige, die mitmachen wollen, zu wenig Spaß an der Sache. Und auch andere Veranstaltungen: die Dorfkirmes, der Tanz in den Mai. Es kostet Kraft, etwas auf die Beine zu stellen, keiner will mehr die Verantwortung übernehmen, sich einsetzen, Zeit opfern. Man hat ja auch so genug zu tun. Das Ehrenamt wird immer seltener. Es wird viel gemeckert, wenn es nicht glattläuft, viel Kritik geübt, besonders an den anderen. Auch das führt dazu, dass viele Menschen keinen Ansporn mehr spüren, mitzumachen. Innerer Widerstand kostet Kraft. Man fühlt sich unzufrieden.

Damit will ich nicht sagen, dass man nicht für sich alleine ein Fest innerlich gestalten kann und dass man immer auf andere angewiesen sei. Natürlich kann ich auch im Stillen besondere Anlässe zelebrieren. Aber auch das ist eine bewusste Entscheidung, ich muss es wollen und tun. Dennoch ist das festliche Erleben in einer Gruppe von Menschen damit nicht zu vergleichen. Dabei geht es hier nicht um eine Bewertung, dass etwa das eine besser sei als das andere. Beides sind Qualitäten. In einer Gemeinschaft bin ich natürlich immer auch eingebettet, mitgetragen von den anderen. Die Gestaltungsdynamik ist eine andere. Da kann sich jeder nach seinen Fähigkeiten einbringen. Man ergänzt sich – auch im Sinne von: «Wo zwei oder drei in meinem Namen zusammen sind, bin ich mitten unter ihnen» (Matthäus 18,20). Es bekommt eine andere Kraft, ein anderes Potenzial. Gerade auch im Zeitalter der digitalen Vernetzung, wo man oft vereinsamt in der Illusion, beisammen zu sein, können Feste etwas bedeuten.

Obwohl wir heute, als Zeitqualität, aufgerufen sind, immer neu zu entscheiden, zu bewegen, zu reflektieren, ist ein Erleben in rhythmischen Abfolgen dennoch tragend. Die Natur macht es uns vor: die immer wiederkehrenden Jahresrhythmen (Monate, Jahreszeiten), Tagesrhythmen (Morgen, Mittag, Abend, Nacht), kosmischen Rhythmen (Planeten, Tierkreiszeichen), Wachstumsrhythmen (Keim, Pflanze, Blüte, Frucht), Lebensrhythmen (Jahrsiebte, Jahrzehnte, Kindheit-Erwachsensein-Alter). Die Rhythmen bestimmen unser Werden, Sein und Vergehen. Sie begleiten die Evolution. Können wir bewusst an der Pflege der Rhythmen arbeiten, so knüpfen wir an den Kosmos und seine ordnenden Gesetzmäßigkeiten an. Das Leben bekommt eine tragende Struktur. Es macht uns gesünder und freudiger, wirkt Antriebslosigkeit, Müdigkeit und vielen Abhängigkeiten entgegen. Natürlich sollten die individuellen Bedürfnisse, nach inneren Möglichkeiten und äußeren Gegebenheiten, berücksichtigt bleiben. Das Rhythmische bildet aber eine solide Basis, um sich den Herausforderungen des Lebens zu stellen. Rhythmus ist ein Sich-Wiederholen von Vorgängen in bestimmten Gegebenheiten, ohne dass der Ablauf gleich sein muss. Unsere Atmung können wir in dem Sinne als Urbild von jeglichem Rhythmus verstehen, denn kein Atemzug gleicht dem anderen.

Rhythmen haben immer eine ausgleichende Wirkung zwischen zwei Polaritäten. Wenn Gegensätze aufeinandertreffen, wirken sie ordnend. Rhythmische Wiederholungen gleichen sich nie, sondern sie sind stets bestrebt, sich der gesunden Mitte anzunähern. Sie sind, im Vergleich zu einem starren Takt, beweglich. Dieser kann weder ausgleichen noch integrieren. Regelmäßigkeit führt zur Gewohnheit und ist ein Grundgerüst unsere Persönlichkeit.

Alles, was regelmäßig geschieht, braucht weniger Kraft. Eine einmalige Aktion fordert mich ganz anders. Eine sinnvolle Gliederung schafft gesunde Pausen. Man ist dann Belastungen des täglichen Lebens besser gewachsen, man ist zuverlässig und leistungsfähig und bleibt dennoch flexibel. In den Tag hineinleben, ohne Plan, erschöpft auf Dauer. Es fehlt der Sinn für eine gesunde Lebensführung. Sich bewusst Wiederholungen vorzunehmen stärkt die Motivation, den Willen. Routine gibt einen gewissen Halt. Wenn das wegbricht, ist man zunächst einmal aufgeschmissen und gerät aus dem Gleichgewicht. Man befindet sich außerhalb des Prozesses.

Alles Leben ist eine Spiegelung der Rhythmen des Kosmos. Mensch und Natur sind durch ihre Lebensrhythmen Teil eines großen Ganzen. Wir konnten uns zwar weitgehend von dieser kosmischen Ordnung emanzipieren. Aber ganz ohne geht es doch nicht.

In den Rhythmen von Licht, Wärme und Bewegung können wir uns seelisch-geistig wiederfinden, unseren spirituellen Ursprung erkennen und erleben. Mit dieser Erkenntnis bewusst umzugehen, kann zu einer heilsamen Kompensation des Alltagsstresses führen.

Auch dies sind Aspekte, die zur Überzeugung führen, dass eine bewusste Festgestaltung im großen Jahresrhythmus weiterhin zeitgemäß bleibt – außerdem sind es Highlights im Alltagsgeschehen.

Das richtige Datum

Unser Wetter spiegelt nicht immer das, was uns der Kalender zeigt. Speziell bei den Jahreszeiten gibt es Unstimmigkeiten, wann diese wirklich beginnen. Das liegt daran, dass es immer vier Anfangsdaten gibt (oder sechs Aspekte).

Kalendarisch

Das Datum, das im Kalender steht, ist uns am geläufigsten. So beginnt der kalendarische Frühling am 21. März, der Sommer am 20. Juni, der Herbst am 23. September und der Winter am 22. Dezember.

Astronomisch

Diese Daten richten sich exakt nach dem Sonnenstand. Es handelt sich um eine wissenschaftliche Auswertung. Für die Tagundnachtgleichen sind die sogenannten Äquinoktial-Punkte (0° und 180°) wichtig, für die Sonnenwenden sind es die Solstitial-Punkte (90° und 270°). Da dies von Jahr zu Jahr divergiert, sind sie nicht identisch mit den kalendarischen Tagen, aber liegen in deren Nähe. So beginnt der astronomische Sommer auf der Nordhalbkugel genau dann, wenn die geozentrische Lage der Sonne (vom

Erdmittelpunkt aus gesehen) 90° beträgt. Sie hat nun ihre nördlichste Stellung auf der Himmelskugel erreicht. Diese Daten geben die genaue Stunde und Minute an, wann die jeweilige Jahreszeit beginnt. Es sind die Augenblicke, wo ich gerne meine Betrachtungen in der Natur durchführe und gen Himmel schaue, kurz vorher bis kurz nachher. Es sind meistens sehr ergreifende Momente.

Meteorologisch

Das Jahr wird ganz einfach in vier Viertel unterteilt. Der meteorologische Frühling führt das Regiment in den Monaten März bis Mai, der Sommer von Juni bis August, der Herbst ist September bis November aktiv, der Winter fängt mit Dezember an und endet im Februar.

Phänomenologisch

Dieses Datum kann man kaum vorhersagen und es ändert sich jedes Jahr. Das macht es besonders spannend. Hier bestimmen Pflanzen und Veränderungen in der Natur, wann eine Jahreszeit beginnt und endet. Es ist je nach Region und Jahr immer anders. Für die meisten Menschen ist das nicht von Bedeutung, wohl aber für Gärtner und Landwirte. Da ist es immens wichtig, diese Zeitpunkte gut zu kennen.

Es gibt sogenannte Zeigerpflanzen, die für die jeweilige Jahreszeit relevant sind. Für den Sommer sind dies zum Beispiel die Rosen und das Johanniskraut. Wenn beide blühen, hat der Sommer in der Natur begonnen. Bei den Tieren kennen wir die Glühwürmchen. Man nennt sie auch Johannikäfer. Sie zeigen uns, dass es an der Zeit ist, sich um die Johannisnüsse zu kümmern, die noch grünen, unreifen Nüsse, die man für den Nusslikör nimmt.

Jahreszeitenanfang im Erdinnern

Diese Daten liegen etwa vier Wochen vor dem kalendarischen Anfang. Man findet sie im anthroposophischen Kalender, aber auch in alten Schriften und Bauernregeln. Sie weisen auf die jeweiligen Impulse aus dem Erdinnern und auf die Stimmungen der Natur hin. Man kann dies gut im Naturgeschehen beobachten. Oft geht es mit einer Duftveränderung in der Luft einher. Diese Daten waren den Bauern früher bekannt und eine Richtlinie für ihre bäuerlichen Tätigkeiten.

Da ist der 25. Februar, Sankt Petrus. Am 24. 2., einen Tag vorher, wusste man, geht der Fuchs das letzte Mal über das Eis. Wir sind es nicht mehr gewohnt, mit all unseren Sinnen richtig zu beobachten und solche Zusammenhänge zu erkennen.

Oder der 25. Mai, der Tag des heiligen Urban. Ist es an diesem Tag schön, gedeiht der Wein prächtig.

Der eigentliche Herbstbeginn ist am 25. August, dem Tag des Apostels Bartholomäus. Dieser Tag erinnert uns daran, dass das, was wir an Johanni noch erleben durften, die Erde wieder zu verlassen beginnt. Dies verraten uns die schon kühlen Morgen und Abende.

Auf den 23. November wiederum, den Tag des heiligen Klemens, haben die Bauern den Beginn des Winters gesetzt. Wir finden aus dem Novemberdunkel, wenn der erste Schnee fällt und das Licht sich dadurch schon verwandelt.

Das liturgische Kirchenjahr

In der Liturgie erleben wir die sich wechselnden Jahreszeiten sozusagen nach vorne versetzt. Wir werden seelisch-geistig, innerlich, vorbereitet auf dasjenige, was im Naturgeschehen noch kommen wird.

So kann jeder für sich schauen, wann und wie er die Jahreszeitenveränderungen erleben und feiern mag.

Ein weiterer Aspekt, den man beobachten kann, ist der Wechsel der die Jahreszeiten begleitenden Erzengel oder Archai. Es ist wie eine Staffelübergabe. Wobei Michael insofern eine Ausnahme bildet, als er ein Erzengel mit Zeitgeist-Aufgaben geworden ist. Raphael übernimmt Anfang Februar die Regentschaft, zu beobachten um Maria Lichtmess. Je nachdem, auf welchen Zeitpunkt Ostern fällt, kann es auch später sein. (Früher fiel Lichtmess auf den 16. Februar.) Es ist nicht statisch, auf der Zeitenlinie.

Uriel übernimmt um Pfingsten die Regentschaft; in den Jahren, in denen Ostern später liegt, schon um Himmelfahrt herum (Mai, Juni, Juli).

Michael tritt seine Amtszeit Anfang August an (1. bis 3. 8.). In der Kirche der Christengemeinschaft wird die Michaelizeit, vier Sonntage lang, nach Michaeli (29. 9.) gefeiert (August, September, Oktober).

Gabriel übernimmt Anfang November seine Jahreszeitbegleitungsaufgaben für die Erde und ihre Wesen (November, Dezember, Januar).

Somit kann man sagen, dass die entsprechenden vier Hauptfeste – Weihnachten, Ostern, Johanni und Michaeli – in etwa in der jeweiligen Mitte ihren Platz haben.

Man kann ein Gefühl für diese entsprechenden Stimmungen und Qualitäten bekommen, indem man die Tage vor einem Wechsel sowie die Tage danach in der Natur mit einem Blick gen Himmel begleitet und die innere Frage bewegt: Wer bist du? Wer von euch ist gerade dran? Und dann leise auf eine Antwort lauscht. Dadurch kann man allmählich eine Empfindung dafür bekommen. Das kann anfänglich sehr zart sein, ohne Worte, und im Laufe mehrerer Jahre eine sichere Seelenregung werden. Dies sage ich aus einem eigenen Erleben heraus.

Der richtige Zeitpunkt für das Feiern der Jahresfeste

Ein inneres Fest gestalten kann man empfindungsmäßig natürlich auch außerhalb des tatsächlichen Datums. Wenn mir danach ist, kann ich jederzeit das Gefühl von Weihnachten einfangen. Es ist so gesehen nicht zeitlich festgelegt. Die Prozesse, die es in mir anregt, kann ich aus meiner Erinnerung immer heraufholen und neu beleben.

Es kann trotzdem sinnvoll und hilfreich sein, das Augenmerk an festen Tagen mit Bewusstheit zu einer Festqualität hinzulenken. Meistens sprechen wir von einer Zeit: Osterzeit, Michaelizeit, Weihnachtszeit ... Sie dauert in der Regel vier Wochen, manchmal vorweg (man lebt auf Weihnachten und Ostern zu), manchmal anschließend (nach Michaeli).

Sind Elementarwesen von Haus aus christlich?

Erleben Elementarwesen von sich aus die christlichen Jahresfeste ähnlich wie wir? Feiern sie vielleicht auf ihrer Ebene auch besondere Zeiten? Ist es ihnen ein Bedürfnis oder eine Notwendigkeit (da sie keinen freien Willen haben), in unser Feiern der christlichen Jahresfeste einzutauchen? Oder ist es nur der Wunsch, mit den Menschen wieder in eine Beziehung zu treten, der eben auch über das gemeinsame Feiern dieser Feste möglich wäre?

Dazu erforsche und bewege ich innerlich natürlich viele Gedanken und Möglichkeiten.

Jahresfeste sind menschengemacht: aus einem Impuls heraus, die Götter oder einen Gott zu ehren und um Schutz, Gnade und Wohlstand zu bitten. Früher entstand dies noch aus einem Verständnis für die kosmischen Gesetze, es war ein Atmen im Kreis des Jahres. Ich kann, je nachdem, wo ich meinen Fokus hinlenke, in beide Ebenen eintauchen: in eine «durchchristete» Ebene und in eine nicht-durchchristete Ebene der Elementarwelt.

Heißt das, dass diese Ebenen gleichzeitig da sind, wie Parallelebenen? Oder sind sie womöglich geschichtlich zu verstehen, liegen also zeitlich gesehen hintereinander? Wie z. B. *vor* Jesus Christus und *nach* Jesus Christus, wie es in unserer Zeitrechnung üblich ist? Oder je nachdem, in welche Kulturepoche ich gerade eintauche, die Keltenzeit, die Wikingerzeit oder das Mittelalter? Es ist immer alles da, eingeschrieben im Weltengedächtnis, also auch erforschbar. So wie in meinem Zellgedächtnis alles, was mit mir zu tun hat, immer da ist und jederzeit abgerufen werden könnte. Nicht nur meine Erfahrungen aus diesem Leben, sondern auch die aus all meinen Inkarnationen bzw. aus all meinen Existenzen.

Man kann, wenn man kosmisch und irdisch beobachtet, die Erfahrung machen, dass die Stimmungen draußen dem entsprechen, was wir zeitlich feiern. Die z. B. sehr stark sich verwandelnden Lichtverhältnisse an Mariä Lichtmess kann man als eine neue Qualität erspüren. Dann ist diese kosmische Tatsache als Veränderung auf der Erde selbstverständlich auch für die Elementarwesen da. Auch am Neujahrstag ist die Veränderung frappierend für den Beobachter. Viele unserer christlichen Jahresfeste sind von der Kirche auf die alten, zuvor schon da gewesenen keltischen bzw. die sogenannten heidnischen Feierlichkeiten gelegt worden, um die damaligen Menschen während der Christianisierung milde zu stimmen oder leichter umstimmen zu können. Oder die alten Rituale haben einen neuen Hintergrund zugedacht bekommen seitens der Kirche, auch wenn die Essenz geblieben ist. So wurde etwa aus Imbolc, dem Fest des beginnenden Lichts, Mariä Lichtmess. Also kann man aus diesem Aspekt heraus davon ausgehen, dass es auf bestehenden kosmischen Impulsen, auf altem Wissen beruht, und dann sind natürlich auch die Elementarwesen dabei.

Rudolf Steiner beschreibt in einem Vortrag vom 21. Dezember 1909, dass es allerdings für das Weihnachtsfest nicht so gewesen sei. Man solle nicht meinen, dass es in Mittel- und Nordeuropa im Winter eingeschoben wurde, weil zufällig da der tiefste Sonnenstand seit alters her gefeiert wurde, das Wintersonnenfest. Man solle nicht glauben, eine Umgestaltung derselben wäre geschehen, um die Völker zu versöhnen. Sondern das Weihnachtsfest sei rein herausgeboren worden aus dem Christentum.

Früher wurden die Jahreszeitenfeste selbstverständlich im Einklang mit den Elementarwesen gefeiert. Sie waren ein wichtiger Teil für diese Riten. Die Ritualdevas sind immer noch überall in der Landschaft zu finden. Sie haben ihre Fixpunkte oder Verankerungspunkte an alten Ritual- oder Einweihungsstätten, was man gut nachspüren kann. Diese Orte sind für uns Menschen immer noch Kraftorte. Oft sehe ich Ritualdevas (ein sehr hoch entwickeltes Luftwesen) mit ihrer Präsenz aus dem Dach einer Kapelle oder Kirche herausragen, weil die Kirchen an deren Wohnort erbaut wurden, aus dem Wissen heraus, bewusst oder unbewusst, dass dies schon ein besonderer ritueller Ort sei.

Das Mysterium von Golgatha hat stattgefunden! Während Christi Kreuzestod sickerte sein Blut auf die Erde und durchtränkte sie. Dadurch konnte die Erde in ihrer Lebendigkeit sich wieder aufwärts verwandeln: eine Evolution für alle Wesen.

Rudolf Steiner spricht in seinem Werk davon, dass seit dem 19. Jahrhundert, in der Blütezeit des Materialismus, das Christuswesen als Auferstehungswesen sich der Erde im Ätherischen ein zweites Mal nähert. Zuvor habe in diesem geistigen Bereich ebenso eine Art Kreuzigung, ein Kampf zwischen verschiedenen kosmischen Mächteinteressen stattgefunden. Die Erscheinung des Christus im Ätherischen führte und führt zu einem Wiederaufleben des Christusbewusstseins in den Menschenseelen. Dies ist die Grundlage für ein neues hellseherisches Bewusstsein der Menschen ab dem 20. Jahrhundert. Es ist also eine Erneuerung des Christusimpulses auf der Erde und für die Erde eingetreten. Und das nicht nur dort, wo der Christianismus lebt, sondern für die gesamte Erde. Logischerweise betrifft dies dann ebenso die Elementarwesen.

Seit dem Jahr 2000 kann man eine fünfte, neue Art von Elementarwesen wahrnehmen, die sogenannten Christuselementarwesen. (Darauf komme ich am Schluss des Buches noch einmal zu sprechen.) Es sind Elementarwesen, die einen starken Christusimpuls als gegeben in sich tragen, das heißt: schon mitbringen und dieses für die Landschaft ausstrahlen. Das kann man an ihnen unmittelbar erleben.

Ich bin Elementarwesen begegnet, die scheinbar noch nie von Jesus Christus gehört haben, aber gerne hinhören, wenn ich darüber erzähle, so wie ich es einem Kind erzählen würde. Es führt zu einer unmittelbaren Verwandlung ihres Wesens, was dann auch im Umkreis feinstofflich sichtbar wird.

Andere Elementarwesen interessiert es aber scheinbar nicht. Es ist ihnen nicht wichtig.

Ein weiterer Aspekt ist, dass es natürlich Elementarwesen mit unterschiedlichen Bewusstseinsebenen gibt. Es gibt die sogenannten höher entwickelten Elementarwesen, die eine wichtige integrierende und delegierende Aufgabe für die Landschaft haben, und Elementarwesen mit einem dumpfen, niedrigeren Bewusstsein, die für eher kleinere Aufgaben an der Erde zuständig sind. Das ist natürlich nicht wertend gemeint!

Die verschiedenen Kulturen und Religionen färben durchaus auch auf die Umgebung der Elementarwesen ab. So nehme ich es wahr. Ebenso die geologischen Gegebenheiten. Also gibt es auch da Unterschiede. Ein Elementarwesen in China fühlt sich anders an als eines aus Madagaskar, und das wiederum anders als eines in England.

Und wie verhält es sich mit den Elementarwesen, die ihre Heimat in anderen Kulturen oder Religionen haben? Wie gehen diese Wesen mit den dort wichtigen Festen um? Ich denke, auch da, wenn die Menschen aus einem Wissen heraus die Elementarwesen mit einbeziehen, sind sie für die Elementarwesen wichtig. Man kennt auch aus anderen Kulturen Bezeichnungen für die Elementarwesen, in Sagen und Legenden: ein *Djinn* zum Beispiel.

Jetzt könnte man meinen, man könnte die Elementarwesen doch selber dazu befragen, wie sie zu den Jahresfesten stehen. Ob diese eine Wichtigkeit für sie haben. Ob sie in diesen Energien leben. Ja, bestimmt! Aber ganz so einfach, finde ich, ist auch das nicht. Man kann nämlich die Erfahrung machen – übrigens auch bei der sogenannten Tier-Kommunikation –, dass die erste Antwort, die man hört, lediglich die ist, die man gerne hören möchte.

Die erste Möglichkeit ist also: Was ich höre oder über eine Meditation als Information bekomme, kommt nicht von dem Wesen, sondern von mir. Ich denke aber, es hat mir ein Elementarwesen gesagt.

Die zweite Möglichkeit ist: Die Antwort kommt nicht aus mir, sondern von einem Elementarwesen, aber es antwortet mir mit den Mitteilungen, die ich gerne hören möchte.

Wenn ich das Tatsächliche erfahren möchte, dann muss ich mir für die Antwort Zeit lassen! Zeit vielleicht auch verstanden als eine Art Opfergeste an das Wesen oder die Landschaft: mich ganz zurücknehmen, und noch mehr zurücknehmen, und mich ganz für die Botschaften öffnen.

Advent

Im November fühlt es sich draußen noch ruhelos an. Zunehmende Dunkelheit und kühle Windböen, die die verbleibenden verwelkten Blätter von den Bäumen fegen: letzte Zeugen des sich verabschiedenden Jahres. Wir sollten uns nicht von einer Endzeitstimmung herunterziehen lassen. Der Spätherbst ist eine Übergangszeit, von Alt nach Jung. Ein Jahr geht zu Ende, bald schließt sich ein Kreis. Wenn der Advent beginnt, dürfen wir schon eine leise Vorahnung eines Neustarts vermuten, ein Versprechen, das Rad der Jahreszeiten wird sich weiterdrehen. In der Weihnachtszeit, den Heiligen Nächten, beginnt mit Gebraus ein neues Jahr. Es ist auch die Zeit der meisten Sternschnuppen (ab der Wintersonnenwende zu beobachten).

Die Adventszeit läutet das neue Kirchenjahr ein. Advent, aus dem lateinischen *adventus*, bedeutet Ankunft. *Adventus Domini* ist die Ankunft des Herrn. Es ist die Zeit, in der die Christen sich auf das Weihnachtsfest vorbereiten. Früher war es ebenso eine Fastenzeit, eine «geschlossene» Zeit, wo nicht getanzt, nicht gefeiert und nicht geheiratet werden durfte. Sie war gelegen zwischen dem 11. November und dem Fest der Erscheinung des Herrn am 6. Januar. Die Adventszeit, so wie wir sie heute kennen, geht zurück auf das 7. Jahrhundert. Anfangs dauerte der Advent vier bis sechs Sonntage, bis Papst Gregor der Große die Zahl für den römischen Ritus auf vier festlegte. Die vier Sonntage stehen symbolisch für die 4000 Jahre, welche die Menschen nach dem Sündenfall gemäß kirchlicher Rechnung auf den Erlöser warten mussten. Seit 1917 ist das Adventsfasten im katholischen Kirchenrecht nicht mehr verpflichtend. Inzwischen machen wir es eigentlich genau umgekehrt: Wir feiern mit vielen Leckereien … In der orthodoxen Kirche ist die Adventszeit hingegen eine Fastenzeit geblieben. Sie beginnt 40 Tage vor Weihnachten. In der Zeit wird auf Milch und tierische Produkte verzichtet.

Wenn wir Advent feiern, geht unser Blick zum einen in die Vergangenheit, zum Weltadvent, der Erscheinung des Erlösers. Es ist eine Vorbereitung auf die weihnachtlichen Hochfeste, die an das erste Kommen des Gottessohnes erinnern. Zum anderen feiern wir das gegenwärtige Weihnachten: das kosmische, ein sich jedes Jahr wiederholendes Geschehen. Und wir feiern

Zukünftiges: die Verheißung der Wiederkunft des Gottessohnes, dann nicht mehr in einem irdischen Leib. Die Adventszeit lenkt die Herzen hin zur Erwartung dieser zweiten Ankunft oder *ätherischen Wiederkunft* Christi, wie die Anthroposophie dieses Ereignis nennt.

Die Grundgeste hingebender und freudiger Erwartung findet sich in den liturgischen Texten der jeweiligen Adventssonntage wieder. Im Idealfall ist die Adventszeit eine Zeit der besinnlichen Ruhe und Einkehr. Die alten Bräuche, die dazu als äußere Brücken dienten, sind heute weitgehend kommerzialisiert worden. Fast zwanghafte elektrische Beleuchtung überall sorgt für zunehmenden Elektrosmog – elektromagnetische Spannungsfelder, die zwar nicht direkt wahrgenommen werden, aber trotzdem da sind und den menschlichen Organismus und das soziale Miteinander stark belasten können. Ein Ablenkungsmanöver? Werden wir unbewusst daran gehindert, an den wahren Kern und an das Wesentliche dieser Zeit heranzukommen? Wo ist das eigentliche Weihnachten noch zu finden? Wo sind wir wirklich bewusst dabei und wo nur im Strudel der Zeit gefangen und in Äußerlichkeiten und Stress? Die Herausforderung ist jedes Jahr aufs Neue groß, es bleibt ein Ringen.

Trotzdem gehören die Vorbereitungen auf das Weihnachtsfest, die Innigkeit, das Aufgeregtsein, die spannungsvolle frohe Erwartung für viele Menschen zu den kostbarsten Kindheitserinnerungen, die einen lebenslang begleiten und tragen. Wenn ich die Krippe und den Baumschmuck meiner Mutter hervorhole, wie ich es damals als Kind erleben durfte, so tue ich es heute für mein inneres Kind. Es bringt mich innerlich zum Strahlen, und dies ist keine Einbildung; je mehr Freude ich dabei erlebe, desto größer, hübscher und freudvoller erstrahlt die Weihnachtsbaumbegleitsylphe in meinem Wohnzimmer und erfüllt den Raum zusätzlich mit ihrem subtilen Glanz.

Der Weg durch die vier Adventssonntage ist auch ein Weg durch die vier Naturreiche der Erde: das mineralische und das pflanzliche Reich, das Tierreich und das Menschenreich. Auf dem Jahreszeitentisch kann jede Woche etwas dazukommen, das für das betreffende Reich spezifisch ist.

In der ersten Adventswoche kann man mit Steinen dekorieren, in der zweiten Woche finden eine Pflanze und Moos hinzu, in der dritten die Schäfchen, Ochs und Esulein. In der vierten Woche gesellt sich Joseph zu

Maria und ihrem Gang durch die Adventszeit. An Heiligabend kann entsprechend das Kind geboren werden. Dann finden auch die Hirten ihren Platz bei der Krippe.

In der Zeit der vier Adventswochen wird in mir wie ein Raum frei, als würde sich etwas entfernen. Jede Woche etwas mehr. Jeweils am Adventsonntag kann ich es wahrnehmen. In der ersten Woche fühle ich es auf der Ebene meines physischen Körpers. Gleichzeitig fühle ich mich besonders mit der mineralischen Welt und den Steinen verbunden. Ich bin mitten im Mineralreichwesenweben. Es fühlt sich wie eine Einladung an: Etwas kommt mir entgegen und will sich mir offenbaren. Ich verstehe es zwar noch nicht, aber es ist ein sehr schönes Gefühl! Es fühlt sich sehr weise an, sehr liebevoll, auch sehr hoheitsvoll und freilassend. Das Freiwerden auf der physischen Ebene kann dazu führen, dass man sich in der ersten Adventswoche körperlich nicht ganz wohlfühlt, gar erkrankt.

In der zweiten Woche fühle ich wie einen Leerraum auf der Ebene meiner Lebenskräfte, meines Ätherleibes. Gleichzeitig fühle ich mich in der Zeit besonders verbunden mit der Pflanzenwelt, mit allem, was in der Natur wächst. Hier empfinde ich wie eine Einladung aus der Welt des Lebendigen. Es zeigen sich mir wie Urbilder der Pflanzen. Sie umringen mich, sobald ich darauf schaue. Hoheitsvolle Pflanzenwesen sind es. Auch das fühlt sich sehr wohltuend an. Sie sind von Liebe durchsetzt. Als würden sie das, was ich als Leere empfinde, liebevoll füllen und stärken wollen. Auch dies ein erfüllendes Gefühl! Es kommt aber nicht von alleine, ich muss mich öffnen, mich hinwenden, um diese Einladung wahrnehmen zu können. Sonst bleibt es mir unbewusst. Man kann sich in dieser Zeit schlapp und ausgelaugt fühlen, energielos. Man fängt an, sich auf einige Tage Urlaub und Ruhe zu freuen.

Ein weiterer Innenraum öffnet sich in der dritten Adventswoche. Jetzt fühle ich mich verbunden mit der Tierwelt. Aus der Ferne kommt mir etwas entgegen, das sich tierhaft anfühlt, etwas Übergeordnetes, majestätisch, aber freilassend. Wie eingeladen fühle ich mich. Es wirkt sehr freundlich. Unter Umständen kommen in dieser Zeit Emotionen hoch, die angeschaut und verarbeitet werden möchten. Zwischenmenschlich kann es schwierig werden. Es liegt Streit und Unverständnis in der Luft. Die Vorweihnachtszeit fühlt sich wie eine anstrengende Zeit an. Wer kennt das nicht? In der Regel tun wir es als den üblichen Weihnachtsstress ab.

In der letzten Adventswoche, die auch mal sehr kurz sein kann, je nachdem, wann der Weihnachtstag ist, entsteht ein weiterer leerer, freier Raum. Diesen kann ich auf der Bewusstseinsebene empfinden. Ich fühle mich autark, selbstbestimmt, aber gleichzeitig irgendwie auch wie verlassen, *nacket und bloß*. Ich bin empfindlich, was mein Umfeld betrifft, ein falsches Wort und ich fühle mich gleich betroffen. Es sind scheinbar widerstreitende Empfindungen. Auch jetzt kommt mir von außen, also nicht aus mir, eine Zuversicht, ein Hoffnungsschimmer entgegen, wie ein leises Versprechen: Alles wird gut. Aber das Außen hat dennoch auch mit mir zu tun. Bin ich es selbst? Ist es etwas Zukünftiges, ist es mein Ich – unabhängig von dem Menschen, der ich auf Erden bin? Ich möchte mich dieser Kraft hingeben, mich ihr anvertrauen. Ich möchte auf die Einladung eingehen, auch wenn ich noch nicht durchschaue, was es ist. Es erfüllt mich, bereichert mich. Es weckt eine aufrichtende Kraft in mir, wie eine Selbstermächtigungsmöglichkeit, die sich ganz leise bildet.

Ist es das herannahende Kind? In jedem von uns wird im Advent der Herzensraum wie zum Gefäß, werden die Wesensglieder vorbereitet, um in der Weihenacht ein Abbild des Christuskindes zu empfangen. Im Herzchakra wird in der Mitternacht das Kind geboren. Dies geschieht *immer*, doch meist (noch) unbewusst. Die Äußerlichkeiten der Festvorbereitungen lenken einerseits von diesen kosmischen Gesetzen ab, andererseits bieten sie einen noch berechtigten Schutz.

Es ist eine Herausforderung, finde ich, in die Empfindungen und Wahrnehmungen des Advents einzutauchen. Die Zeit geht schnell vorbei. Unter Umständen bekommt man von diesen ganzen Prozessen nichts mit. Vielleicht fühlt man sich etwas eigenartig, und nicht mal das fällt auf, wenn man sich selber nicht beobachtet.

Wir haben es hier mit zwei Bewegungen zu tun: zum einen mit einem Gefühl der Nacktheit und Verlassenheit, das beängstigend und verwirrend sein kann, und zum anderen mit einer wachsenden Eigenständigkeit und Freiheit, die sich im Menschen entfalten, damit er an Weihnachten den Christusimpuls in sich aufnehmen kann.

Adventsklopfen: ein alter Brauch

In früheren Zeiten gingen die Kinder verkleidet und vermummt (um die bösen Geister der dunklen Winterzeit zu vertreiben) in der späten Abenddämmerung von Haus zu Haus und klopften mit kleinen Klöppeln gegen die Fensterläden und Türen der Dorfbewohner, sangen ihnen ein Weihnachtslied oder trugen Reime vor und baten um Plätzchen, Nüsse oder einige Groschen. Dieser Tag wird Klopferstag genannt. Man führt diese Tradition zurück zum einen auf das Mittelalter, wo die Menschen an die Türen der Nachbarn klopften, um festzustellen, ob noch jemand im Haus am Leben sei, zum anderen auf die frühmorgens stattfindende Messe: Damit niemand sie verschlief, klopften die Kinder als Weckerinnerung an die Tür und erhielten als Dank dann eine kleine Gabe.

Man fühlt sich hier an die Herbergssuche von Maria und Joseph erinnert, kurz vor Marias Niederkunft.

Abwandlungen dieses Brauches kennen wir als Nikolaussingen, Dreikönigssingen, Halloweensingen.

Adventsblasen (auch Turmblasen)

Auch heute mancherorts noch bekannt sind die Adventsbläser bzw. Blechblasinstrumentenkapellen. Sie «rufen» aus der Kirche, vom Marktplatz, auf den Weihnachtsmärkten, vom Kirch- oder Rathausturm Jesus Christus auf Erden herab.

Strohhalmlegen (auch «Kripple füllen»)

Strohhalmlegen ist ebenfalls ein alter Adventsbrauch, der heute kaum noch bekannt ist. Er erinnert ein bisschen an die pädagogische Erziehungsmöglichkeit, die durch die Gestalt des Nikolaus gegeben ist.

Ein Kind darf die Krippe mit einem Halm befüllen, wenn es eine gute Tat vollbracht hat oder brav war. Dabei wird die noch leere Krippe bereits am 1. Adventssonntag aufgestellt und füllt sich nach und nach bis Weihnachten. So kann der Jesusknabe gut gebettet in der Wohnstube Einzug halten.

Der Adventskranz

Schon bei den Kelten wurde, der Überlieferung nach, um Sonnenwend gefastet. Mistelzweige wurden gegen die zu der Zeit heftige kosmische Strahlung, von der man wusste, über die Türschwelle gehängt. Die Mistel ist außerdem Sinnbild für die Unsterblichkeit, weil sie im Winter gut gedeiht und blüht.

Immergrüne Zweige holte man sich als Symbol für die sich stets erneuernde Natur ins Haus. Besonders waren es Ilex (in vielen Länder immer noch ein weihnachtliches Symbol) oder Eibe mit roten Beeren. Rot steht für das aufkeimende Licht, auf das so sehnsüchtig gewartet wird, und für die Liebe, die Christus uns lehrte.

Traditionell wird die Zeit des Advents von einem Adventskranz begleitet, an dem an jedem Sonntag eine weitere Kerze angezündet wird, bis wir schließlich Heiligabend feiern. Dieser Brauch ist heute sicherlich der bekannteste. Die 4 Kerzen, in einer Art Quadratur des Kreises angeordnet, haben verschiedene symbolische Hintergründe. So steht eine Kerze für 1000 Jahre, vier für die 4000 Jahre, die auf den Erlöser gewartet wurden. Sie stehen für das Reifen der Hoffnung und Freude. Sie symbolisieren außerdem die vier Jahreszeiten. Wir gehen sinnbildlich noch einmal durch das vergangene Jahr. Und sie repräsentieren noch einiges mehr, was eine Vierheit hat. Dieser Brauch stammt von dem Gründer des Evangelischen Hilfswerks, Johann Hinrich Wichern (1808 – 1881), der in Hamburg gemeinsam mit Waisenkindern lebte.

Die Farben Blau und Rot:

Advents- und Weihnachtsschmuck wird oft in Blau und Rot gehalten. Diesen Farben liegen symbolische Werte zugrunde.

Schaut man auf die Maler der Renaissance und ihre Madonnenbilder (Raffael, Michelangelo, da Vinci oder Donatello), wird man feststellen, dass Maria stets mit rotem Gewand und blauem Mantel dargestellt wird. Das Blau hat eine etwas kühlere Wirkung, es beruhigt und umhüllt, es vermittelt Geborgenheit, Innigkeit und Friede. Das Rot ist eine warme, aktive Farbe.

Die eigentliche Farbe des Advents ist Blau, die von Weihnachten Rot – als Symbol der zunehmenden Sonne, des Lichtes, der Liebe und Christuskraft.

Wer das Gefühl hat, er brauche Schutz und Hülle, kann sich vorstellen, sich in den Mantel von Maria einzuwickeln. Es ist eine wohltuende Geste.

Der Adventskalender

Den Kindern vor allem gefällt es, vom 1. Dezember an jeden Tag ein Türchen ihres Kalenders zu öffnen. Erwartung, Geduld und Vorfreude als Sinn des Advents werden so auf einfache Weise geübt. (Eltern machen dabei allerdings die Erfahrung, dass es oft ein Anreiz ist, besonders früh aufzuwachen.) Auch in früheren Zeiten wurden schon verschiedene Arten von Adventskalendern hergestellt, um den Zeitbegriff bis Weihnachten deutlich zu machen. So durfte etwa jeden Tag ein Blatt mit einem Spruch abgerissen werden, jeden Tag einer der 24 Kreidestriche an der Türe weggewischt oder jeden Tag ein Strohhalm in die Krippe des Christkinds gelegt werden.

Plätzchen backen

Früher war in der Adventszeit striktes Fasten angesagt. Im Laufe der Geschichte gab es hier eine Umkehrung: Heutzutage wird auf Weihnachtsmärkten geschlemmt und in den Küchen fleißig gebacken und genascht.

Es ist zum Brauch geworden, in der Adventszeit Weihnachtsstollen zu backen, der als sogenanntes Gebildebrot bestimmte symbolische Formen oder Figuren zeigt. Der Stollen soll eine Darstellung vom Christkind sein, wie es in Tücher gewickelt ist. Aber auch jede Menge Weihnachtsgebäck in den verschiedensten Ausführungen ist zur Tradition geworden: Lebkuchen (worin das Wort *laib* steckt), Baumkuchen, Dominosteine, Spekulatius. Viele Rezepte wurden ursprünglich mit verdauungsunterstützenden Kräutern zusammengestellt. Sie stammten meist aus den Klöstern und galten als Heil- und Arzneimittel. Ursprünglich wurden all diese Leckereien allerdings erst an Weihnachten gegessen. Der Stollen, damit er richtig lecker wird, muss vier Wochen ziehen. So habe ich es noch gelernt.

Bastelanleitung: Transparentstern mit 8 Zacken

Für einen Stern mit 8 Zacken benötigen wir 8 gleiche Streifen.
Die lange Seite muss immer doppelt so lang sein wie die kurze, z. B. 10 × 5 cm
Die Streifen der Länge nach falten und wieder öffnen. Zuerst wird eine Ecke zur eben erschaffenen Mittellinie gefaltet. Danach die zweite Ecke ebenfalls zur Mittellinie falten. Bis der Streifen 4 zur Mitte gefaltete Ecken hat.
Die rechte Ecke nun noch einmal zur Mittellinie falten (2× gefaltet).
Das Gleiche mit den restlichen 7 Streifen wiederholen.
Die Zacken der breiteren Ecke von Mittellinie zu Mittellinie in der Mitte zusammenkleben. Nun ist der Stern fertig.

Rezept: Gebildebrot

Zutaten: 1 kg Mehl, 1 Würfel Hefe, 1 TL Zucker (wer es etwas süßer mag, nimmt 100 g), 150 g Butter, ½ l Milch, 1 Prise Salz, 1 Ei
Zubereitung:
Arbeitszeit ca. 10 Minuten – Ruhezeit ca. 1 Stunde
Das Mehl in einer Schüssel verteilen und eine Mulde hineindrücken. In die Mulde die Hefe bröckeln, zuckern und mit etwas lauwarmer Milch anrühren. Den Vorteig ca. 10 Minuten gehen lassen.
Die Butter schmelzen und abkühlen lassen. Dann in den Teig geben mit der restlichen Milch, dem Salz und dem Ei. Alles zu einem geschmeidigen Teig vermengen und diesen an einem warmen Ort bis zum doppelten Volumen aufgehen lassen.
Aus dem Teig kann man – nicht nur zu Advent – viele verschiedene Sachen formen, je nach Jahreszeitmotiv, oder es mit allerlei Zutaten verfeinern: Weckmänner, Osternester, Michaelischwert, Martinsgans, Zopf …
Bei 200°C backen, bis es goldbraun ist. Vorsicht, es geht auf dem Backblech noch sehr auf!
Gutes Gelingen!

Wichteln

Die nordische Sagengestalt der Nisse, die elementarische Gehilfin des Nikolaus, ist bei uns als Wichtel bekannt. Mit ihren roten Mützen erinnern die Wichtel sogar an den heiligen Mann. Hiervon abgeleitet ist die Tradition des Wichtelns, ein gern gesehener Brauch in der Vorweihnachtszeit. Auch in den Waldorfkindergärten hat nun die Zwergenzeit angefangen. Durch den Jahrestisch, durch Basteleien, Lieder und Reigentänze werden sie besonders bedacht und den Kindern nahegebracht.

Das Wichteln ist eine schöne Tradition und sehr beliebt, ob im Familienkreis, unter Freunden, am Arbeitsplatz oder in der Schule. Heimlich und anonym macht man sich gegenseitig kleine Geschenke und wird gewissermaßen selbst zu einem verborgen wirkenden Wesen, einem Wichtel.

Wichtig ist, dass jeder für sich behält, wem er ein Geschenk gemacht hat, denn die Heimlichkeit ist der besondere Spaß an der Sache. Elementarwesen sind ja (in der Regel) unsichtbare Gesellen.

Die besonderen Heiligen der Adventszeit

In der Adventszeit wird nicht nur die Gestalt des Nikolaus geehrt, sondern auch die heilige Barbara (4. Dezember). Sogenannte Barbarazweige, Kirschbaumzweige, an dem Tag in eine Vase gestellt, erblühen dann zum Christfest. Die heilige Lucia, die Leuchtende (13. Dezember), steht wiederum im Zusammenhang mit den Sonnenwendfeierlichkeiten.

Das Adventsgärtlein

Das Adventsgärtlein ist eine Festgestaltung, die in manchen Schulen für die unteren Klassen sowie in Kindergärten stattfindet, im Idealfall am ersten Adventssonntag. Das Adventsgärtlein ist für die Kinder eine sinnbildliche Einstimmung auf das Weihnachtsfest: Wir machen uns auf den Weg, das Christkind zu empfangen. Durch seine einfache und doch eindrucksvolle Form können die Kinder mit Andacht und Konzentration darin aufgehen, sie erleben die Bedeutung des Rituals ganz intuitiv. Ein solches Fest kann in der heutigen Zeit Seelennahrung für die Kinder sein, und für die Erwachsenen, die ihre Kinder begleiten, ebenso.

Der noch relativ junge Brauch stammt ursprünglich aus dem Bayerischen Wald und fand seinen weiteren Weg über den Sonnenhof in Arlesheim, eine anthroposophisch orientierte Einrichtung für Kinder, Jugendliche und Erwachsene mit Behinderung, wo Rudolf Steiner und Ita Wegman 1924 eine vollkommen neue Art der Medizin und Heilpädagogik begründeten. Seitdem ist es in der Waldorfbewegung ein fester Bestandteil beim Einläuten der Adventszeit. Das Adventsgärtlein ruft bei den Kindern oft größte Emotionen hervor. Das Ereignis dringt ganz tief ein und prägt womöglich das weitere Leben. In einer linkslaufenden Spirale werden Tannenzweige gelegt (gegen den Uhrzeigersinn, sodass man sich um die linke Schulter herumdreht). Eine Kerze in der Mitte stellt das ewige Licht dar, das nie erlischt, der Mittelpunkt, von dem alles ausgeht und in den alles wieder zusammenläuft. Wenn wir in einer Spirale linksherum laufen, von außen nach innen, kommen wir träumend in der Mitte an. Es erinnert die Kinder an ihre geistige Heimat, mit der sie in dem Alter noch verbunden sind, und zugleich ist es wie ein Inkarnationsweg, eine Inkarnationshilfe, ein Sich-Verbinden mit der Erde.

Schon beim Aufbau wird der Weg vom Erzieher, Lehrer oder Helfer in die Spirale hinein- und hinausgegangen. Nie wird über die Zweige hinweggestiegen, es würde das energetische Feld, das eine Spirale stets erzeugt, irritieren.

Wenn das Adventsgärtlein anfängt, ist der Raum noch dunkel. Nur die Kerze in der Mitte brennt. Leise werden Adventslieder gesungen oder auf einer Leier gespielt. Zuerst muss man durch ein Tor hindurchgehen. Das Tor, wo manchmal auch ein (die Kinder immer sehr beeindruckender) Engel steht, der einem die Kerze reicht, symbolisiert den Übergang in einen anderen Bereich, einen Schwellenübergang. Als Erster geht ein Erwachsener oder ein älteres Kind mit einem Apfel, in dem eine Kerze steckt, in die Spirale, entzündet die Apfelkerze an der großen Kerze, stellt sie in der Spirale ab und geht wieder hinaus, damit sich die Kinder daran orientieren können. Sie sind schon ganz erwartungsvoll, wann sie an die Reihe kommen. Nach und nach geht nun jedes Kind für sich seinen Weg – in aller Stille, und gestaltet ihn in die Spirale ganz individuell. Der Raum wird immer heller, je mehr Äpfel hingestellt werden; die Kerzen leuchten um die Wette. Anschließend gehen alle nach Hause – erfüllt von dem Erlebten. Der Weg nach innen, das Licht suchend und am Ende findend, ist der adventliche Weg. Es braucht durchaus manchmal Mut dazu, diesen Weg zu gehen.

Das eigene Licht loszulassen, um es zu den anderen Lichtern zu stellen, ist für die Kinder ein erster sozialer Impuls. Zunächst gehen sie den Weg allein, in ihre(r) Individualität, um dann ihre Kräfte, versinnbildlicht durch das Licht, der Gemeinschaft zur Verfügung zu stellen. Man kann beim Hineinund Herausgehen sehr viel vom Wesen eines Kindes und von seinem Temperament erkennen.

Moos oder Tannengrün stehen für die lebentragenden Kräfte. Während sich in der Natur die Vitalität nach innen zieht, behält die Tanne ihr grünes Kleid. Warum werden die Kerzen in einen glänzend polierten Apfel als Kerzenständer gesteckt? Dem Apfel begegnen wir am Anfang des biblischen Mythos, und er kommt in vielen Märchen vor. Wenn wir den Apfel als Symbol der irdischen Erkenntniskräfte (die verbotene Frucht vom Baum der Erkenntnis aus dem Paradies) zum Träger des Lichts machen, steigen wir von der Natur-Erkenntnis zur Geist-Erkenntnis. Bestimmt macht es das Geheimnis des Adventsgärtleins aus, dass so viele Wahrbilder darin zu spüren sind. Das Bild der Lichterspirale sollen die Kinder in sich einsinken lassen und bewahren.

Die Spirale ist in vielen Kulturen ein uraltes heiliges Symbol, das bis heute nicht an Kraft verloren hat. Während der Kreis Innen- und Außenraum trennt, führt bei der Spirale ein Weg von außen nach innen und von innen wieder hinaus. Das ist wichtig. Die gemachte innere Erfahrung soll wieder in die Welt hinausgetragen werden. Die Spirale ist ein Symbol für unendliche Bewegung und seit jeher auch ein Symbol für den Weg der Menschenseele zu sich selbst. Der Weg in die Spirale könnte auch als Bild der kindlichen Biografie verstanden werden. Es sucht das Licht auf seinem Lebensweg, und mit diesem Licht kann es die Umgebung für alle anderen erhellen.

Der Brauch vom Schuh

In Island, wo man noch an Trolle glaubt, gab es einmal, so die Sage, eine Trollfrau namens Gryla. Sie hatte 13 Söhne: die Weihnachtskerle. Diese durften nur einmal im Jahr aus ihrer Troll-Höhle, und zwar ab dem 12. Dezember. Jeden Tag bis zum Christabend durfte ein weiterer ihrer Söhne aus der Höhle heraus. – So stellen die Kinder jeden Abend ab dem 12. Dezember ihre Schuhe nach draußen und hoffen auf ein Geschenk vom gerade umherstreifenden Weihnachtskerl. Wer aber nicht artig war, bekommt vom

Troll kein Geschenk, sondern eine alte Kartoffel in den Schuh gelegt! Das Kind, das weiß, es war vielleicht nicht gar so brav gewesen, tut ein paar Leckereien neben den Schuh, um den Weihnachtskerl umzustimmen. Jeder Troll hat verschiedene Eigenschaften und Vorlieben. Daher sollte jeden Abend eine andere Leckerei neben dem Kinderschuh stehen.

Wie können wir die Adventszeit mit den Elementarwesen zusammen feiern? Oft ist das Wetter so ungemütlich kalt und nass, dass wir lieber in der gemütlichen warmen Stube bleiben, statt rauszugehen. Basteln und backen stehen auf der Tagesordnung. Wir können mit den Kindern ein Transparent für die Elementarwesen basteln, sie gedanklich im Tun mit einbeziehen, es dann für sie am Fenster aufhängen oder vor einer Kerze zum Leuchten bringen.

Es ist dafür nicht wichtig, die Elementarwesen sehen zu können, und es ist auch für sie selbst nicht primär wichtig. Sie sind da, sie sind dabei. Sehen heißt nicht Wahrnehmen! Wahrnehmen kann man noch auf ganz andere Weise, mit dem Herzen zum Beispiel, über Gefühle oder Stimmungen, die plötzlich da sind. Die uns umringenden, bei uns seienden Elementarwesen freuen sich darüber, gedanklich mit einbezogen zu werden. Es gibt ihnen das Gefühl, auch unsichtbar dazuzugehören. Sie wollen, dass wir wissen, dass es sie gibt!

Dem können wir jederzeit, wenn wir unser Zuhause schmücken, gerecht werden. Etwa, indem wir ihnen erzählen (das kann auch nonverbal sein), dass wir nicht nur für uns schmücken, sondern auch für sie die Wohnstube gemütlich und schön gestalten wollen. Wir können sie während des Adventssingens einbinden. Den Liedern zu lauschen macht ihnen große Freude. Und sie erfreuen sich an unserer Freude. Vielleicht tun wir einmal die Woche im Adventskalender etwas für sie symbolisch hinein, ein selbst gebackener Keks, ein schönes Steinchen, das mit auf den Jahreszeitentisch darf. So können auch die Kinder angeregt werden, die Elementarwesen zu bedenken. Sie erleben: Der Keks wird scheinbar nicht angerührt. Aber eben nur scheinbar! Etwas Subtiles verändert sich durchaus, wenn das Elementarwesen sich auf seine Weise damit verbunden, davon wie genascht hat.

Oder wir können kleine Geschenke basteln. Die Elementarwesen freuen sich vor allem auch an der Freude, die die Kinder und wir Erwachsene dabei empfinden. Das vor allem wird zur Nahrung für sie: unsere innere Verbundenheit, das Miteinander. Auch wenn es vielleicht nur ein erstes Herantasten an eine zukünftige Gemeinsamkeit ist.

Wir können draußen Naturfrüchte, Moos und Steinchen sammeln und daraus drinnen in einer hübschen Ecke ein Tischlein, ein Regal, eine Fensterbank oder ein kleines Gärtchen für sie basteln.

Ein Geschenk wird zum echten Weihnachtsgeschenk, wenn es in dem Beschenkten Freude, Wärme und Liebe auslöst und ihm eine Hilfe ist, in die rechte Weihnachtsstimmung zu kommen. Für uns, für sie.

Weihnachten

An Weihnachten, auch Weihenacht oder Christfest genannt, feiern wir die Geburt des Herrn. In vielen Ländern ist es ein gesetzlicher Feiertag. Oftmals beginnen die Feierlichkeiten schon am Vorabend, der Heiligabend genannt wird oder Heilige Nacht. Der 24. Dezember ist kein offizieller Feiertag, die meisten Geschäfte sind noch geöffnet.

Weihnachten gehört mit Ostern und Pfingsten zu den drei Hauptfesten des Kirchenjahres. Der Höhepunkt des Weihnachtsabends ist die Mitternachtszeit – der Überlieferung nach die Geburtsstunde Jesu. In Belgien, wo ich herkomme, wünscht man sich erst um Mitternacht frohe Weihnachten, und es werden auch erst dann die Geschenke verteilt. Ich selber habe die Bestrebung, um Mitternacht draußen zu sein, um mich der Stimmung der Weihenacht hinzugeben. Zum Himmel hinaufschauend versuche ich die kosmischen Impulse dieses besonderen Zeitgeschehens einzufangen. Am liebsten bin ich dafür allein. Damit meine ich: als Mensch allein. Tatsächlich bin ich nie allein, sondern habe die Elementarwesen, mit denen ich befreundet bin, um mich herum. Gemeinsam genießen wir die Stille der Nacht. Das mache ich die ganzen 13 Heiligen Nächte hindurch: hinausgehen am Abend und mich gen Himmel öffnen. Und sich *ihm* öffnen heißt immer auch: sich der Erde zuwenden. Denn das ist Weihnachten.

Weihnachten ist ein Familienfest. Der Brauch, sich gegenseitig etwas zu schenken, wurde von Martin Luther als Gegenstück zur Geschenksitte am Nikolaustag vorgeschlagen, damit die Aufmerksamkeit der Kinder auf Christi Geburt gelenkt würde.

Wir haben uns seit vielen Jahren dafür entschieden, die Geschenke erst am 1. Weihnachtstag zu übergeben, weil wir den Eindruck hatten, dass die Schenkerei zu sehr im Vordergrund stand und somit das eigentliche Weihnachtsgeschehen der Heiligen Nacht verloren ging.

Ich stelle mir jedes Jahr aufs Neue die Frage: Sind die ganzen heutigen Rituale, Bräuche und Traditionen eine Ablenkung vom eigentlichen, kosmischen Weihnachtsgeschehen? Oder sind sie uns eine Hilfe? Ich hätte es oft gerne einfacher, ruhiger, stressfreier gehabt, um mich auf das Wesentliche besinnen zu können. Immer war da eine Diskrepanz, auch ein Druck, es greifen und erleben zu wollen, ein Druck, den ich mir als Perfektionistin am Ende selber machte. Gleichzeitig sollte es auch ein harmonisches, friedvolles Fest für alle Familienmitglieder werden.

Irgendwann hatte ich dann so viel Erfahrung, dass ich alle Vorbereitungen vor dem 24. beendet hatte und am Nachmittag in Ruhe den Rundgang zu den Kraftorten und den Elementarwesen in unserem schönen Park und dem ihn umgebenden Wald machen konnte. Es war mir ein Bedürfnis, ihnen einen weihnachtlichen Gruß und eine Kerze zu bringen.

Die Heilige Nacht, ihre wahre Bedeutung, das Kosmische, all das scheint mir auf Erden manchmal unerreichbar weit weg, wenn ich in den Himmel schaue. Gibt es diese Trennung überhaupt, ich hier unten, Du dort droben weit weg? Oder erschaffe und zementiere ich diese Trennung selber, indem ich meine eigene Größe nicht erkenne oder nicht zulasse? Wenn es mir gelingt, dem Christuskind jedes Jahr aufs Neue in meinem Herzen zu einer Geburt zu verhelfen, gibt es keine Trennung.

Die gesamte Weihnachtszeit dauert zweimal 40 Tage. Dabei gibt es zwei sich durchdringende 40-Tage-Phasen. Wenn wir von dem frühestmöglichen Adventsbeginn, dem 27. November, zählen, sind es 40 Tage bis zum 6. Januar, dem Dreikönigstag. Und vom 24. 12. ausgehend sind es 40 Tage bis zum 2. Februar, Mariä Lichtmess, dem Ende der Weihnachtszeit. Wo sich diese beiden Phasen überschneiden und gleichsam ihr Zentrum haben, liegt die stille, die zeitlose Zeit (weil die Sonne sich hier kaum verändert): die 12 Heiligen Nächte (die eigentlich 13 sind).

Der Weihnachtsbaum

Für viele Menschen ist der Weihnachtsbaum an Weihnachten nicht mehr wegzudenken. Er ist zum Mittelpunkt der Feierlichkeiten geworden. Mit viel Liebe und Aufmerksamkeit wird er ausgesucht und geschmückt. Familie und Freunde versammeln sich an den Feiertagen um ihn herum, Geschenke werden unter ihm bereitgelegt. Doch warum stellen wir ihn auf?

Schon in alten Kulturen waren Nadelhölzer und andere immergrüne Pflanzen ein Symbol für Lebenskraft und Fruchtbarkeit. Die Häuser wurden zur Wintersonnenwende mit deren Zweigen geschmückt und brachten ein wenig Farbe hinein. Der Tannenbaum erinnert an das Überleben der Natur in der kalten, frostigen Winterzeit, die für die Menschen der damaligen Zeit unter Umständen lebensbedrohlich war. Zusätzlich sollten die Tannenzweige im Winter das Haus vor bösen Geistern schützen und Hoffnung auf die Wiederkehr des Frühlings machen. Im Elsass tauchten die ersten Weihnachtsbäume schon 1492 auf einem Marktplatz als Weihnachtsidee auf. Um 1650 herum zog der Weihnachtsbaum in die Stuben, geschmückt mit Pferden aus buntem Papier, Äpfeln, Oblaten und Zischgold (dem Vorläufer des Lamettas). Erst später kam der Kerzenschmuck hinzu. Tannenbäume waren zur damaligen Zeit in Europa noch selten und daher sehr kostspielig. Es konnten sich zunächst nur wohlhabende Bürger einen geschmückten Tannenbaum leisten. Die ärmeren Familien stellten Zweige und anfallendes Grün als Ersatz hin. Der Weihnachtsbaum wurde so beliebt, dass man Tannen- und Fichtenwälder anpflanzen musste, um die Nachfrage zu decken. Er war zuerst ein bürgerliches, kein kirchliches Symbol.

In anthroposophischen Zusammenhängen schmückt man den Baum gerne mit 30 roten Rosen, symbolisch für die 30 Lebensjahre Jesu, und mit drei weißen Rosen an der Spitze, als Symbol für die drei Wirkungsjahre des Christus in Jesus. Am Stamm entlang werden die Planetenzeichen aufgehängt.

Heute ist es aus ökologischen Gründen berechtigt, über das Aufstellen eines Weihnachtsbaumes kritisch nachzudenken.

Die Weihnachtskrippe

Franz von Assisi stellte im Jahre 1223 in Greccio eine Krippe mit lebenden Personen, echten Ochsen und Eseln auf und legte Heu hinein. Er nutzte die anschauliche Szenerie, um Gläubigen, die nicht lesen konnten, das Weihnachtsevangelium nach Lukas in Bildern näherzubringen. Die Jesuiten sorgten im 16. Jahrhundert dafür, dass die Weihnachtskrippe sich in ganz Europa verbreitete. Die Krippenfiguren wurden im Laufe der Zeit immer kleiner und um die Heilige Familie mit Engel, Hirten und den Weisen aus dem Morgenland ergänzt. Im 17. Jahrhundert schnitzten Südtiroler Bergbauern die ersten Krippen aus Holz.

Der Begriff Krippe bezeichnete zunächst Flechtwerk. Ein geflochtener Futtertrog war eben auch eine Krippe. Das Wort wurde dann auf alle Tröge übertragen, egal welcher Beschaffenheit. Heute bezeichnet eine Krippe ebenfalls einen Kinderhort. Es bezieht sich darauf, dass Jesus Christus nach seiner Geburt in eine Krippe gelegt wurde. In den Darstellungen der Westkirche steht die Krippe in einem Stall, die östlichen Kirchen zeichnen auf ihren Ikonen eine Höhle als Geburtsort Jesu.

Heute sind sie aus der weihnachtlichen Dekoration nicht mehr wegzudenken. Und jeder Krippe wohnt ein ganz besonderer Zauber inne.

In manchen Gegenden gibt es sogar sogenannte Jahreskrippen, mit anderen Ereignissen aus dem Leben Jesu als Motiv: Osterkrippen und Passionskrippen.

Das Krippenspiel

Der Beginn der heutigen Krippenspiele liegt vermutlich ebenfalls bei Franz von Assisi. Es gab jedoch in den ersten Jahrhunderten nach Christi Geburt bereits Krippenspiele, die aber wieder in Vergessenheit gerieten. Es sind Mysterienspiele. Sie besitzen eine starke Imaginationskraft. Über das Bildhafte wirken sie heilend auf unsere Seele, auch wenn es uns nicht bewusst ist. Das Volkstümliche und vermeintlich Naive wirkt auf unsere Gemütsseele. Es sind pure Herzenskräfte.

Am Morgen, noch im Bett liegend, stimmte ich mich darauf ein, unseren diesjährigen Weihnachtsbaum zu finden. Ich laufe gerne durch die Baumplantage und lasse mich führen. Führen zu einem Baum, der vielleicht nicht perfekt ist, den wahrscheinlich niemand wird haben wollen. Das ist für mich dann der «perfekte» Baum, einer mit Charakter. An der Plantage angekommen, machte ich mich auf den Weg und spürte erst einmal hin, aus welcher Richtung ich wie eine Einladung fühlen konnte. Es zog mich einen kleinen Hügel hinauf.

Dort oben angelangt, wurde mein Blick auf ein Grüppchen Tannenbäume gelenkt. Einer der Bäume hatte unten herum schon lauter kahle Äste und einseitig eine Lücke im Wachstum. Ich bekam außerdem als Botschaft: Es fühle sich für ihn zu eng an zwischen den anderen Bäumen. Ich glaube, er wollte mir damit sagen: Ich bin es, der auf dich wartet! Inzwischen kam mein Mann mit einer Säge dazu und fragte ein wenig außer Puste, warum ich unbedingt so weit gehen musste, um einen Baum zu finden, es stünden doch überall welche. «Ja, aber dieser hat es mir besonders angetan!», antwortete ich ihm schmunzelnd. Er schaute etwas genauer hin und konnte, mich kennend, meine Wahl zum Glück bejahen. Nahe am Boden sägte er «unseren» Baum ab, damit sich dessen Baumgeist gut lösen konnte. Wenn man Bäume zu hoch am Stamm absägt, kann noch zu viel Lebenskraft darin fließen, und dann ist es für das Baumwesen nicht einfach, sich davon zu lösen. Manchmal muss es bei dem Baumstumpf bleiben und mühsam versuchen, wieder auszuschlagen, was aber nicht immer gelingt: ein unbefriedigender Zustand. So sahen wir in der Nähe unseres Baumes einen abgesägten Baumstamm und hörten die Bitte, nachzuhelfen und den verbliebenen Stamm abzusägen, damit sich das Baumwesen, das sich dort gefangen fühlte, lösen könne. Das taten wir natürlich gerne.

Wieder zu Hause merkte ich, als wir etliche verwelkte Äste entfernen mussten, dass der Baum gar nicht so hoch war. Da kam mir die Idee, wir könnten ihn auf eine Kiste stellen, damit er größer wirke. In der Lücke an seiner linke Seite konnte ich den Beistelltisch mit der Krippe anschmiegen: wie dafür geschaffen! Als unser Baum dann fertig geschmückt war, war er natürlich der schönste Weihnachtsbaum der Welt. Und eindeutig war da auch noch ein Wesen zu spüren, das sich ebenfalls freute und den Baum zum Strahlen brachte, auch ganz ohne Schmuck. Achte einmal darauf: Ein Weihnachtsbaum, in Liebe aufgestellt und geschmückt, strahlt schon, auch gänzlich ohne Lichter! Das ist das Strahlen einer Baumsylphe, eines Luftelementarwesens. Der Baum bekommt etwas Wesenhaftes. Es verleiht ihm etwas Individuelles, Eigenes. Er wird irgendwie zum Mitglied der Familie. Er gehört unbedingt dazu und ist nicht bloß Tradition.

Am 24. Dezember machten Thomas und ich wieder unseren Lichterspaziergang. An den Plätzen, die wir aus Zeitgründen nicht erreichen konnten, stellte ich in meiner Vorstellung ein Lichtlein hin. So kann dort ebenfalls ein Abdruck eines Flämmchens im Feinstofflichen für die Elementarwesen brennen. An dem Tag war es nicht kalt. Ungewohnt. Eine schöne Stimmung war trotzdem da.

Am Abend, um den Baum sitzend, wollten meine Kinder eine Vorstellungsrunde, da im vergangenen Jahr doch einige Elementarwesenfreunde dazugekommen waren. «Und wo ist Manu?», fragte Simon plötzlich. Manu ist ein Erdelementarwesen und lebt in unserem Auto. Es ist das erste Wesen, das sich mir bildhaft zeigte, und ist mir seitdem ein treuer Freund. Ich hatte ihn tatsächlich im Auto vergessen! Ich dachte, ich hätte anhand des Muskeltestes gefragt, ob alle da seien. (Der Muskeltest ist eine Methode aus der Kinesiologie, um Antworten auf Ja/Nein-Fragen zu bekommen. In meinem ersten Buch habe ich sie genauer beschrieben.)

Ich hätte vielleicht genauer fragen müssen! Ohne präzise Fragestellung kann es auch keine genaue Antwort geben. Das macht es nicht immer einfach, weil man schnell etwas übersieht oder nicht bedenkt. So war meine Frage vielleicht nur auf das Haus und seine Bewohner bezogen gewesen. Ich «holte» Manu noch schnell dazu.

Einige Tage später ging ich draußen die abgebrannten Kerzenhüllen einsammeln. Leider hatte der Wind wieder einige ausgehen lassen, so auch bei der Eiche. Die Kerze bei dem Kräuterweiblein war so weit abgebrannt, dass die Plastikhülle verschmort war. Das war nicht gut. Zum Glück war der Wald sehr feucht, sodass es keine Brandgefahr gab. Bei Melrun (ein Wasserelementarwesen, das in einem Teich haust und sich gerne in der Gestalt eines Wals zeigt) konnte ich die abgebrannte Kerze nicht mehr finden. Sie war einfach verschwunden. Ich schaute überall nach. Ich mag doch keinen Plastikmüll in der Natur hinterlassen! Hatte der Wind sie weggeblasen? Oder war sie ins Wasser gefallen und mit der Strömung abgetrieben? Vielleicht hatte sie sich sogar mit Wasser gefüllt und war untergegangen. Diese Vorstellung fand ich auch nicht schön: Plastikmüll auf dem Teichboden! Ich bekam ein schlechtes Gewissen. Ich hatte doch nur ein schönes Zeichen setzen wollen! Ich bat Melrun, wenn er wisse, wo die Hülle sei, ob er sie mir vielleicht dorthin treiben könne, wo ich drankäme, um sie doch noch entsorgen zu können. Aber richtig daran glauben tat ich nicht. Einige Tage danach joggte ich noch mal hin und fand abermals nichts. Da gab ich es auf. Eine Woche später lief ich zufällig wieder an dem Teich vorbei. Ich wollte eigentlich in eine andere Richtung laufen, aber entdeckte in der Ferne Waldarbeiter und nahm lieber einen anderen Weg. Und siehe da, ganz nahe am Ufer, im seichten Wasser, lag die Plastikhülle der abgebrannten Kerze! Es waren Löcher eingebrannt; sie musste tatsächlich im Wasser versunken sein, nachdem der Wind sie dorthin gepustet hatte. Mit der Strömung konnte sie auf keinen Fall an die Stelle getrieben worden sein, wo ich sie jetzt fand. Danke, Melrun! Sorry, dass ich an Dir gezweifelt habe! Und auch mal wieder an mir …

In der Weihnachtszeit können wir vielfältige Impulse für die elementare Welt ergreifen.

Bei Spaziergängen können wir besonders auf die Wetterverhältnisse und die landschaftlichen Gegebenheiten achten und dabei unsere Dankbarkeit für ihr Tun und Sein zum Ausdruck bringen. Ich kann während des Spaziergangs immer wieder innehalten und spüren, was kommt mir entgegen, wenn ich Dankbarkeit als Gefühl verschenke bzw. ausschwinge. Ich überreiche den Dank bewusst wie ein Geschenk, nur, dass es nicht materialisiert ist.

Ich kann auch hier und da ein Glas mit einer Kerze oder einem Teelicht hinstellen, speziell für die Naturwesen, an Orten, die mir besonders vorkommen. Und sei es nur für kurze Zeit. Dieser Augenblick ist für beide ein beglückender Moment!

Ich kann, wie es Astrid Lindgren in dem schönen Kinderbuch *Tomte Tummetott* beschreibt, ein Schüsselchen mit Nahrung draußen oder im Haus hinstellen, als ein Festmahl für die elementaren Hausbewohner oder den Hausgeist. Sie werden es nicht wirklich wegessen, nicht sichtbar, aber substanziell werden sie es genießen und es als besondere Geste verstehen.

Als ich an jenem Abend unsere um den Weihnachtsbaum versammelten unsichtbaren Gäste vorgestellt hatte, packte eines meiner Kinder schnell von seinen Süßigkeiten etwas ein und stellte es als Geschenk unter den Weihnachtsbaum. Eine kindlich scherzhafte Geste, die dennoch ankam!

Ich kann für die Elementarwesen eine Ecke draußen oder im Haus besonders schmücken und im Stillen oder laut sagen, dass es *ihre* festlich geschmückte Ecke ist. Ich kann sie, wenn ich die Weihnachtsgeschichte lese oder wir Weihnachtslieder singen, gedanklich einladen, dabei zu sein.

Ich kann über die Elementarwesen meditieren.

Silvester

Der letzte Tag des Jahres, auch Altjahr, Altjahrestag oder Altjahrsabend genannt, wird heute kurzum als Silvester bezeichnet. Papst Silvester I. war von 314 bis zu seinem Tod 335 n. Chr. Bischof von Rom. Sein Name bedeutet *Waldmann* oder *Waldmensch*. Er gilt als der Patron der Haustiere, der für eine gute Futterernte sorgt und für ein gutes neues Jahr.

Wir wünschen uns am Vorabend des neuen Jahres einen «guten Beschluss» oder einen «guten Rutsch».

Das Jahresendfest wird heute gerne in geselliger Runde begangen. Um Mitternacht wird das neue Jahr freudig mit einem Sekt begrüßt. Früher war es die *Feuerbowle*. Traditionell gibt es heute dazu auch *Feuerwerk*, *Böllern* und *Glockengeläut*. Das Feuerwerk oder die Feuer-Feste gehen auf alte germanische Bräuche zurück. Durch das Feuer, so dachte man, würden die bösen Geister vertrieben. Heute ist das Feuerwerk eher als Vorfreude auf das neue Jahr zu verstehen. Auch das *Bleigießen* gehört zur Tradition, es hat einen prophetischen Charakter für das kommende Jahr. Mancherorts gibt es den *Silvesterlauf:* Tausende von Menschen laufen für einen guten Zweck oder eine gemeinnützige Sache und treiben damit Spenden ein. Und das *Silvesterbaden* im eiskalten Flusswasser ist auch so ein Brauch. Das alte Jahr wird abgebadet, außerdem stärkt es, richtig vollzogen, das Immunsystem.

Seit dem Jahr 153 v. Chr. ist das Abschließen eines Jahres am 31. Dezember. Bis dahin feierten manche Kulturen beispielsweise den Frühlingspunkt als Jahresbeginn. In China feiert man das neue Jahr an einem Neumond zwischen dem 21. Januar und dem 21. Februar, also nicht an einem Fixtag. Der Beginn des neuen Jahres wird nach dem traditionellen chinesischen Lunisolarkalender berechnet.

Am letzten Tag des Jahres lassen wir das vergangene Jahr Revue passieren und blicken mit guten Vorsätzen in die Zukunft. Das Einläuten des neuen Jahres ist von der Hoffnung begleitet, alles Schlechte des vergangenen Jahres hinter sich zu lassen.

Doch Silvester ist auch die Mitte der 13 Heiligen Nächte. So gesehen hat dieser Tag einen Gleichgewichtscharakter für die weihnachtliche Zeit zwischen Heiligabend und Dreikönig, zwischen dem Vergangenen und dem Zukünftigen.

Es gibt auch die Anschauung, dass der 1. Januar das eigentliche Jesus-Christus-Fest zwischen dem Hirtenweihnachten und dem Dreikönigsweihnachten ist, also der zentrale Feiertag. Rudolf Steiner weist darauf hin, dass es besonders entscheidend sei, was wir uns in der Silvesternacht vornehmen, und dass in jeder Silvesternacht, im Übergang vom alten Jahr ins nächste, außerdem etwas ganz Besonderes geschieht:

Die Naturreiche stehen in einem besonderen Verhältnis zueinander. Das Bewusstsein der Pflanzenwelt der ganzen Erde (das bei uns in der Winterzeit wachend ist, in der Sommerzeit schlafend) vereint sich nur in der Zeit der 13 Heiligen Nächte mit dem Erdenbewusstsein, das heißt, mit dem Bewusstsein der gesamten mineralischen Erde. Das übrige Jahr sind sie getrennt, also wie zwei verschiedene Wesenheiten zu verstehen. In dieser Zeit zwischen den beiden Weihnachten (25. 12. bis 6. 1.), durchdringen sich zwei Entwicklungsströmungen, zwei Zyklen. Zum einen das Bewusstsein der mineralischen Erde, welches das Geheimnis des ganzen Kosmos in sich trägt. Zum anderen das denkende Bewusstsein der Pflanzenwelt, das viel eingeschränkter ist. Es umfasst einen geringeren Umkreis der Erde, und zwar das ganze Jahr hindurch, nur nicht in der Weihnachtszeit. Da ist es eins mit dem Erdenbewusstsein, und damit ebenfalls mit den Geheimnissen der Sterne. Dieses Wissen wird genutzt, um die Pflanzen sich im Frühjahr nach den Geheimnissen des Kosmos entfalten zu lassen. Nur dadurch können sie Blüten und Früchte tragen.

In der Silvesternacht kommen die geistigen Urbilder der Pflanzen aus der Sphäre, in der sie von den Göttern, den Hierarchien, gedacht, das heißt: hervorgebracht werden, zur Erde, ähnlich wie eine Menschenseele aus den Himmelssphären inkarniert, wenn ein Kindlein geboren wird. Geistig gesehen fallen die Pflanzenurbilder wie Abertausende leuchtende kleine Sternschnuppen auf die Erde.

Als ich das das erste Mal las, dachte ich, das kann doch gar nicht sein, das ist mal wieder so typisch für uns Menschen! Da machen wir mal wieder genau das Gegenteil und werden dadurch wahrscheinlich vom eigentlichen

Geschehen in dieser besonderen kosmischen Nacht völlig abgelenkt und abgeschnitten. Dieser großartige Prozess passiert, ohne dass wir es bewusst mitbekommen. Wir ballern Böller und Feuerwerksraketen, einen Sprühregen von Feuerfunken, gen Himmel. Und das meistens schon etwas benebelt vom Anstoßen auf das neue Jahr. Welch ein Bild: Abertausend leuchtende Sternschnuppen von oben nach unten durch das Einwirken der Engelsphären – und von unten nach oben abgeschossen von uns Menschen! Irgendwie begegnen sich beide Impulse, so stelle ich mir das vor, irgendwo in der Luft.

In der Weihnachtszeit frage ich oft Manu, ob er mich auf einen Spaziergang begleiten möchte.

Manu ist mein treuer Geselle, seit ich ihn 2001 in unserem Auto das erste Mal bewusst wahrnahm. Für mich ist es nicht mehr wichtig, wie er aussieht, er ist ja Bewusstsein, ein Wesen. Er könnte sich in verschiedenen Formen zeigen. Aber damit man ihn als Manu erkennt, ist es natürlich einfacher, wenn er es immer auf die gleiche Weise macht. Mein Bild von ihm ist ja eigentlich meine Übersetzung von dem, was er ausschwingt, was er sei, und natürlich entspricht es ihm auch. Man kann Elementarwesen als Energiefeld verstehen. Sie sind ohne physischen Körper. Ich brauche kein Bild, keine Imagination, um Manu zu spüren und erkennen zu können. Es ist vor allem ein Gefühl, das mir entgegenkommt, ein sehr liebevolles Gefühl, mit ein bisschen Schabernack dazu. Jetzt, wo ich über ihn schreibe, schmunzeln wir gerade beide.

Es ist schön für mich, ihn auf meiner Schulter zu wissen und mit einzubeziehen.

So nahmen wir ihn auch in der Silvesternacht mit. Wir feierten mit Freunden. Kurz vor Mitternacht fuhren wir zum Richtberg, unserem Hausberg, hinauf, um das neue Jahr einzuläuten. Wir hatten einen freien Blick bis in den Schlitzer Himmel und konnten das Feuerwerk weit über die vielen Dörfer hinweg anschauen und bewundern. Das neue Jahr fingen wir so ganz bewusst mit Manu zusammen an und tranken dazu auf unser aller Wohl, bei Schneegestöber und kaltem Wind im Gesicht. Ich hielt Manu, der sich auf meiner Schulter aufhielt, mein Sektglas hin. So konnte er ein wenig die substanzielle Information dessen kennenlernen …

Seit vielen Jahren, wenn im Dorf das Feuerwerk endlich ein Ende gefunden hat, gehe ich meditativ in die Nacht und versuche, ein inneres Bild, ein Gefühl davon zu bekommen, was das Besondere der Silvesternacht ist. In einer inneren Gedankenleere lasse ich das Bild entstehen, während ich zum Himmel hinaufschaue. Es ist ein sehr erhabenes Gefühl. Ich versuche, nicht in ein vorgefertigtes Bild hineinzutauchen, von dem ich vielleicht gelesen habe, sondern es als Imagination oder als Gefühl zu empfangen.

Noch intensiver spüre ich es, wenn ich danach meinen Blick vom Himmel auf die Erde lenke. Da geschieht eindeutig etwas. Es ist wie ein feines Kribbeln, was ich auch in mir selber als Resonanz spüren kann. Es wird etwas empfangen. Es fühlt sich prickelnd, belebend an, aber ganz leicht und fein. Als würde sich die Erde dafür öffnen und eine empfangende Schale bilden. Gleichzeitig regt sich tief im Erdinnern eine subtile Aktivität.

Ich spüre vor allem eine große, erwartungsvolle Freude und Fröhlichkeit!

Das Gedeihen der Pflanzen im neuen Jahreszeitenrhythmus ist nur möglich, weil dies heute Nacht geschieht. Aus der Kraft des Samens vom vorherigen Jahr grünt die Pflanze. Erst aus der Gnade der Silvesternacht kann die Pflanze Frucht und wiederum Samen für das nächste Jahr bilden.

Wenn es uns gelingt, diese Vorgänge innerlich zu bewegen und die Naturwesen mit diesem Wissen zu begleiten, wird gegenseitig sehr viel angeregt. Man muss sich dafür etwas Zeit nehmen. Mitten im Feiern mit anderen gelingt es mir nicht. Ich habe diese Gedanken immer wieder im Freundes- oder Familienkreis nach dem Essen zu Gehör gebracht, nicht recht wissend, ob es überhaupt interessiert. Irgendwann habe ich es gelassen, weil es keinen rechten Anklang gefunden hat.

Beim Wachstum einer Pflanze oder eines Baumes sind viele Wesen beteiligt: Faun, Pan, Deva, Fee, Zwerg, Engelwesen. Da die Pflanze alle vier Elemente braucht, sind Elementarwesen aller vier Reiche involviert. Wenn wir versuchen zu verstehen, zu erfühlen, was in der Silvesternacht geschieht, profitieren die Elementarwesen davon, es bestärkt sie in ihrem Tun. Es schwingt immer in beide Richtungen. Es ist auch ein Dank für das vergangene Jahr: Für alles, was ihr für mich, für uns, für die Natur und die Landschaft getan habt und tut! Für eure Hilfe im Haus, für das prächtige Gedeihen im Garten. Für die Früchte und Samen, die ihr hervorgebracht habt! Habt Dank, ihr lieben Wesen!

Die 13 Heiligen Nächte

In der Zeit der Heiligen Nächte steht die Sonne quasi still am Tierkreis, es gibt kaum eine Veränderung der Tag- und Nachtlänge: Atemstillstand für das Jahr. Es ist eine stille Zeit zwischen den Jahren, eine zeitlose Zeit.

Während der heiligen Nächte ist uns die geistige Welt besonders nahe. Es ist eine gute Gelegenheit, sich über Meditation und Einkehr auf die Ursprungsimpulse meiner Seele zu besinnen, auf meinen vielleicht vorgeburtlichen Seelenplan. Innehalten gibt uns jetzt Kraft für die neuen Impulse für das kommende Jahr.

Schon von alters her ist diese Zeit eine besondere Zeit, auch bekannt als Raunächte. Man meinte, in den stürmischen Winternächten wirkten böse Mächte, die die Menschen angreifen wollen.

Die dunklen, langen, unwirtlichen Winterabende, die längsten Nächte des Jahres, sie waren wie geschaffen für schaurige Märchen und Geschichten von einer lebensfeindlichen Winterwelt. Man kann sich dazu vorstellen, wie der pfeifende, heulende Wind an Haus und Fensterläden rüttelt. Geflüster bei Kerzenschein von Menschen, die harte Arbeit gewohnt waren: Aberglaube vom Feinsten. Oder vielleicht doch wahr? Ist in der Zeit der Himmel besonders offen, sowohl für die Impulse der guten Geister als auch die der Widersacher?

Dass die Heiligen Nächte eine eigenständige Zeit sind, hängt ursprünglich mit der Zeitrechnung der alten Germanen zusammen. Sie kannten das Mond- und das Sonnenjahr, wobei ein Mondzyklus 29,5 Tage umfasste (354 Tage für ein Mondjahr). Das Sonnenjahr hatte 365 Tage, somit entsteht eine Differenz von 11 Tagen und 12 Nächten, die sogenannten *Toten Tage* außerhalb der Zeit. An solchen Tagen fallen die Grenzen, die den Menschen von den anderen Welten trennen. Die Gesetze der Natur werden außer Kraft gesetzt. So überliefern es uns die Mythologien. Was davon gilt auch heute noch?

Vor allem ab Silvester bricht Wodan (oder Odin), der Totengott der nordgermanischen Mythologie, mit seinen Untertanen, den Toten, zur wilden Jagd auf, so wurde es erzählt und geglaubt. In dieser Zeit steht das Geisterreich offen, und die Seelen der Verstorbenen, Geister, Phantome, Irrlichter, Spektren und Dämonen haben Ausgang in der Welt der Lebenden. Auch glaubte man, und das ist noch gar nicht so lange her, dass Menschen, die einen Pakt mit dem Teufel geschlossen hatten, in einer Werwolfgestalt Mensch und Tier bedrohen könnten.

Nun werden die Tage wieder länger und Balders Aufstieg aus dem Totenreich (ein Gott der germanischen Mythologie, der Leuchtende) beginnt von Neuem. Es wurde mit einem großen Fest begangen, das zwölf Tage dauerte, symbolisch für den Ausgleich zwischen dem Sonnen- und dem Mondkalender. Diese Festtage gehörten weder zum alten noch zum neuen Jahr. Da dann das Rad des Jahres stillsteht, durften sich währenddessen auch die Räder der Menschen, etwa Spinn- oder Wagenräder, nicht drehen.

In vielen Bräuchen um die Heiligen Nächte herum sind heidnische Ursprünge erkennbar. Die Tage zwischen Weihnachten und Dreikönig sind sogenannte Lostage. Los bedeutet hier Schicksalsdeutung und Weissagung. Man spricht den Träumen besondere Bedeutung zu. Sie geben uns einen Einblick in die Geschehnisse des kommenden Jahres. Jede Raunacht steht für einen Monat. Die erste Nacht für den Januar und so weiter. Deren Deutung gibt jeweils einen prophetischen Ausblick für das, was uns im neuen Jahr erwartet. Diese besondere Zeit ermöglicht uns, den Blick nach innen zu richten, in uns zu gehen, um uns an unsere wahre Bestimmung zu erinnern. Welche Erfahrungen will ich in meinem Leben machen, was sind meine Aufgaben? Bin ich zufrieden mit dem, was ist, oder bedarf es der Veränderungen? Tatsächlich bin ich gefragt, meine Einstellungen zu überdenken und gegebenenfalls zu revidieren. Die 12 Heiligen Nächte können uns Klarheit geben und uns anregen, den Schlüssel unseres Schicksals, unseres Loses aktiv in die Hand zu nehmen.

Sind es nun 12 oder 13 Heilige Nächte? Je nachdem, wie ich es betrachte oder wie ich es zähle! Für mich gibt es die Heilige Nacht, die Weihenacht, die besondere Nacht. Die Nullnacht. Dann kommen die weiteren zwölf.

Zählt man die Nächte vom 25. Dezember bis 6. Januar, die Zeit zwischen den beiden Weihnachten (am 25. Dezember die Anbetung der Hirten, am

6. Januar die Anbetung der Weisen aus dem Morgenlande), kommt man auf zwölf. Zählt man die Weihenacht oder den Adam-und-Eva-Tag dazu (am 24. Dezember wird der Vertreibung aus dem Paradies gedacht), kommt man auf dreizehn.

Betrachten wir einmal die Bedeutung der 12 und die der 13.

Die 12 wird als uralt-heilige Zahl angesehen. Sie ist uns geläufig. Die 12 steht für traditionelle Gepflogenheiten und Ordnungen im alten geistigen Sinne. Sie steht für Ganzheit, Vollkommenheit und Vollständigkeit. Sie steht für das geschlossene Ganze in der Zeit. Die Zahl 12 gilt außerdem als archetypisch männlich.

Einige Beispiele: Es gibt 12 Monate (in 12 Monaten umkreist die Erde die Sonne). 12 Tierkreiszeichen sind am Firmament. 12 Stunden hat ein Tag, 12 Stunden die Nacht. Wir haben 12 Brustwirbel. Unser Darm beginnt mit dem Zwölffingerdarm. Unsere Luftröhre hat eine durchschnittliche Länge von 12 Zentimeter.

In der griechischen Mythologie gibt es 12 Götter im Olymp und 12 Titanen in den Heldentaten des Herakles. Bei den Japanern, Indern, Bengalen, Römern und Hethitern erscheinen ebenfalls 12 Hauptgötter. Die Europaflagge hat 12 Sterne. Und nicht zuletzt: Christus hatte 12 Jünger. Diese Liste könnte man noch beliebig fortführen.

Und die 13?

Betrachtet man die Entwicklung als eine Spirale, so bildet die 12 den ersten Kreis und die 13 den Anfang, eine Stufe höher, des nächsten Kreises. Sie steht für Verwandlung, Metamorphose, Neues. Sie ist sozusagen die Krönung des Ganzen. Alles, was 12 gemeinsam zu geben haben, bündelt sich im 13 verwandelt auf einer neuen, höheren Stufe.

Als Neues und Unbekanntes kann uns die Dreizehn auch erschrecken. Sie gilt manchen als Glückszahl, anderen als Unglückszahl, sie steht auch für das Böse, bringt Unglück.

Im Märchen (etwa bei Dornröschen, in Gestalt der 13. Fee) geht es oft darum, dass, indem jemand oder etwas Dreizehntes hinzukommt, eine neue Handlung ausgelöst wird, welche die Harmonie aus dem Gleichgewicht bringt. Vollkommenheit wird zum Fluch, der auf der 13 lastet.

Die Zahl 13 gilt als archetypisch weiblich. Sie bezieht sich auf die dreizehn Mondzyklen des Jahres: Für die Frau gibt es 13 fruchtbare Zyklen.

So mag jeder selber herausfinden, ob er die Weihnachtszeit als *zwölf* Heilige Nächte empfindet oder als *dreizehn*. Es ist eine Frage der Perspektive.

Die mich umgebenden Elementarwesen und ich, wir erleben gemeinsam die besondere Zeit der 13 Heiligen Nächte, inniger noch als im Alltag. Auch für die Naturwesen werden nun aus dem Zusammenwirken von Kosmos und Erde die Keime für das kommende Jahr ausgesetzt. Das Urpflanzenbewusstsein, die große Pflanzenseele als eigenständiges Wesen, befindet sich auf unserer Erdenhälfte dann in einem wachen Bewusstsein. Die Sonne hat ihren tiefsten Stand. Ich finde, man kann dies in der Natur unterschwellig erleben, es vibriert innerlich vor Energie, auch wenn die Landschaft im Winter noch zu träumen scheint. Ich erlebe eine Nähe zum kosmischen Geschehen wie sonst nie im weiteren Jahreslauf. Wo sozusagen die physischen Kräfte sich am meisten zurückziehen, fast untätig werden, da wirken die geistigen Kräfte ganz besonders. Oft zieht es mich dann in die Nacht hinaus. Ich muss unbedingt schauen, wie es sich anfühlt. Dabei versuche ich mich für die verschiedenen Qualitäten jeder einzelnen Nacht zu öffnen. Am einfachsten gelingt es mir, wenn ich das Wetter auf mich wirken lasse oder den Himmel betrachte: wolkenverhangen oder sternenklar? Das ist sehr wechselreich. Manchmal sehr kalt und frostig mit klarem Himmel, dann wieder mild und bedeckt oder regnerisch-feucht. Prognosen über das Wetter kann man heutzutage, glaube ich, daraus nicht mehr ziehen. Meine langjährigen Beobachtungen bestätigten es jedenfalls nicht. Vielleicht schwirrt schon zu viel Menschliches im All – Raketen, Satelliten, nun auch noch 5G –, was das Gesamtsystem durcheinanderbringt. Das in den Nächten sich verändernde Mondlicht begleitet mich ebenfalls: von größter Helligkeit bei Vollmond bis tiefster dunkelster Nacht bei fast Neumond. Da kann es schon mal unheimlich werden, meinen Haushügel zu besteigen. Gut, dass ich nie alleine bin!

Ich versuche die Stimmung zu erfühlen, darin einzutauchen. Manchmal zeigen sich, aus der jahrelangen Wiederholung, Gedanken, Zusammenhänge, Bilder. Manu begleitet mich gerne, auch Dagron, mein Drachenfreund. Eine immense Ruhe der Natur ist für uns spürbar, obwohl das

Rauschen der nicht weit entfernten Autobahn ein ständiger Begleiter ist. Auch spüren wir schon eine leise Hoffnung auf neues Leben, das zwar noch innehält (bis Silvester), aber wieder beginnen möchte zu sprießen. Raunende Aktivität.

Am 6. Januar ist die Zeit der Raunächte zu Ende. Nun fängt die Zeit der Könige an, bis zu Mariä Lichtmess am 2. Februar. Dann erst ist die kosmische Weihnachtszeit zu Ende. Ist der Weihnachtsbaum abgebaut und der Weihnachtsschmuck wieder weggeräumt, möchten die Elementarwesen gerne an ihre gewohnten Plätze im Garten, im Haus und im Auto zurück.

Beobachtungen während der Heiligen Nächte

Während der Heiligen Nächte 2020/2021 haben sich mir verschiedene Bewegungen gezeigt. Ich erlebe es als eine fortführende Transformation, die man im Innen wie im Außen verfolgen kann. Ich möchte hier eine dieser Bewegungen schildern, denn sie vollziehen sich immer auch zur Freude der Elementarwesen.

Am 24. Dezember um die Mitternachtsstunde wird ein Christkind in meinem Herzen geboren, im Herzen eines jeden Menschen. Ob bewusst oder unbewusst, spielt zunächst keine Rolle. Dies habe ich vor vielen Jahren schon einmal wahrgenommen, dann aber wieder aus meinem Blickwinkel verloren. Dieses Herzenskind durchdringt und durchleuchtet mit seiner Aura während der 13 Heiligen Nächte unsere 13 Wesensglieder. Ab 18 Uhr beginnt der neue Impuls in Erscheinung zu treten, um sich um 24 Uhr zu manifestieren. Einiges davon ist erst als zarter Keim veranlagt und hat noch Zukunftscharakter. Man kann es aber durchaus anfänglich empfinden, wenn man sich jeweils auf das entsprechende Engelreich einstimmt. Diese Impulse zeigen sich mir in einer Halbkugel um mich herum. Die Halbkugel ist in 12 räumliche Segmente eingeteilt, für 13 Impulse. Es fängt auf der Erdenebene vor mir an. An Silvester steht es senkrecht über mir, danach geht es im hinteren, unsichtbaren Rückenbereich weiter (als keimhaft veranlagtes Zukünftiges), und am Vorabend des 6. Januar verbindet es sich wieder mit dem Erdboden, von den Fersen ausgehend im hinteren Bereich.

Mein physischer Leib wird am längsten durchlichtet, die ganzen 12 Tage hindurch. Jeden Tag kommt das nächste Wesensglied dazu. Die Segmente strahlen weit in den Umkreis hinaus, so weit, dass ich sie mir nicht mehr vorstellen kann, bzw. bis hin zu dem entsprechenden Engelreich.

12 Segmente:
6 nach vorne, 6 im hinteren Raum, 13 Impulse

1. Tag/25.12.	Füße/Hände – Wesensglied *physischer Leib,* Mineralreich
2. Tag/26.12.	Beine/Arme – Wesensglied *Ätherleib,* Pflanzenreich
3. Tag/27.12.	Becken/Bauch – Wesensglied *Astralleib,* Tierreich
4. Tag/28.12.	Brust/Schultern – Wesensglied *Ich,* Menschen
5. Tag/29.12.	Hals – Wesensglied *Geistselbst,* Engel
6. Tag/30.12.	Antlitz –Wesensglied *Lebensgeist,* Erzengel
7. Tag/31.12.	Schädeldecke senkrecht –Wesensglied *Geistesmensch* (Urengel)
8. Tag/1.1.	Hinterkopf – Wesensglied *Form-Geist* (Geister der Form)
9. Tag/2.1.	Nacken – Wesensglied *Bewegungs-Lebensgeist* (Geister der Bewegung)
10. Tag/3.1.	Schulterbereich/oberer Rücken – Wesensglied *Bewusstsein-Weisheitsgeist* (Geister der Weisheit)
11. Tag/4.1.	unterer Rücken – Wesensglied *Willensgeist* (Geister des Willens)
12. Tag/5.1.	Beine/Arme – Wesensglied *Harmoniegeist* (Geister der Harmonien)
13. Tag/6.1.	Füße/Hände – Wesensglied *Liebesgeist* (Geister der All-Liebe)

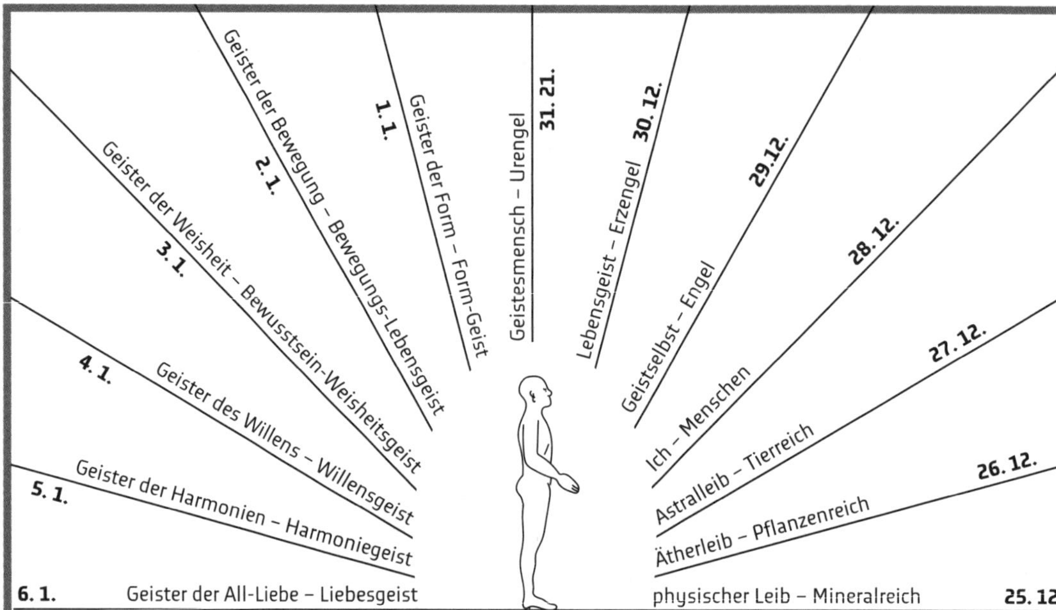

Wesensgliederprozess während den 13 Heiligen Nächten impulsiert von den 13 Hierarchien

Wesensglied	**entsprechendes Reich**	**Tag**
physischer Leib	Mineralreich	25.12.
Ätherleib	Pflanzenreich	26.12.
Astralleib	Tierreich	27.12.
Ich	Mensch	28.12.
Geistselbst	Engel	29.12.
Lebensgeist	Erzengel	30.12.
Geistesmensch	Urengel	31.12.
Form-Geist	Geister der Form	01.01.
Bewegungs-Lebensgeist	Geister der Bewegung	02.01.
Bewusstsein-Weisheitsgeist	Geister der Weisheit	03.01.
Willensgeist	Geister des Willens	04.01.
Harmoniegeist	Geister der Harmonien	05.01.
Liebesgeist	Geister der All-Liebe	06.01.

An Silvester finden wir hier ein tatsächliches Januskopfmotiv: Ein Gesicht schaut in die Vergangenheit, das andere in die Zukunft, und genau darin ist der 31.12. mit seiner Tagesqualität eingebettet in der Halbkugel. Wobei auch hier eine Umkehrung stattfindet; das Antlitz, das nach hinten schaut, hat in diesem Bild Zukunftscharakter.

Manche Tagesstimmung während der Heiligen Nächte kann man ab 18 Uhr am Vorabend erfühlen, und manche fangen um die Mitternachtsstunde an. Das Kirchenjahr bzw. der Advent beginnt offiziell am Samstagabend vor dem 1. Adventsonntag. Man könnte meinen, das seien menschliche Konstrukte, aber man kann diese Gesetzmäßigkeit durchaus in den kosmischen Prozessen wiederfinden und erleben. Solche Einrichtungen beruhen auf einem alten Wissen. Man kann auch von einem esoterischen Tagesanfang sprechen und von einem bürgerlichen.

Eine zweite Bewegung

Eine weitere Bewegung, die ich in der Weihenacht verfolgen kann: Um Mitternacht, zeitlich gar nicht zu erfassen, so schnell geht es (also irgendwie gleichzeitig außerhalb der Zeit), verbindet sich das Christuskind mit dem Mittelpunkt der Erde (Verankerung). Es zeigt sich mir wie das Einschlagen eines Blitzes. Von Tag zu Tag sehe ich dieses «Kind» weiterhin dort «liegen», aber dessen weiß leuchtende Aura breitet sich aus, jeden Tag in eine weitere Erdenschicht aufsteigend, 13 an der Zahl. Die erste Schicht ist der Erdenmittenraum, Gaias Zuhause, dann kommen drei Ebenen/Aspekte in der Obhut von Erdenengeln stehend, und dann neun weitere Schichten, die uns bekannt sind aus Dantes Inferno, der erste Teil seiner *Göttlichen Komödie*. Darin beschreibt er die Reise durch das Fegefeuer, geführt von dem antiken Dichter Virgil. Diese Hölle wird als neun konzentrische Kreise der Qual dargestellt, die sich innerhalb der Erde befinden. Die Hölle ist nur ein Aspekt dieser Schichten. Man kann sie ebenfalls als die gespiegelten Wesensglieder der Erdenmutter erleben. Das Nicht-Licht oder Unlicht und das Licht sind in unserer Vorstellung eine Dualität, doch sie durchdringen sich als zwei Aspekte einer Einheit. Welche Seite braucht Heilung oder Unterstützung? Wie kann dies aus der Sicht der Menschen aussehen? Das sind Themen, denen man sich meditativ nähern kann.

Man kann die Christuskinder, die sich als Imagination zeigen, als zwei verschiedene Wesen betrachten, eines im Herzen der Menschen und eines in der Mitte der Erde. Aber letztendlich ist es auch hier das gleiche Geistwesen, zwei Aspekte einer Sache, das sowohl im Herzen der Menschen geboren wird als auch im Herzen der Erdenseele. Dort, in der Erdentiefe, werden die kosmischen Impulse für die Elementarwesen verankert, geheilt, harmonisiert. Es ist im Jahreslauf, vor allem an diesen besonderen Festen, ein stetiges Durchdringen von oben (Kosmos) nach unten (Erdenmitte) und von unten nach oben. Die Erde und ihre Wesen, eben die Elementarwesen, aber auch die Erden-Engelwesen der Erdentiefen, brauchen diese Bewegung, um nicht in den Bann von luziferischen oder ahrimanischen Widersacherkräften zu geraten.

Nach der Silvesternacht

Mein Blick wird zur Erdenmitte gezogen: Ich sehe eine Schwarze Madonna, auf einem Thron sitzend. (Schwarz steht für Verwandlung. Es gibt viele Schwarze Madonnen, die verehrt werden, so zum Beispiel in der Krypta der Kathedrale von Chartres.) Auch sie hat sich letzte Nacht verwandelt in ihrem Erscheinungsbild. Bestimmt, weil sich nun die Informationen der Urpflanzen mit der Erde verbunden haben, ein sich jedes Jahr wiederholender kosmischer Prozess. Will sie mir etwas sagen, mir etwas zeigen? Es ist ein berührendes, schönes Bild. Noch verstehe ich es nicht. Ich lasse es auf mich wirken, mich inspirieren. Ich fühle mich in diesem Augenblick sehr verbunden mit Gaia, meiner Lehrmeisterin.

Ich verfolge die nächsten Tage, was dieses Bild der Schwarzen Madonna, impulsiert aus der Silvesternacht, mir sagen will. Zuerst sieht sie am nächsten Tag etwas verquollen aus in ihrer Gesamtgestalt, wie aufgedunsen. Ich wundere mich! Das Bild verändert sich täglich, und anschließend dahin, dass die menschenähnliche Gestalt immer mehr verschwindet, das Bild gedrungener und würfelmäßig wird, darin sich weiter verändernd. Ich sehe, dass es einen Übergang in einen Ursamen darstellt. Der Samen hat sich mit Wasser vollgesogen, auch er wirkt aufgedunsen, startklar. Als nächste Phase sehe ich, wie dieser Samen unterirdisch aufbricht, gleichzeitig zum Licht strebt. Er streckt sich der Erdoberfläche entgegen. Würzelchen und Keim entfalten sich. Ein Samen, damit die Pflanze wachsen kann, braucht zuerst Feuchtigkeit und Wärme, dann aber auch Sauerstoff und Licht zum Wachsen (die Dunkelkeimer nicht). Und natürlich jede Menge Elementarwesen, die diese Prozesse begleiten. Es zeigt sich ein erstes kleines Pflänzchen, was zuvor die Schwarze Madonna war. Das Bewusstsein der Erdengestalt, die Mutter aller Elementarwesen, breitet sich weiter aus, ihre Aura durchdringt nach und nach die Erde durch ihre verschiedenen Schichten. Es zeigt sich mir die Metamorphose der Pflanze, so wie wir sie von Goethe kennen. Jeden Tag etwas anders, etwas mehr schon zur Pflanze geworden. Ich beginne zu verstehen, was sich da zeigt. Es ist die Bewegung, die uns aus der Silvesternacht zu Mariä Lichtmess (2. Februar) führt, es sind die Impulse für das baldige Frühlingserwachen in der Natur. Ein weiteres Durchlichten der Erde, nun nicht von dem Christuskind durchdrungen, sondern als Teilaspekt seiner Mutter, verbunden mit der Erdenseele. Ich erlebe daran ebenfalls die Freude der Elementarwesen, für welche dies so notwendig ist.

Wer weiter beobachten will in dieser Zeit, kann nach Dreikönig wie ein zartes Rosa-Licht von oben sich langsam Richtung Erdensphäre versenken sehen. Engel tragen es behutsam. Es sind die Christusimpulse, die während der Heiligen Nächte als Substanz gebildet wurden (Lichtäther) und der Erde mit ihren Wesen jedes Jahr aufs Neue geschenkt werden. An Mariä Lichtmess ist es ganz auf Erden angekommen, und Mitte Februar (das frühere Lichtmess) weckt es gleichsam die oberirdischen Elementarwesen der Pflanzen und Bäume vollends auf, die bis dahin noch wie träumend erschienen sind. Danach wandert dieses rosa Ätherlicht weiter gen Erdenmitte, und kurz vor Ostern ist es dort angekommen.

Dagron, ein Drachenwesen, ist seit vielen Jahren mein treuer Begleiter, Helfer und Beschützer. Er ist ein Fabelwesen, ein Astraltier. Sein eigentlicher Wohnraum ist die Sternenwelt. Ich begegnete ihm eines Tages auf einem meiner Spaziergänge. Er wohnt ganz in meiner Nähe, in seiner Drachenhöhle bei dem Drachenbaum, auf unserer alten Obstwiese. Da er sich langweilte, ärgerte er gerne manch andere Elementarwesen, die dort ebenfalls leben. Das braucht es jetzt nicht mehr, da er nun sehr viele Freunde gefunden hat: Elementarwesen, Menschenfreunde und Drachenfreunde. An sich sind Drachen Einzelgänger, aber zu viele andere Drachenwesen kreuzen unseren Weg, als dass er diese unbeachtet lassen könnte. Zumal wir öfters seine Hilfe brauchen. Viele gemeinsame Geschichten haben wir erlebt. Er hilft mir bei den Seminaren, ungeduldig und freudig die Teilnehmer auf sich aufmerksam zu machen, was recht spaßig sein kann.

Drachenwesen unterstützen die vital-energetische Ebene der Landschaft. Dagron kann seine Gestalt verändern, so wie er es gerade braucht. Er kann sich auch ganz klein machen. Außerdem macht er sich manchmal einen Spaß daraus, sich mit einem oder drei Köpfen zu zeigen.

So begegnen mir während Erdheilungsritualen im Erdinnern öfters Drachen als Imagination – angekettet in einer unterirdischen Höhle, seit Jahrhunderten dort festgehalten –, die darauf warten, dass man sie aus ihrer Erstarrung befreit. Diese hatte geschehen können, weil die Menschen aus einem Unverständnis für deren Wesen Angst bekamen (vgl. Halloween) und einen Bann sprachen. Wenn ich dann schaue, wie ich ihr Wesenhaftes befreien kann, sehe ich meistens einen Schlüssel ganz in ihrer Nähe auf dem Boden liegen. Sie kommen aus ihrer Erstarrung nicht heraus, um den Schlüssel vielleicht selber zu bewegen, sondern sie brauchen ein Menschenbewusstsein, mit dem Willensimpuls, es tun zu wollen, also den Schlüssel zu nehmen, das Schloss an der Kette zu suchen und dann das Schloss aufzuschließen. Schon fallen die Ketten ab und der Drache ist befreit.

Manche von ihnen kehren nach einem Erlösungsritual anschließend unmittelbar zu ihrer Sternenheimat zurück. Manche sehen aus, als würden sie sich auflösen. Dann ist ihre Aufgabe wohl beendet. Und wiederum andere, wie Dagron, bleiben weiterhin bei uns Menschen, um uns zu helfen, die Aufgaben auf der Erde zu meistern. Drachen sind auch Hüterwesen. So bewacht Dagron meine Liebe für die Elementarwesen, wie einen Schatz, den es zu behüten gilt.

Eines Tages lag ich nachts lange wach, zu viele Gedanken gingen mir durch den Kopf. Da sah ich plötzlich Dagron, meinen treuen Gefährten, neben mir. Es tat mir gut, seine Nähe zu spüren. Es hatte etwas ungemein Tröstendes. Da ich wusste, dass ich zu aufgewühlt war, um bald wieder einschlafen zu können, dachte ich, ich könnte ihm mal wieder die Freude machen (und mir auch), mit ihm eine Runde zu fliegen. Das ist etwas Schönes. Das Aufregendste dabei ist zunächst einmal das Losfliegen: einfach ohne erkennbares Ziel in die Luft zu gleiten, hoch, runter, im Sturzflug, schnell, langsam. Dagron liebt es. Für mich hat es etwas Befreiendes, Klärendes, der Atem geht mir auf, ich muss lachen – das ist sowieso die beste Medizin, vor allem, wenn man dann irgendwann auch über sich selber lachen kann. Ich fühle mich danach wie nach einem reinigenden Gewitter in der Natur.

Als Dagron merkte, dass ich mich langsam entspannte, flog er mit mir weiter auf einen hohen Berg. Ganz oben auf diesem Berg lag ein wunderschönes goldenes Schloss mit vielen Erkerchen und Türmen. Es sah sehr märchenhaft und symbolträchtig aus, ein bisschen wie das Wahrzeichenschloss von Walt Disney. Es kam mir nicht unbekannt vor, da Dagron mich früher schon einmal mit hierher genommen hatte. Er führte mich in das Schloss hinein und überall herum. Ich blickte mich um, es gab sehr viel zu sehen: Räume, Kammern und Zimmer. Dagron erklärte mir die Botschaft der Symbolik dieses Schlosses: Es ist ein Bild für meine äußere Hülle, und die Innenräume des Schlosses stehen für mein Seelenleben und dessen verschiedene Aspekte. Mein Körper, die äußere Hülle, ist da, mit all den Möglichkeiten, die er in sich birgt. An mir ist es, es innen schön und gemütlich herzurichten, sodass ich mich darin wohlfühlen kann. Ich und nur ich habe es in der Hand. Ich kann es nicht von außen erwarten, nicht von meinem Umfeld, den Umständen oder von anderen Menschen, sondern nur ich kann daraus ein «Schloss» machen oder mich für eine Hütte entscheiden.

Das Bild, das Dagron mir zeigte, kann ich als bloßes Bild wirken lassen, als Imagination. Ich kann mir aber ebenso die Einrichtung des Schlosses dazu vorstellen, wie ich sie gerne hätte. Das würde auf diesem Weg eine positive, aufbauende Wirkung auf meine momentane Stimmung ausüben. So ähnlich wie die Märchenbilder durch die in ihnen enthaltenen Lehren von Gerechtigkeit, Mut, Mitleid und Liebe, Opfer und Verwandlung unbewusst eine ausgleichende Wirkung auf unser Seelenleben haben.

Als wir nach dieser Lektion wieder zurückflogen, fühlte ich mich so wohl in Dagrons Obhut, dass ich anschließend selig einschlief und erst zwei Stunden später ausgeruht und erfrischt wieder aufwachte.

Wir machten einmal einen schönen Winterspaziergang. Ich atmete in vollen Zügen die klare Winterluft ein. Es lag schon eine erste Ahnung des baldigen Frühlings in der Luft. Ich finde keinen Himmel so schön wie den im Januar, wenn es knackig kalt ist: Steinbockhimmel (ich bin Steinbock) nenne ich ihn, in wunderschönen pastelltürkisenen und leicht rosa Farben, Ausdruck einer unendlichen Weite und Klarheit. Dagron blieb plötzlich stehen. Wir waren am Waldrand angekommen. Er machte mich mit einer kleinen Elfe bekannt. Auch sie schillerte in wunderschönen Pastellfarben, ganz zart und fein. Sie war sehr beschäftigt. Emsig kümmerte sie sich um einen Bergkristall. Sie putzte ihn sehr aufmerksam und liebevoll. Mit ihrem kleinen Staubtuch versuchte sie ihn noch mehr zum Strahlen und Glänzen zu bringen, darauf bedacht, kein Stäubchen zu übersehen. Es war offensichtlich, dass die liebevolle Zuwendung der kleinen Elfe dazu beitrug, dass der Kristall wachsen und seine Kraft entfalten könne.

Dagron gab mir dazu zu verstehen: So ist das mit deiner Herzenskraft. Du kannst mit deiner in dir wohnenden Liebe bewusst umgehen lernen, sie pflegen, wienern, zum Wachsen und zum Glänzen bringen, immer mehr sie entfalten lassen, um sie wiederum nach außen, in deinem Umfeld ausstrahlen zu lassen. Je mehr du deine Herzenskraft entfaltest, je mehr Liebe du in dir spürst und bewegst, desto größer kann dein innerer Bergkristall wachsen und sein kristallklares Licht für andere zum Leuchten bringen.

Einmal auf Reisen in meiner Heimat, nahe der Großstadt Brüssel, fragte ich Dagron, ob er die Landschaft energetisch ein bisschen aufräumen und reinigen könne. So etwas macht er gerne, und es ist für mich immer wieder verblüffend, wie anders es anschließend ausschaut, der Kontrast Vorher/Nachher. So ähnlich, wie ein Zimmer nach dem Großputz eben auch eine auffallend andere Ausstrahlung hat. Er braucht dafür schon eine Weile, durchaus mehrere Stunden. Er macht es gerne nachts. Auf meine Frage hin, warum, antwortete Dagron, dass nachts für ihn andere Gesetze herrschten. Dabei kann er sich richtig schön austoben, und das tut er gern. Nicht, Dagron?

Ich fragte ihn, ob er mir erzählen mag, wie er das macht.

Nun, es geht um eine positive Schwingungsveränderung, antwortete er, wie ein Reinemachen im Ätherischen, man arbeitet der Verschmutzung der Eigenschwingung der Landschaft entgegen, zum Beispiel durch die Folgen von Mobilfunkanlagen, um diese zu überstrahlen und dadurch zu neutralisieren. Er wirbele, erklärte Dagron, durch verschiedene, sich durchaus auch oft wiederholende Flugmuster und Energien. Vergleichbar Wasser, das energetisch angereichert wird, überall da, wo es in der Natur durch Widerstand gewirbelt wird, oder vergleichbar Menschen, wenn sie draußen gemeinsam freudvoll tanzen und durch die Wiederholung der Schrittmuster für die Landschaft und deren Wesen etwas positiv verändern, die Schwingung anheben. Ich spüre bestehende positive Energien auf, erklärt er, und verstärke sie durch meine Flüge, verteile gleichzeitig so die neu entstandenen Energien, irgendwie gleichmäßig sie verwebend in der Landschaft, wie es gebraucht wird. So wie eine Hausfrau nicht nur einen Schrank abstaubt im Zimmer, sondern dann, wenn sie auch richtig zufrieden mit ihrer Arbeit sein möchte, das ganze Zimmer abstaubt. Oder vergleichbar mit der Eurythmie, wo durch Bewegung Ätherkraft verstärkt und sichtbar wird. Es geht also um Reinigung, Aufladen über Verstärkung von bestehenden guten Lebensenergien. – Eine zusätzliche Möglichkeit, sagt er, gebe es über die Spiegelung innerhalb der Raumordnung: Das muss ich dir jetzt erst mal statisch erklären, obwohl ich das dann auch über die Bewegung meines Fluges aufgreife! Überall, wo eine Spiegelung stattfindet, gibt es eine Energieerhöhung. Hast du zum Beispiel in der Mitte deines Tisches eine Kerze stehen, so hast du dadurch ein bestimmtes Energiefeld aufgebaut, da alles Schwingungsfelder erzeugt. Hast du aber links und rechts der Kerze dazu noch eine Blumenvase stehen oder zwei Edelsteine liegen, erhöht sich dadurch das energetische Feld deiner Kerze. So ähnlich versuche ich auch Energie aufzubauen, erläutert er, aber die Spiegelung findet über meine Bewegung statt. Das ist sozusagen meine Flugkunst und -akrobatik, mit natürlich sehr viel Flügeleinsatz. – Eine weitere Möglichkeit für mich, Energien anzuheben, besteht darin, dass ich ungute astrale Energien wie verschlucken und verdauen kann. Es sind Feuerprozesse, ich bin ja schließlich ein Drache! Ist das für dich so verständlich?

Ja, lieber Dagron, danke dir, so kann ich es weitergeben!

Ich kann aber nie von mir aus aktiv werden, betont er, sondern brauche dafür deine Einladung oder deine Bitte. Es braucht für mich diese Brücke zu einem Menschenbewusstsein, um tätig werden zu können und zu wollen. Da die Defizite Folgen eurer Handlungen an der Erde sind, kann ich nicht von mir aus aktiv werden. Ich brauche sozusagen euern Impuls.

Könnte ich das auch missbrauchen und dich um Dinge bitten, die du ausführen müsstest, obwohl es für Mensch und Landschaft nicht dienlich wäre?

Ja, leider ist das auch immer möglich, und da wir damals als Diener und Helfer zu den Menschen auf die Erde gekommen sind, haben wir auch so etwas wie einen Pakt mit euch. Deshalb ist es gut und wichtig, bevor du mich zu etwas losschickst, auch meine Meinung dazu zu erfragen und zu hören. Es ist durchaus eine ernste Angelegenheit und es liegt in deiner Verantwortung.

Danke, lieber Dagron, für deine Erklärung!

Neujahr

Der Neujahrstag ist einer der wenigen rein weltlichen Feiertage. Man feiert das neue Jahr sozusagen im Voraus, in der Hoffnung, dass es ein gutes wird. Im alten Rom ertönten um Punkt zwölf die Glocken, der Türmer blies den Jahresbeginn an. In Köln ließen sich die Straßenkehrer in ihre Schubkarren Münzen werfen. Bekannt war auch die Sitte, von einem Stuhl herab ins neue Jahr zu springen. Ich bin in Belgien mit den Neujahrsbriefen groß geworden. Die Kinder lesen ihren Eltern, Großeltern und Paten in der Schule geschriebene Dankes- und Segensworte vor und erhalten dafür ein Geldgeschenk. Auch hier gilt das Geld vermutlich als Symbol für Wohlstand und Glück im kommenden Jahr.

Und die guten Vorsätze – wer kennt sie nicht? Vor allem, wenn im vergangenen Jahr nicht alles glattlief. Man nimmt sich vor, gesünder zu leben, mehr Sport zu treiben, besser auf sich zu achten, mehr Zeit für die Freunde zu finden. Doch auch wenn es gleich an Neujahr anders werden soll, fällt es vielen Menschen schwer, diese Entschlüsse auch wirklich umzusetzen. Oft sind die guten Ziele schon nach wenigen Wochen wieder vergessen.

Manches Jahr sinne ich darüber nach, dass es eigentlich sinnlos sei, sich für das neue Jahr neue Ziele zu setzen, da sich im Grunde nichts ändert. Die Zeit geht einfach stetig weiter wie immer: ein Tag nach dem anderen. Und übrigens müsste man, wenn man für sich etwas verändern möchte, sich nicht auf diesen Tag beschränken. Nach den kosmischen Impulsen des Mondes zum Beispiel ist jeder Neumondtag für das Umsetzen neuer Vorsätze gut geeignet.

Ich war dann wirklich überrascht, an einem 1. Januar vor einigen Jahren auf meinem Spaziergang draußen in der Natur eine ganz andere Stimmung wahrzunehmen als noch an Silvester. Ich weiß nicht, ob mir das vorher schon mal so deutlich aufgefallen war. Es lag etwas Erwartungsvolles in der Luft, etwas Reines, Klares, Ruhiges, tatsächlich wie etwas Neues, Frisches, Anfängliches. Schwer zu beschreiben. Diese Stimmung war am Tag vorher nicht gewesen. Das hatte ich nicht erwartet, diesen kontrastreichen Unterschied! Es scheint vom kosmischen Geschehen her doch einen Sinn zu haben, am 1. Januar neue Impulse aufzugreifen. Ich kann nur jedem empfehlen, einmal ganz wert- und erwartungsfrei an den beiden Tagen in der Natur Beobachtungen durchzuführen. Hilfreich kann dabei das Aufschreiben sein. Sonst verliert man unter Umständen seine Impressionen schnell.

Das Wahrgenommene in eine begriffliche Schilderung zu bringen, ist zunächst nur ein Hintasten. Oft über Vergleiche. Die feinstofflichen Prozesse sind erst einmal frei von Zeit und Raum, also auch frei von Wörtern und Begriffen. Erst durch meine Aktivität zeigen sich Bilder.

Ein Goldschimmer liegt in diesen Tagen auf der Erde. So nehme ich es wahr. Jemand anderes würde es vielleicht anders beschreiben. Das ist eine individuelle Sache, wie eine Imagination aussieht. Es kommt auf die Essenz an. Ich erlebe mittlerweile den 1. Januar draußen als den reinsten und klarsten Tag des Jahres. Eine Frische strahlt mir aus der Natur entgegen, die sich am nächsten Tag schon nicht mehr ganz so intensiv anfühlt.

Diese Metamorphose im Jahreswechsel verblüfft mich mittlerweile stets aufs Neue! Die innere Aktivität in der Pflanzenwelt fängt wieder an: Es brodelt, pulsiert, schwingt unterschwellig, will herausbrechen. Auch in der unterirdischen elementaren Welt spüre ich dieses intensive Pulsieren.

Man spürt ein langsames Erwachen, ausgehend von der Erdmitte, eine anfangende Emsigkeit, leise vibrierende Aktivität. Die Ruhephase für die Natur hat nun ein Ende. Es steigert sich ganz zaghaft von Tag zu Tag. Die weite Stille, die eine Winterlandschaft ausstrahlt, mit ihren kahlen Bäumen, die nackten Äste gen Himmel ausgestreckt, ist nur noch eine scheinbare Stille. In der Erde beginnen die Samen allmählich zu erwachen und, wenn sie in Berührung mit Wasser kommen, zu keimen. Ähnlich beginnen aus den im Herbst vorgebildeten Knospen die neuen Triebe bei Stauden und Bäumen anzuschwellen und sich zaghaft zu verändern. Die Pflanzensäfte steigen – das kann man vor allem bei den Bäumen beobachten und fühlen, als eine vibrierende Wärme am Baum. Und in den Bächen und Teichen regen sich schon leise die Schwärmsporen der Algen.

Wie wäre es mit dem guten Vorsatz, sich im kommenden Jahr mehr mit dem Thema der Elementarwesen zu beschäftigen? Sich vorzunehmen, den Elementarwesen regelmäßig etwas Zeit zu widmen, im Garten, in der Natur, auf einem Spaziergang? Sich nach innen besinnen, in eine Stille und Ruhe finden, gleichzeitig sich meditativ zu öffnen und die beiden Schlüsselworte zu schwingen: Dankbarkeit und Liebe. Und bedingungsloses Interesse, spielerische Neugierde. Und dann darauf zu achten, was einem als Stimmung entgegenkommt. Und sich vorzunehmen, es tatkräftig, willentlich und konstant zu tun, nicht nur die ersten drei Wochen des Jahres.

Allerdings: Versprechen würde ich es nicht! Versprechen machen unfrei. Es gibt immer wieder Situationen, in denen man solche Versprechungen nicht halten kann. Das führt zu einer unguten Situation. Man setzt sich unter Druck und hat ein schlechtes Gewissen, wenn es mal nicht gelingt. Das braucht es nicht. Etwas für die Elementarwesen zu tun sollte immer freilassend sein, in beiden Richtungen.

Dreikönigstag – Epiphanias

Zum einen feiern wir die sinnliche Geburt des Kindes Jesus, das die drei Weisen aus dem Morgenland mit ihrem Besuch und kostbaren Gaben ehren. Zum anderen feiern wir Epiphanias, das Fest der Erscheinung, die Jordantaufe. Epiphanias meint die Offenbarwerdung der Gott- und Königswürde Jesu. Außerdem wird am 6. Januar des Wunders von Kana gedacht. Jesus verwandelt auf einer Hochzeit Wasser in Wein, sein erstes Wunder als wirkender Christus.

Die drei Könige reisten von weit her, um den neugeborenen König der Juden anzubeten. Die Sterndeuter hatten seine Geburt vorausgesagt. Melchior, Caspar und Balthasar folgten dem Stern bis nach Bethlehem und beschenkten das Kindlein mit auserlesenen Gaben. Sie gelten als Symbole: Gold, das kostbarste Gut, steht für die Einsicht in das Geistige (Denken), Myrrhe als Symbol des Menschseins und des späteren Leidens Jesu steht für das Wollen, Weihrauch, als Zeichen seiner Göttlichkeit, steht für das Fühlen.

Seit dem 12. Jahrhundert wird einer der drei Magier mit dunkler Hautfarbe dargestellt, weil sie aus verschiedenen Kontinenten kommen sollten.

Die Dreikönigszeit dauert im kirchlichen Jahr vier Wochen, bis zu Mariä Lichtmess.

Bis zum Jahr 354 wurde Weihnachten am 6. Januar gefeiert. In manchen Kulturen ist das auch heute noch so. Durch den stärker werdenden Materialismus verlor man allmählich das Verständnis für die übersinnliche Geburt Christi, und im 4. Jahrhundert wurde das Weihnachtsfest auf den 25. Dezember verlegt.

Ich möchte an dieser Stelle ein Motiv zumindest anklingen lassen, da es zum großen Mysterium Weihnachten dazugehört und dieses Wissen im Laufe der Jahrhunderte verloren gegangen ist. Um es zu vertiefen, mag sich jeder selber auf die Spur begeben.

Rudolf Steiner spricht davon, dass zwei Jesusknaben geboren wurden (siehe z. B.: Rudolf Steiner, Von Jesus zu Christus, GA 131, Achter Vortrag, 12. Oktober 1911). Der erste wurde Anfang Januar geboren, stammte aus einer königlichen Erblinie und wurde von den drei Magiern angebetet. Das zweite Jesuskind begann seine Erdenreise fast ein ganzes Jahr später, Ende Dezember, wurde in einem Stall geboren, wo ihn die einfachen, noch im Gemüt lebenden Hirten fanden und vor ihm knieten. Die Seelen dieser zwei Jesusknaben vereinten sich in ihrem zwölften Lebensjahr.

Wenn man sich unbefangen mit dieser Tatsache, dieser Möglichkeit befasst, werden viele vermeintlichen Widersprüche und Rätsel erhellt.

Epiphanias heißt «Lichterscheinung von oben». In manchen Gegenden wird es auch das Erscheinungsfest genannt. Aus den Himmelshöhen verbindet sich, im Bild der weißen Taube bei der Taufe am Jordan, der Heilige Geist mit dem Menschensohn Jesus von Nazareth, der zur Hülle der Christuswesenheit wird.

Den Brauch, Hof und Haus zu räuchern, haben wir schon im Kapitel über die Heiligen Nächte angeschaut. Die Überlieferung erzählt uns, dass es in vielen Gegenden auch gerade am Dreikönigstag Brauch war. Auch schreibt man mancherorts die Buchstaben C+M+B sowie die jeweils neue Jahreszahl auf Tor oder Tür. Es bedeutet: «Christus Mansionem Benedicat» – Christus segne dieses Haus. Ist es Zufall, dass es auch die ersten Buchstaben der drei Könige sind?

Die Sternsinger-Tradition gibt es seit dem 16. Jahrhundert. Die Schulkinder zogen mit ihrem Lehrer von Haus zu Haus und sangen den Menschen von der Geburt und dem Leben Christi. Dafür bekamen sie als Dank Nüsse oder Äpfel, Herbstfrüchte, die sich gut lagern ließen. Anschließend wurde das Haus gesegnet. Auch heute noch gehen Kinder gerne verkleidet als die Heiligen Drei Könige durchs Dorf. Meistens sammeln sie Geld für einen guten Zweck.

Ich hatte Zeit und Lust, einen schönen Feiertagsspaziergang zu machen. Ich ging, tief in Gedanken versunken, meines Weges. Plötzlich stand die Elfenkönigin, an deren Brennpunkt ich gerade vorbeilief, vor mir. Ich hätte sie fast nicht bemerkt. Sie sah prachtvoll aus, in vielen schillernden, leuchtenden Pastellfarben, rosa, blau, violett und golden, ätherisch irisierend.

Die Elfenkönigin ist ein Erdwesen mit einem starken Bewusstsein und gehört zum Naturtempelbezirk des Richtberges. Sie hat ihre Verankerung im Wald, kann sich also nicht frei bewegen, sondern ist mit diesem Ort fest verbunden. Lediglich ihr Bewusstsein kann sie in dem Naturraum überallhin ausdehnen. Das ist auch gut so, da ihr Elfenkönig einen guten Kilometer entfernt heimisch ist, in einem schönen Park, nahe einem echten Schloss. Als Königin hat sie natürlich einen verantwortungsvollen Aufgabenbereich, den sie koordiniert.

Die Elfenkönigin zeigte sich mir dieses Mal mit einem Zauberstab in der Hand. Es war sogar ein kleiner Stern am Ende des Stabes. Klingt kitschig, aber wahrscheinlich benutzte sie ein Bild, dass ich aus den Märchen kenne, um meine Aufmerksamkeit zu bekommen. Mit ihrem Zauberstab berührte sie meine Stirn, dort, wo das Stirnchakra sich befindet, und bevor mir klar wurde, was da gerade geschah, zog sie sich auch schon wieder zurück. Natürlich bedankte ich mich sofort. Erfüllt von dem gerade Erlebten lief ich weiter. Eine tiefe Ruhe breitete sich in mir aus. Was mich gerade noch beschäftigt hatte, war auf einmal nicht mehr so wichtig. Ich konnte die Natur genießen. – Im Januar schon gewinnt die Sonne wieder an Kraft. Sogar die Vögel tönen mit einem Versprechen in ihrem Gesang: Bald wird es wieder Frühling!

Was könnte man an Dreikönigstag-Epiphanias Schönes und Gutes bewusst für die Elementarwesen tun? Wir können das Rauchritual aufgreifen, zeitgemäß. Dabei kann man die Elementarwesen, die im und ums Haus leben, mit einbeziehen, natürlich da auch ganz besonders den Hausgeist.

Man räuchert für die Bewohner des Hauses und für die Elementarwesen. Und gleichzeitig kann man sie bitten, das Ritual zu unterstützen, was sie ohnedies tun, auch wenn wir es nicht wissen. Viel schöner ist es aber für die Elementarwesen, wenn man sie einbezieht, sie sozusagen anspricht.

Das Räuchern kann man in jedem Raum kreisförmig über links laufend (gegen den Uhrzeigersinn, um die linke Schulter) beginnen, angefangen mit dem Kellerbereich und dann weiter mit dem Wohnbereich, ein Zimmer nach dem anderen. Mit der Hand oder einer Feder kann man den Rauch verteilen. So findet man es in einigen Anleitungen. Ich sprach darüber mit einer Räucherkundigen. Sie sagte mir, dass man das durchaus ganz intuitiv angehen kann, nach dem eigenen Gefühl. Zumal Linkshänder vielleicht gerne erst einmal andersherum gehen. Im Vordergrund steht die Absicht, das Wollen, das dahintersteht, meine innere Haltung dazu.

Schlechte Energien, Verschmutzungen im Äther- und Astralbereich können sich auflösen und verschwinden. Dabei lädt man gute neue Energien ein, wie Lebensfreude und Harmonie, in den Räumen Einzug zu halten. Man wird optisch, akustisch oder stimmungsmäßig einen deutlichen Unterschied wahrnehmen. Der Raum wirkt freier, größer, heller. Wer mit dem Räuchern nichts am Hut hat, kann auch ein Mantra oder ein Gebet sprechen oder ein Lied singen. Lieder zu hören, die speziell für sie gesungen werden, mögen die Elementarwesen besonders gern. Sehr feierlich kann so ein Gang durch Haus und Garten sein!

Am Ende des Rituals sollte man nicht vergessen, sich bei den Elementarwesen für ihr Dasein zu bedanken. Sie freuen sich darüber, wenn «ihre» Menschen sie einbeziehen und ihrer gedenken – ich kann es nicht oft genug betonen. Das ist ihr sehnlichster Wunsch: erkannt dabei sein zu dürfen (auch wenn es zunächst nur ein Gedanke meinerseits ist). Allmählich, im Tun und Ausprobieren, wird eine Stimmung zu spüren sein.

Mariä Lichtmess

Am 2. Februar, Mariä Lichtmess, ist die Weihnachtszeit zu Ende. Spätestens an diesem Tag werden traditionell die Tannenbäume aus den Kirchen geräumt und die Krippenfiguren weggepackt. Es sind genau 40 Tage seit Weihnachten vergangen, ein Zeitmaß, das sich im Kirchenjahr immer wieder findet. Eine alttestamentliche Vorschrift besagte, dass Frauen sich 40 Tage nach der Geburt eines Jungen (bei Mädchen 80 Tage) einer kultischen Reinigung unterziehen mussten, da sie in dieser Zeit als unrein galten. Maria musste im Tempel ein Reinigungsopfer darbringen (*Mariä Purificatio*). Dessen wird heute mit dem Fest Mariä Lichtmess gedacht.

Außerdem galt bei den Juden, dass der erstgeborene Junge Gottes Eigentum war und dieser im Tempel dargestellt, das heißt übergeben bzw. durch ein Geldopfer – ein weiterer ungewöhnlicher Begriff – ausgelöst werden musste. Als Joseph und Maria ihr Kind in den Tempel brachten, trafen sie dort den alten Simeon und die Prophetin Hanna. Sie erkannten, dass Jesus kein gewöhnliches Kind war, und priesen ihn als den Erlöser Israels (Lukas 2,21–40). Deshalb heißt dieser Tag auch: *Darstellung des Herrn*. Die Lichtsymbolik leitet sich aus den Worten Simeons ab, das Kind sei «ein Licht, das die Heiden erleuchtet».

An Mariä Lichtmess (*-messe*) fanden früher Prozessionen statt; noch einmal kommt die weihnachtliche Lichtsymbolik zur Geltung. Die Unschlitt-Kerzen wurden gerade in der Winterzeit aus dem Talg der im Herbst geschlachteten Tiere gefertigt, damit man diese über den Winter nicht durchfüttern musste. (In Nürnberg gibt es einen Unschlittplatz, der Bekanntheit erlangte, als dort am 26. Mai 1828 Kaspar Hauser auftauchte.)

Nach der Weihe in der Kirche wurden die Kerzen (als Christus-Symbol) nach Hause mitgenommen und bei besonderen Anlässen angezündet. Dem Wachs von an Lichtmess geweihten Kerzen wird im Volksglauben hohe Schutzkraft zugeschrieben.

Mägde und Knechte wurden entlohnt und bekamen einige Tage frei, die sogenannte Schlenkeltage, um ihre Verwandtschaft zu besuchen oder den Arbeitsplatz zu wechseln. Für die Bauer begann nun die Feldarbeit wieder, die Weihnachtszeit war offiziell zu Ende. Für die Handwerker hörte die Arbeit bei Kunstlicht endlich auf, die am Montag nach dem Gedenktag des Erzengels Michael (29. September) begonnen hatte.

Lichtmess ist ebenso ein Lostag. Los kommt hier von Geschick. Die Bauern beobachten ihr Land, die Landschaft, das Licht und das Wetter und konnten dadurch prophezeien, wie die nächste Zeit sich gestalten würde und wie sie für die Bestellung ihrer Felder am besten vorgehen sollten. Daraus entstanden die sogenannten Bauernweisheiten.

Traditionell ist Mariä Lichtmess auch ein Kinderfest mit Lichterumzügen gewesen, und Pfannkuchen waren an der Tagesordnung. Die gab es auch bei uns zu Hause noch jedes Jahr zum Abendessen. Die Pfannkuchen sollen die Sonne symbolisieren, die nach dem langen Winter endlich wiederkehrt. Wem es beim Pfannkuchenbacken gelingt, dass der erste Pfannkuchen so gewendet wird, dass er wieder in der Pfanne landet, dem geht das ganze Jahr das Geld nicht aus.

Der Lichtmesstag galt als erster Frühlingstag des neuen Jahres, da im Februar die Tage wieder länger werden und der erste Wachstumsschub beginnt.

Schon die Kelten feierten diesen besonderen Tag: Imbolc, das Fest des Lichtes, des Wiedererwachens der Sonnenkraft, auch der Tag der heiligen Brigida. Es ist das Fest zwischen der Wiedergeburt des Lichts und der Manifestation des Lebens, dem Frühling. Imbolc ist die Göttin des neuen Lichtes. Sie wurde mit Fackeln und Kerzen begrüßt.

Heute gibt es kaum noch ein Verständnis für das Lichtmess-Fest an sich. Ich habe viele Menschen in meinem Umkreis gefragt, was sie damit verbinden. Die meisten konnten mir dazu nichts erzählen. Es wird somit auch kaum noch gefeiert, gar draußen beobachtet. Im Zeitalter des elektrischen Lichtes hat das Tageslicht keine wirtschaftliche Bedeutung mehr.

Manche Tiere erwachen nun tatsächlich aus ihrem Winterschlaf, und die ersten Zugvögel werden gesichtet.

Wer an den Tagen um Mariä Lichtmess Zeit hat, spazieren zu gehen, kann sich an der Lichtzunahme in der Natur erfreuen. Die Sonne gewinnt langsam an Kraft und Helligkeit. Die Tage werden spürbar länger – nach dem langen Winter eine neue Qualität. Schneerosen (Christrosen) und die ersten

Schneeglöckchen (Zweitname Lichtmess-Glöckchen) blühen zum Teil schon. Jedem, dem ich begegne, erzähle ich davon, damit es als Naturerscheinung wieder in das Bewusstsein der Menschen zurückfindet.

Die Zeit nach dem 2. Februar kann man auch als die Zeit der Frau Holle verstehen. Oft wird es in unseren Breitengraden im Februar noch einmal richtig kalt. Frau Holle ist ein Sinnbild für Mutter Erde. In ihrem Schoß reifen die Keime für das kommende Jahr. Im Anklingen dieser Zeitepoche kann man die eigenen seelischen Impulse anschauen, bewegen und zum Keimen bringen. Unmittelbar nach Lichtmess schließt sich der Karneval an, wo genau das Gegenteil passiert. Aus der Zeitqualität heraus kann jeder in eine ihm sonst fremde Rolle schlüpfen, mal ganz anders sein. Beides Extreme. Wo ist die Mitte zu finden?

Eigene Beobachtungen

Am Vorabend des 2. Februar liegt eine Erwartungsstimmung in der Luft, eine Offenheit, eine Vorfreude. Es fühlt sich für mich an wie der Zustand, kurz bevor die Erdscholle aufbricht (beim Pflügen z. B., oder wenn der Maulwurf aktiv ist). Gleichzeitig ruht es aber noch. Ich kann es wie eine Steigerung gegenüber der Silvesteraktivität wahrnehmen. Die Erdelementarwesen sind fast schon etwas ausgelassen, wie wir kurz vor Fasching. Sie wollen nun wirklich durchstarten, loslegen, so ist mein Eindruck. Ich lasse mich von ihrer Vorfreude und Emsigkeit anstecken. Ich sehe so etwas wie eine Decke, einen Schleier, der sich ausbreiten will, aus den Höhen kommend, noch nicht ganz da. Ein liebevolles Begleiten von oben. Aber irgendwie auch noch ein Stillstand, kurz vor einem Übergang. In den Erdentiefen pulsiert es. Obwohl es draußen kalt ist, windig und nass, spüre ich eine angenehme, mich wärmende Milde um mich herum.

Am Abend, nach 18 Uhr, stößt das Marienlicht anfänglich durch die Erde, ganz zart. Ich finde es wunderschön. Ich darf Zeuge sein! Die Erdenmutter bricht auf, in zweierlei Sinn: sich auf den Weg machend, eine letzte Schicht durchbrechend. Es öffnet sich, sie gibt ihr inneres Licht frei, für uns, für alle Wesen auf Erden. Ich tauche ein in dieses Licht, in eine zart leuchtende Liebe, keimhaft, anfänglich noch. Ich kann es auch in meinem Herzen spüren. Dieser Impuls ist ein Geschenk von Mutter Erde.

2. 2., am nächsten Morgen: Ein Glanz strahlt von der Erde aus, subtil, ganz zart, so schön. Ich gehe damit in Resonanz und fühle mich wohl. Ich weiß es aus eigener Erfahrung, wer nicht darauf achtet, bekommt es nicht mal mit, bleibt hängen in seiner Meinung, der Februar sei trüb und dunkel, eine Durststrecke noch bis zum Frühling. Ich finde es aber so offensichtlich, dass es eine Veränderung gibt. Die Elementarwesen sind nun in einer unbändigen Freude, faschingsgleich. In manchen Jahren kann dies, je nachdem, auf wann Fasching fällt, etwas versetzt sein. Die kosmische Qualität hat sich ebenso verändert, wie eine Staffelübergabe fühlt es sich an. Die Landschaftsengel leuchten zartrosa, bilden ein Informationsnetz für die Elementarwesen, die Devas strahlen pastellrosa-golden und die Pans schillern grün-blau, wie eine Pfauenfeder. Sie werden unterrichtet, impulsiert. In meinem Bild sind die Erdschollen jetzt alle aufgebrochen. Es öffnet mir das Herz, spielerisch, mit der Freude des heilen inneren Kindes. Das Eintauchen in die Stimmung von Mariä Lichtmess ist wie ein Pflaster, das Wunden heilt. Es fühlt sich heilig an. Ich sehe einen Marienmantel ausgebreitet auf die Erde. Ich kann abermals die milde Wärme spüren, die von ihm ausgeht. Beim Spazierengehen hängen plötzlich unzählige Elementarwesen an mir. Hallo ihr! Schön, dass ihr wieder da seid! Mein Körperelementarwesen kann sich anschließen. In mir ist Freude. Aus der Erdenmitte strömt eine alldurchdringende Liebe, ein Lebensfluss, nährend. Gaia blüht auf, sie sieht wie eine Rosenknospe aus. Ich spüre eine Vereinigung mit der Himmelskönigin, Güte und Milde begegnen sich. Das wiedergeborene Licht – das wäre die Mariä-Lichtmess-Stimmung, in wenigen Worten ausgedrückt.

Gleich nachdem ich aufgewacht bin, habe ich mich angezogen und bin auf den Balkon raus. Ich wollte schauen, ob ich Mariä Lichtmess fühlen oder «sehen» konnte. Ich kenne Menschen, die an diesem Tag ganz früh rausgehen, um den Sonnenaufgang zu erleben, wohl auch ein besonderes Erlebnis. Mir war es nicht gelungen, so früh schon aufzustehen. Die Bauern früher mochten lieber einen grauen trüben Tag, weil dann der Frühling bald folgen würde. Bei klarem, sonnigen Wetter wussten sie, der Winter dauert noch lange an, und sie mussten darauf bedacht sein, erst die Hälfte ihrer Fütterung fürs Vieh verbraucht zu haben. Nun, heute war es verhangen und trüb … Zuerst begrüßte mich das Gurren einer Turteltaube, in der Ferne antwortete ihr eine andere. Ich hörte sie in diesem Jahr das erste Mal singen: einen kleinen Frühlingsboten? Auch andere Vögel sangen schon fleißig in der frühen Morgenstunde. Und gestern erzählte mir jemand, dass schon die ersten wiederkehrenden Zugvögel gehört und gesichtet worden seien.

Leider ist der einzige Schnee, den wir in diesem Jahr bekamen, schon wieder weggeschmolzen, sodass ich nicht nachschauen konnte. Das Wachstumsleben, auch wenn noch zaghaft, hat schon vor einiger Zeit wieder begonnen. So kann man wohl beobachten, wenn eine Schneedecke da ist, wie überall, wo wir im Herbst die Blumenzwiebeln gesetzt haben – Schneeglöckchen, Blausternchen und Winterlinge –, sich an Lichtmess kleine Löcher im Schnee bilden. Eine Wärmehülle, die die Pflänzchen ausstrahlen, noch bevor wir diese sehen können, formt diese Löchlein.

Am Nachmittag fragte ich Thomas, meinen Mann, ob er mich auf einen Spaziergang begleiten wolle, es sei schließlich Lichtmess. Eigentlich hatte er keine rechte Lust, aber mein Argument überzeugte den Gärtner in ihm. Manu, Mani (dessen Zwilling), Sandry, ein Elfenmädchen, und Dagron begleiteten uns. Unser Weg führte uns auf den Richtberg.

Ich achtete unterwegs auf die Lichtqualität und die Stimmung, die sich einfangen ließ. Wie fühlte es sich an? Verhaltene Freude, verhalten im positiven Sinn, es ist noch kein Jubel wie an Ostern oder Himmelfahrt. Die Vögel singen fleißig, aber jubilieren nicht. Es hatte etwas Friedvolles. Es sprießt und sprosst noch nicht sichtbar, aber Bewegung ist da. In der Erdentiefe. Irgendwie fühlt es sich satt an, aber nicht so wie im Hochsommer. Satt im Werden, noch gesättigt wieder losgehend vielleicht, noch am Verdauen, wieder langsam Appetit bekommend, in der Dynamik irgendwie noch ruhend. Es ruhig angehen lassend, langsam erwachend. Aber vordergründig Zufriedenheit bzw. Befriedigung. So fühlte es sich für mich an.

Unser Rückweg führte uns an der großen Michaelispirale vorbei, die ich auch heute unbedingt laufen wollte. Es unterstützt mich, sie zu laufen, in die verschiedenen Tagesqualitäten eintauchen zu können. In der Mitte der Spirale stehend, konnte ich das oben Beschriebene in Worte kleiden.

Wie kann man Lichtmess mit Kindern feiern?

Die gesammelten Kerzenstumpen des vergangenen Jahres (oder alternativ die der dunklen Jahreszeit, d. h. von Sankt Martin bis Dreikönig) werden zu einer großen Kerze gegossen. Sie steht symbolisch für das Licht, das wir im Winter im Innern pflegen, als Spiegelung wird sie nun hinausgebracht. Diese besondere selbst gebastelte Kerze wird gemeinsam mit den Kindern frühmorgens feierlich draußen angezündet, möglichst, wenn es noch dunkel ist. Dafür wird die Erde unter dem Schnee (wenn es noch Schnee gibt) freigelegt. Ein kleines Löchlein wird gebuddelt, sodass die Kerze einen Halt bekommt. Und so wird das restliche Licht aus der Weihnachtszeit von drinnen nach draußen verschenkt, für die Erde und für die Elementarwesen, die am Frühlingserwachen in der Natur elementar beteiligt sind. Dass es bald Frühling werde! Die Elementarwesen werden dabei einbezogen. Wer innerlich ganz still wird, kann ihre Freude daran sogar hören! Ein sehr festlicher Moment, den die Kinder so noch lange über den Tag nachklingen lassen können, bis ihre Kerze gänzlich aufgebrannt ist und die Erde das Licht als Geschenk in sich aufgenommen hat. Das Licht einer brennenden Kerze ist ein lebendiges Licht, das nur so lange Licht und Wärme verbreitet, wie es von seiner eigenen Substanz etwas abgibt. Gleichzeitig strebt die Flamme immer nach oben, zum Himmel hin. Aus dem Fenster, in der warmen Stube hockend, können die Kinder anschließend ihre Kerze weiterhin beobachten oder über den Tag immer wieder mal hinauseilen und danach schauen. Damit die Kerze vor Wind und Schnee geschützt bleibt, kann man einen Tonblumentopf nehmen, dessen Boden ausschlagen und über die Kerze stülpen. Danach wird traditionell bis Ostersonntag keine Kerze im Haus mehr angezündet. An der Stelle, wo die Kerze ausgebrannt ist, könnte man für die Kinder oder mit ihnen etwas hinpflanzen, als Sinnbild für neues Wachstum. Auch dieses können sie über eine längere Zeit beobachten, wie es wächst und größer wird.

Gleichzeitig kann man am Lichtmesstag darauf achten, ob ein Lichtumschwung draußen wahrzunehmen ist. Eine leise Ahnung dessen ist schon einige Tage vorher da.

Einen ähnlichen Brauch für die Kinder erlebte ich in meiner Ausbildungszeit am Bodensee. Die Adventskranzkerzenreste werden in einer Schale mit Erde (z. B. abgetragen von einem Maulwurfshügel, diese ist sehr locker, und so entsteht kein sichtbares Loch im Beet) wie gepflanzt, regelmäßig angezündet, bis sie aufgebraucht sind; so wird das restliche Weihnachtslicht der Erde übergeben. In dieser Schale wird dann anschließend (nachdem heimlich die Wachsrückstände entfernt wurden) das Ostergras oder der Roggen, zwei Wochen vor Ostern etwa, gesät und zum Keimen gebracht. Aus der so erleuchteten Erdenschale wächst und gedeiht nun bis Ostern das Ostergras. Sein frisches zartes Grün erstrahlt auf dem Tisch als Symbol für die Auferstehungskräfte Christi, aber auch die der Natur.

Fasching

In vielen Masken, Figuren und Bräuchen konnte das Verbundensein mit der elementaren Welt, wenn vielleicht auch unbewusst, erhalten bleiben. Immer noch vertreibt man den Winter, indem man sich als Geister, Kobolde und wilde Gestalten aus der Natur verkleidet und mit Holzstöcken laut um sich schlägt oder mit Rassel und Ratsche Krach macht (siehe auch: *Strohbär* oder *Erbsenbär*). Beim Tiroler Fasnachtsgetümmel findet der Kampf zwischen Licht und Finsternis, zwischen Gut und Böse, zwischen Frühling und Winter symbolisch immer noch statt.

Fast-Nacht hieß ursprünglich nur der Vorabend zum Aschermittwoch, eben die Nacht vor dem Fasten. Seit dem 13. Jahrhundert fing die Faschingszeit ab dem Donnerstag vor Aschermittwoch an. Und im Rheinland findet seit dem 19. Jahrhundert am 11. 11. um 11 Uhr 11 die offizielle Eröffnung der Karnevalssaison statt. Das kam daher, dass es früher auch vor der Weihnachtszeit eine 40-tägige Fastenzeit gab. Sie begann am Sankt Martinstag. Vorher mussten die Lebensmittel, die nicht fastenzeittauglich waren, wie Fleisch, Fett, Schmalz, Eier und Milchprodukte, noch schnell verzehrt werden. Das Wort Karneval kommt aus dem Lateinischen und bedeutet: *Fleisch, leb wohl.*

Eine Ausnahme bildet die Basler Fasnacht, da findet Fasching erst an dem Montag nach Aschermittwoch statt.

Vor rund 5000 Jahren wurden in Mesopotamien schon ähnliche Feste gefeiert. Arbeiter und Herrscher standen für kurze Zeit auf einer Stufe. Dieses Motiv ist bis heute Teil des Karnevals. Aber auch sonst hat Fasching eine sehr lange Tradition. Im Süden und Südwesten Deutschlands gehen viele der alten Bräuche auf die Zeit vor Christus zurück. Es waren für die Menschen der damaligen Zeit wichtige Rituale, bei denen der Winter mit Feuer, gruseligen Gestalten, Schellen und Rasseln vertrieben wurde.

Mit der Weiberfastnacht am Donnerstag beginnt die verrückte Zeit. Mehr als 180 Jahre liegt der Brauch der Wäscherinnen zurück, nicht die Wäsche, sondern die Männer «in die Mangel zu nehmen». Sie wehrten sich damit gegen die unzumutbaren körperlichen und seelischen Belastungen. Allerorts, vor allem in den Faschingshochburgen, werden am Rosenmontag die Rosenmontagszüge gehalten, zum Teil mit alten und prachtvollen Uniformen und Trachten aus den verschiedensten Zeiten der Geschichte, oder mit aufwendig geschmückten Motivwagen.

Am Tag nach Fasching fängt die Fasten- bzw. die Passionszeit an.

Eigene Beobachtungen

Warum ich all dies erwähne: Weil man es als verschiedene Impulse und Energien in der Natur und an der Landschaft unmittelbar erleben kann und das ganz spannend ist. Wer atmosphärisch schaut, kann an Fasching erstaunliche Beobachtungen machen. Es sieht wirklich ganz bunt aus, sehr regsam, wie lauter Jonglierbälle oder Luftschlangen, die ständig in der Luft in Bewegung sind. Auch die Elementarwesen scheinen sehr lebhaft zu sein, mehr als sonst, bis dahin, dass sie immer wieder für kurze Momente ihre Elementarwesensgestalt scheinbar verlieren und tierähnlich, verzerrt ausschauen. Dies, als Beobachtung, beruhigt sich am Aschermittwoch noch nicht gänzlich, sondern erst eine Woche später etwa ist es abgeschlossen. An diesem Mittwoch kann man Ascheprozesse – Asche, die auf die Erde herunterrieselt – und eine Schwere, eine anfangende Schwärze (die aurische Farbe der Passionszeit) erleben. Auch die Elementarwelt erlebt dies. Eine Frage, die sich für sie immer mehr verdichten wird, 40 Tage lang: Wird es dem Christus auch in diesem Jahr wieder gelingen, durch den Tod hindurchzugehen und für uns, alle Wesen der Erde, als Wiederbelebung, aufzuerstehen? Es scheint, anders als vielleicht für uns Menschen, für die Elementarwesen keine Selbstverständlichkeit zu sein.

Nachdem wir einen schönen und gelungenen Rosenmontag gefeiert hatten, war heute Morgen Ausschlafen angesagt. Wenn ich morgens um meine normale Zeit wach werde und dann versuche weiterzuschlafen, träume ich nur wirres, anstrengendes Zeug. Das lohnt sich eigentlich nicht, denke ich jedes Mal. Als ich dann zum zweiten Mal wach wurde, wusste ich, das muss ich mir nicht noch einmal antun. Lieber gehe ich joggen, um in den Tag zu finden. So etwas geht ja an einem ganz normalen Dienstag nicht. Andererseits bringt es mich auch ein bisschen durcheinander, wenn Tage außerhalb des normalen Rhythmus verlaufen. Ich freue mich, wenn danach alles seinen normalen Gang geht. Oh, sind wir Menschen unflexibel! Das zeigt aber auch, wie wichtig ein geregelter Rhythmus im Leben sein kann und dass er uns Halt und Sicherheit gibt. – Ich wollte einen neuen Laufweg entlang der Straße ausprobieren. Sie verläuft teilweise neben der Autobahn. Nicht so schön. In der Weite ahnt man, wo die Fulda fließt. Man erkennt es daran, dass an den Ufern viele Weiden wachsen und diese im Feld keine gerade Linie bilden, sondern sich dahinschlängeln. Irgendwann blieb mein Blick bei einer der Weidegruppen hängen und ich fühlte, da gibt es ein Elementarwesen, das meine Aufmerksamkeit auf sich lenken möchte. Ich ortete eine Nymphe (ein Wasserelementarwesen der zweiten Entfaltungsebene). Sie brauchte Hilfe, so viel verstand ich, dank der Vermittlung des Pans. Da ich erstens nicht wirklich über die nassen Wiesen dorthin gelangen konnte, es zweitens kalt war und ich nicht ohne Weiteres, nass geschwitzt wie ich war, stehen bleiben konnte, versprach ich ihr, später, aus der Erinnerung heraus, auf ihre Situation zu schauen. Zu Hause, wieder im Warmen, vernahm ich innerlich, dass diese Nymphe ihre Verbindung zum Erdreich verloren und deshalb ein etwas desorientiertes Bewusstsein hatte. Das heißt, sie war wie verstreut, verteilt. Ihre Präsenz war nicht mehr gebündelt, sondern wie vernebelt: hier ein bisschen und dort ein bisschen. Vielleicht kann man es so beschreiben wie den Zustand, den wir kennen, wenn wir sagen, wir stehen neben uns. Für mich ging es zunächst darum, ihre Energie wieder zu einer Einheit zu bündeln. Das tat ich über das Bild einer sich drehenden Spirale und deren zentripetaler Wirkung. So wie ein Kreisel, aber mit einer Kraft, die sich nach innen dreht, um sie zu zentrieren. Als ich den Eindruck hatte, die Nymphe sei wieder als Ganzes zu spüren, führte ich diese sich drehende Spirale in meiner Vorstellung tief in die Erde hinein, damit die Verbindung zum Erdreich neu hergestellt werden konnte. Damit sie auch wirklich gut verankert sei, stellte ich mir vor, dass ich das untere Ende der Spirale in der Erde umknickte und an einem schweren eisernen Gewicht befestigte. Die Nymphe ist eine Auennymphe, also ein Elementarwesen, das eine solche Verankerung braucht. In dem Zustand, in dem sie sich befand, konnte sie nicht für die unter ihr stehenden Wasserwesen unterstützend tätig sein. Das schwächt wiederum diese Elementarwesen. Als der Prozess der Verankerung abgeschlossen war, schickte ich ihr noch sehr viel Orange (Heilkraft) und Gold (Energie), um sie zu stärken und ihr Vitalität zu geben. Tätigkeiten im Sinne einer Erdheilung auf der ätherischen Ebene sind frei von Zeit und Raum. So ist es eben möglich, aus der Entfernung, indem man die Situation kennt, zu arbeiten und einzugreifen. Natürlich war der Hilferuf nicht direkt von ihr gekommen, da sie in ihrem Zustand der Benebelung gar nicht dazu in der Lage gewesen sein konnte. Pan und die anderen hatten bestimmt meine Aufmerksamkeit zu ihr hingelenkt. Abschließend spürte ich, dass es zur Unterstützung noch wichtig sein könnte, eine Verbindung zu der Nymphe Moriox, die an einem der Teiche im nahe gelegenen Wald weilt, herzustellen. Beide Wesen freuten sich, als auch das gelungen war. Ihre Freude fühlte sich an wie etwas, das nun einfach eine Harmonie ausstrahlt, das stimmig ist, so könnte ich es beschreiben. Trotz des Widerwillens, an der Autobahn entlangzulaufen, war es doch eine wichtige und richtige Entscheidung gewesen, gerade diesen Weg ausgewählt zu haben. Es bestätigte mir wieder einmal, dass ich meinem ersten Impuls folgen kann und nicht immer so viel darüber nachdenken sollte.

Kann ich das bunte Faschingstreiben vor diesem Hintergrund neu in mir bewegen? Kann ich seine Spuren in der Natur finden und nachfühlen? Ich nehme mir in diesen Tagen Zeit, um hinauszugehen und mit der Pflanzenwelt in ein entsprechendes Zwiegespräch zu gehen. Ich versuche es im Innern zu beleben, wissend, dass es in der elementaren Welt gerade recht aktiv zugeht. Kann es für die Naturwesen vielleicht auch kosmische Impulse geben, die für sie nicht so förderlich sind? Man könnte ihre fast übertriebene Ausgelassenheit als ein Sich-Verlieren empfinden, ein Sich-Verlieren als luziferischer Impuls (blendend, übertrieben), bevor in der Passionszeit genau das Gegenteil wahrzunehmen ist (ein Festgefahren- und Unbeweglichsein, als ahrimanischer Impuls), um an Ostern durch Christus wieder in eine Mitte zu finden, in eine neue, geheilte Ordnung für die Erde.

Ein anderer Faschingsaspekt: Viele Elementarwesen strahlen einen wunderbaren Humor aus. Man könnte einiges von ihnen lernen. Oft, wenn ich hinhorche oder -fühle, ist der ansteckende Schalk zu erkennen. Da muss auch ich gleich schmunzeln. Manches Wesen treibt gerne mal einen Schabernack. Manchmal auch, um auf sich aufmerksam zu machen. Es ist nicht immer schön, wenn man einen Fuß gestellt bekommt und stolpert. Auch das kann schon mal vorkommen. Ein kleiner Schreckmoment. Ich frage mich dann: Was bedeutet das gerade? Was hat es mit mir zu tun? Ein zweiter Blick kann mich vielleicht auf etwas Wichtiges hinweisen, das ich nicht wahrgenommen hatte.

Sankt Valentin

Der 14. Februar, das Fest der Liebenden, wird 40 Tage nach dem Dreikönigstag begangen. Er ist ebenso der Tag der Jugend, der Familie, der Freundschaft und des Blumenschenkens. *Vielliebchentag* hieß er schon im Mittelalter. Heute hat sich der Kreis der Beschenkten auf weit mehr als nur die sich Liebenden ausgedehnt, auch anderen Familienmitgliedern, Freunden und Bekannten lässt man gerne eine kleine Aufmerksamkeit zukommen. Den Valentinstag zu feiern geht zurück auf den Festtag für die römische Göttin Juno, Schützerin von Ehe, Geburt und Familie. Im Christentum wurde der Name verändert in Sankt Valentinstag, Schutzpatron der Liebenden.

Valentin von Terni ist als Märtyrer gestorben, am 14. Februar 269, und gilt heute als christlicher Heiliger. Er traute damals Soldaten, denen das Heiraten verboten war. Und er feierte Gottesdienste für Christen, was in der damaligen Zeit der Christenverfolgung ebenfalls nicht erlaubt war. Er soll den verheirateten Paaren auch Blumen aus seinem Garten geschenkt haben. Brauch ist immer noch, an diesem Tag Gottesdienste zu halten, in denen Ehepaare gesegnet werden.

In den 1950er-Jahren kam der Brauch, sich am 14. Februar Blumen oder Süßigkeiten zu schenken, aus Amerika nach Deutschland herüber. In England, Frankreich und Belgien waren Liebesfeste schon im Mittelalter eine höfische Gepflogenheit. Aus dieser Zeit sind viele Liebesdichtungen bekannt. In der christlichen Tradition versteht man den Sankt Valentinstag als die Ankunft Christi, des Bräutigams, zur himmlischen Hochzeit. In England und Frankreich sagt man, dass die Paarungszeit der Vögel genau am 14. Februar beginne, in der Mitte des zweiten Monats im Jahr. Frühlingsgefühle erwachen …

Melrun und der Ring

Victor, mein Jüngster, erzählte mir aufgeregt, dass am Vorabend jemand beim Angeln in den Teich gefallen sei und dabei seinen Ehering verloren habe. Ein Ehering hat für mich eine große Bedeutung: ein Kreis ohne Ende für die unendliche Liebe, die zwei Menschen verbindet. In der Antike wurde dem Ring sogar eine geheime Kraft zugeschrieben. Bei unserem Traugespräch seinerzeit hatte uns der Priester jede Menge wunderbare Geschichten erzählt über Trauringe, die verloren gegangen waren und auf wundersame Weise wiedergefunden wurden. Das hatte mich nachhaltig beeindruckt. Da Peter und Anna (Namen geändert) in ihrer Beziehung gerade eine schwere Zeit durchmachten und nicht wussten, ob sie zusammenbleiben wollten, fand ich das überhaupt kein gutes Omen, gerade jetzt den Ring zu verlieren. Das wollte ich nicht so einfach hinnehmen. Hatte er sich schon im Wasser, durch die plötzliche Kälte und das Schrumpfen des Fingers, gelöst? Oder war er womöglich erst, als Peter herausgeklettert war und sich von dem Schrecken erholte, ins Gras gefallen? Der Teich ist über drei Meter tief, und unweit von der Stelle, wo Peter hineingeplumpst war, gibt es einen Schacht, der unter der Straße zum nächsten Teich führt. Ein Gitter steht davor, das den groben Dreck abhält. Es ist ein fließendes Gewässer. Nicht die besten Voraussetzungen, um nach einem Ring zu tauchen. Als ich die Geschichte hörte, fragte ich sofort Melrun (den Wal), ob er da nicht helfen könne. Ich stellte mir vor, er könne vielleicht die Strömung des Wassers so beeinflussen, dass ich am Rand des Teiches den Ring wiederfinden könnte, so wie schon einmal bei der Kerze an Weihnachten. Ich sah alles schon bildhaft vor mir: die Stelle, wo ich den Ring am seichten Ufer durch das Wasser schimmern sehen und wie ich anschließend stolz zu Peter und Anna gehen würde. Dazu ihre ungläubigen Gesichter. Darüber freute ich mich schon im Voraus. Ich hatte mir auch überlegt, den Ring hübsch in einer Streichholzschachtel einzupacken … Ganz zuversichtlich wartete ich bewusst, wie damals, noch einige Tage ab. Doch je näher der Moment rückte, desto mehr Zweifel befielen mich. Dazu bekam ich ein schlechtes Gewissen Melrun gegenüber: Ich würde nicht genug Vertrauen aufbringen. Am nächsten Freitag war ich morgens schon ganz hibbelig, wenn auch noch immer überzeugt, unbedingt suchen gehen zu wollen! Am Nachmittag zog ich meine Gummistiefel an und ging frohen Mutes und gespannt los. Melrun war da, am Teich, für mich spürbar. Ich ging zu der Stelle, die ich in meiner Vorstellung gesehen hatte, und schaute überall am Ufer entlang. Ein Teil war von den Pflanzen so bewachsen, dass ich gar nichts sehen konnte. So hatte ich mir das nicht vorgestellt. Ich sah keinen Ring golden durch das Wasser schimmern. Meine Zweifel wuchsen. Nun, vielleicht war der Ring eben gar nicht im Wasser vom Finger geglitten, sondern Peter hatte ihn erst verloren, als er wieder auf die Mauer geklettert war. Ich schaute zuerst beim Überlauf, ob ich etwas schimmern sehen konnte, fand aber auch dort nichts. Ich hatte eigentlich ohnehin nicht das Gefühl, dass der Ring sich dort befände. Ich fragte Melrun anhand des Muskeltestes, ob ich in der Lage sei, den Ring zu finden. Seine Antwort war ein Ja. Mir wurde klar, dass ich nicht mal wusste, wo Peter genau ins Wasser gefallen war, und auch nicht, wo er wieder herausgefunden hatte. Ich hatte nicht mal nachgefragt, so überzeugt war ich gewesen, dass alles so einfach klappen würde. Ich ging noch einige Male auf der Grasfläche, die an die Mauer grenzte, auf und ab und spähte überall, ob dort etwas zu sehen war. Dann überlegte ich noch, welchen Weg Peter wohl nach Hause gegangen sein könnte, und suchte dort weiter. Irgendetwas in mir sagte: Nicht aufgeben! Eigentlich bin ich gut darin, verlorene Gegenstände wiederzufinden. Als Steinbock verfüge ich über Ausdauer und Beharrlichkeit! Irgendwie wollte ich daran glauben. Auf jeden Fall hatte ich den starken Wunsch für das Paar, das Zeichen ihrer Liebe wiederzubeschaffen. Ich zweifelte und zweifelte. Hatte ich mir alles bloß eingebildet? Vielleicht gibt es Melrun gar nicht? Von wegen im Gespräch sein mit Elementarwesen! Alles doch nur Hirngespinste, bloße Illusion! Ich spann meine Gedanken in dieser Weise weiter und wurde richtig deprimiert. Ich versuchte noch einmal, mit Melrun in Kontakt zu treten, mich zur Ruhe zwingend und gedanklich leer machend. Vielleicht war ich zu oberflächlich vorgegangen oder zu aufgeregt? Zu selbstsicher und ungeduldig? Bestimmt. Kann ich den Ring finden, lieber Melrun? – Ja. – Jetzt? – Nein. – Gut, dachte ich, dann muss ich jetzt nicht weitersuchen. Ich fragte noch: Liegt der Ring im Wasser? Bei dieser Frage wurde ich wieder unsicher, sodass ich mal diese, mal jene Antwort bekam. Auch auf die Frage hin, ob ich ihn heute noch finden würde, blieb es unklar. Durch den Muskeltest eine Antwort zu ermitteln, ist nicht immer eindeutig, da man mit dieser Testmethode durchaus die Antwort unbewusst beeinflussen kann. Ich beschloss, nach Hause zu gehen, auf Victor zu warten und ihn zu fragen, ob er mich zum Teich begleiten könne, um mir die Stelle zu zeigen, wo das Ungeschick passiert sei. Nach seiner Arbeit ging Victor mit mir, aber nur, um mir einen Gefallen zu tun, nicht, weil er daran glaubte, ich könnte dort den Ring noch finden. Es zeigte sich, dass ich an der falschen Seite gesucht hatte. Ich meinte zu Victor, vielleicht habe Peter den Ring gar nicht im Wasser verloren, aber er erwiderte, das hätte Peter sofort gemerkt, nachdem er aus dem Wasser herausgeklettert war. Ich war aber immer noch nicht bereit, aufzugeben. Wir schauten noch eine Weile gemeinsam forschend durch das Gras. Ich nahm mir einen Rechen zur Hilfe, der unweit entfernt an einem Baum lehnte. Mittlerweile fing es schon zu dämmern an. Leider half mir meine Hartnäckigkeit nicht, wir fanden keinen Ring. In Ordnung. Ich musste es hinnehmen. Nicht so einfach! Inzwischen war es sowieso zu dunkel. Dann würde ich eben ein andermal weitersuchen, dachte ich. Ich wollte den Rechen zum Baum zurückbringen. Wenige Meter von der Stelle entfernt, wo wir gesucht hatten, da, wo das Gras noch nicht platt getreten war, da sah ich ihn plötzlich liegen, den Ring! Ich glaubte es nicht. Ich freute mich so sehr, dass ich laut zu schreien anfing, wie ich, glaube ich, in meinem Leben noch nie geschrien habe. Victor wusste gar nicht, was passiert. Ich hatte ihn tatsächlich gefunden! Warum hatte ich nicht eher dort nachgeschaut? Ich bedankte mich natürlich überschwänglich bei Melrun. Für mich war sonnenklar, dass er uns geholfen hatte, weg waren all meine Zweifel daran. Und das Suchen hatte sich doch gelohnt! Ich freute mich riesig, auch für Peter und Anna, und ich freute mich über die erstaunten Gesichter, die sie beide machen würden, wenn wir ihnen den schon abgeschriebenen Ring überreichten.

Und so war es …

Ich erzählte ihnen noch von der großen symbolischen Kraft eines Eheringes und dass man einen solchen nicht so schnell verlieren kann. Weil er eben etwas Besonderes darstellt. Dann bot ich ihnen an, die Ringe zu segnen, da sie erst nach der Trauung gekauft worden waren und das damals nicht gemacht worden sei. Ich verband damit die Hoffnung, die Geschichte würde ihnen Mut machen und ihnen Kraft geben, für ihre Beziehung zu kämpfen.

Frühling-Tagundnachtgleiche

Am 25. Februar ist, nach einer alten Bauernregel, der eigentliche Frühlingsbeginn. Für uns noch unsichtbar, unter der Erde, fängt es an. Wer darauf achtet, kann wahrnehmen, dass in der Zeit der Geruch der Luft sich verändert. Es rührt von Humus bildenden Pilzen, die ihre Tätigkeit nach dem langen Winter neu starten. Die anfänglich wärmende Sonne hat auf das, was im Innern der Erde vorgeht, zunächst kaum Einfluss. Es ist das verwandelnde Leben der Erde selbst: Würmer, Larven, Asseln und Milben sind, neben den Mikroorganismen und dem unterirdischen lustigen und bunten Treiben der dafür verantwortlichen Elementarwesen, daran beteiligt: ein Prozess des Verdichtens und Erhaltens. Sie sammeln alles, was verfault und verwest, und bauen es um in Nährstoffe für die Pflanzen.

Gleichzeitig beginnen Samen sich zu wandeln, wenn sie mit Feuchtigkeit in Berührung kommen. Eine Eigenwärme entwickelt sich aus dem Prozess, ein Nährstoffzerfall, wie es Walther Cloos beschreibt. Die Erde ist nass vom Regen und Schnee, das Keimen kann anfangen, Würzelchen bilden sich. Die ausgereiften Samen waren im Winter ganz auf sich gestellt, ruhend im Nullpunkt, ohne Beziehung zum Umfeld. Jetzt darf es wieder anders werden. Ebenso treiben Bäume, Sträucher, Stauden und Blumenzwiebeln zuerst ihre neuen Wurzeln und verbinden sich so wiederum mit der Erde, um daraufhin im Außen der Natur, nun auch für uns sichtbar, zu sprießen und zu knospen.

Am 20. bzw. 21. März sind Tag und Nacht gleich lang, ein Moment der Balance im ewigen Drehen des Jahresrades. Als stünde die Welt für einen Augenblick still. In der Mitte der Ausatmung der Erdenseele hält das gesamte Leben die Waage, bevor die Natur uns zeigt, wie Tag für Tag das Licht die Oberhand gewinnt und der Sieg über die Dunkelheit des Winters endgültig errungen ist. Die Sonne hat ihren halben Weg bis zur Sonnenwende zurückgelegt.

Tagundnachtgleiche haben wir zweimal im Jahreslauf, am Frühlingspunkt und am Herbstpunkt. Die Sonne überquert den Himmelsäquator und steht senkrecht über dem Erdäquator, was zur Folge hat, dass überall auf der Erde Tag und Nacht fast gleich sind. Eine Hälfte der täglichen Sonnenbahn liegt oberhalb, die andere unterhalb des Horizonts; die Sonne geht dann genau im Osten auf und im Westen unter. Ich finde es immer wieder aufs Neue faszinierend, dass das auf der ganzen Welt gleichzeitig (also am gleichen Tag) geschieht. Ich versuche es mir bildhaft vorzustellen. Ein Zustand absoluter Harmonie.

Frühlingsblumen sprießen nun überall aus der Erde hervor und erfreuen uns mit ihrer Farbenpracht. Wir atmen auf, wenn in der Natur das emsige Treiben wieder spürbar und hörbar wird und die Sonne ihre Wärme mit uns teilt. Es weckt auch unsere Lebensgeister.

Schon immer war der Frühlingsanfang ein Fest des unsterblichen Lichts. Die Bauern säen die Saat auf dem Feld. Im übertragenen Sinne bedeutet es für uns Menschen den Beginn der Umsetzung unserer Ziele, die Chance auf einen neuen Aufbruch. Was will in meinem Leben wachsen, blühen und reifen? Das ist eine Frage, die uns in dieser Zeit begleiten kann. Etwas Neues beginnt. Ein Ausgleich kann geschaffen werden.

Feste und Rituale drehen sich um Geburt, Wiedergeburt und Wachstum. Im Symbol: das Ei, das Küken, der Hase, das Lamm oder das frische Grün.

Eine Meditation für den Frühling und das Feiern der Erde

Leg Dich auf die Erde. Wenn sie noch zu kühl ist, geht es auch mit einer Isomatte oder Decke. Oder Du stellst Dir vor, egal wo Du Dich gerade befindest, Du würdest auf der Erde liegen. Auch das geht durch die Kraft der Visualisierung und ist genauso wirksam. Zähle bis 70 im Einklang mit Deinem Atem (Einatmung: 1, Ausatmung: 2, Einatmung: 3 …). Es beruhigt den Verstand und man findet einfacher in eine innere Stille. Nun fühle Dich in die Schwingung der Erde ein. Passe Deine Schwingung derjenigen der Erde an. Muss ich meine Schwingung dazu erhöhen, oder muss ich meine herunterschrauben? Fühle hin. Wenn der Einklang mit der Erdenseelenschwingung gefunden ist, kann innerer Friede erfahren werden. Genieße dies einige Augenblicke. Dann löse Dich aus der Tiefenentspannung und finde wieder ins Hier und Jetzt zurück. – Atme anschließend dreimal tief ein und aus und bedanke Dich bei Mutter Erde für diese wunderbare Erfahrung. Sie umsorgt und behütet Dich. Du bist nun ganz zurück im Hier und Jetzt!

Die Fuldaquelle

Ich ahnte draußen eine besondere Stimmung. Es war eine greifbare auffallende Freude überall. Die ganze Natur schien mir in Festesstimmung. Morgen wird Frühlingsvollmond sein, ein besonderes Ereignis, da danach der Ostersonntag bestimmt wird. Die kosmischen Gesetze wirken auf die Erdenkräfte ein. Zum Glück ist Ostern nach wie vor ein beweglicher Feiertag. Es wird ja immer wieder, aus wirtschaftlichen Gründen, überlegt, Ostern an einem festen Datum zu feiern, wodurch das tiefere Verständnis für das Osterwunder in der Natur verloren gehen würde, mit all den kosmischen Prozessen, die dazugehören.

Ich ließ mich auf meinem Weg zu den verschiedenen Elementarwesenstationen von dieser besonderen Festesstimmung mitreißen. Es war einfach nur schön!

Als ich in der Nähe des Drachenbaums entlanglief, Dagrons Zuhause, wollte ich mich nur leise an ihm vorbeischleichen, indem ich ihn kurz freudig und liebevoll begrüßte, ohne dieses Mal groß anhalten zu wollen, da ich fand, dass ich für heute schon genug erlebt hatte. Aber das ging nicht so ohne Weiteres. Dagron forderte mich auf, anzuhalten, ein bisschen bei ihm zu verweilen. Ich hatte ihm vor längerer Zeit versprochen, mal wieder mit ihm zu fliegen. (Dies geschieht imaginativ, während ich ganz normal da stehen bleibe, wo ich gerade bin.) Auf seine Einladung hin stieg ich nun auf seinen Rücken – und schon flogen wir hoch in die Luft, aber wirklich hoch. Was will er mir wohl dieses Mal zeigen, dachte ich. Ich fühlte mich so leicht und unbeschwert, getragen und frei. Unter uns sah ich ganz klein die Fulda fließen, der wir wohl zu folgen schienen, bis an ihre Quelle. Vielleicht sieht die Fuldaquelle real anders aus, als ich sie in meinen Bildern sah, aber das spielt an dieser Stelle keine Rolle.

Mit Dagron bei der Quelle angekommen, stieg ich von seinem Rücken und wurde eingeladen, mich auszuziehen und in dem klaren Wasser zu baden, mich rein zu waschen und frische Kraft zu schöpfen. Ich begriff es als eine Art Tauferlebnis durch die vier Elemente, belebend, reinigend, erdend.

Der Flug mit dem Drachen: Luft, das Bad in der Quelle: Wasser. Ich fühlte Dankbarkeit. Ich stieg wieder aus dem Wasser und legte mich auf einen sonnenwarmen durchfluteten Stein – als Symbol der Erde –, um mich von der Sonne trocknen zu lassen, in einem Wärmeprozess, also im Element des Feuers. Herrlich fühlte es sich an, die Wärme der Frühlingssonne nach dem langen Winter zu spüren, nackt und frei dort liegend, im Einklang mit der Welt um mich herum. Nach einer Weile flogen wir zurück, wieder sehr hoch hinaus; ein erhabenes Gefühl. Wir landeten bei Dagrons Baum. Ich bedankte mich für den schönen Ausflug und die Frühlingserfahrung und verabschiedete mich von ihm. Als ich dem Weg oberhalb der Fulda folgte, sah ich im tiefen Wasser ihren Neptun mir zuzwinkern, ein fülliger gutmütiger Wassermann. Auch er freute sich, dass es wieder Frühling wurde. Und ich freute mich über seine Aufmerksamkeit. Ich lief weiter bis zum Salamander, einem großen Feuerwesen. Es hat seinen Brennpunkt in einer Kuhle im Wald. Hier, geschützt zwischen den Bäumen, war es windstill, und die Sonne schien schon wohlig warm. Es war alles so friedlich. Beglückt lief ich weiter um den Richtberg herum, an der Eiche, den Elfen, Pan und den Teichwasserwesen vorbei. Alles und alle waren feierlich gestimmt, so fühlte es sich an, eine Stimmung, in die ich mit eintauchen durfte.

Mein Blick wurde von einigen zartgrünen Sauerkleepflänzchen angezogen. In diesem intensiven Grün sieht man sie nur im Frühjahr. Und plötzlich, ohne dass ich darauf bedacht war, sah ich ganz deutlich eine kleine, niedliche Pflanzenelfe, etwa 15 Zentimeter groß. Sie freute sich genauso über den endlich einsetzenden Frühling wie ich. Es war das erste Mal, dass ich so deutlich ein kleines Pflanzenwesen erblickte, ohne willentlich meine Aufmerksamkeit hingelenkt zu haben.

Passionszeit und Karwoche

Passion heißt Leiden oder Leidensgeschichte. Die christlichen Religionen erinnern sich in den rund sieben Wochen vor Ostern an die Leidensgeschichte Jesu: die Verurteilung, den Verrat und die Kreuzigung. Es ist eine innere Vorbereitung auf das kommende Osterfest. Die Dauer der Passionszeit wird unterschiedlich berechnet. Es sind 40 Tage vor Ostern, ab Aschermittwoch. Wenn man es aber genau nimmt, sind es ab Aschermittwoch 46 Tage bis Ostersamstag, und 40 Tage, wenn man nur bis zum Palmsonntag rechnet.

Aus dem Grund feiert man in Basel später Fasching. Im Jahre 1091 wurde das Fastengebot, 40 Tage vor Ostern, von der Synode von Benevent dahingehend abgemildert, dass an den fünf Sonntagen bis Ostern nicht mehr gefastet werden musste. Da es weiterhin 40 Tage sein sollten, rückte der Beginn der Fastenzeit um sechs Tage vor: der heutige Aschermittwoch. Es sind dann genau genommen sieben Tage, weil dadurch ein sechster Sonntag dazukommt. Nicht alle fanden das eine gute Idee, und so entstanden zwei Faschingstermine nebeneinander: jener der Herren- oder Pfaffenfastnacht, für die gehobenen Kreise, die die fastenfreien Sonntage übernahmen, und jener Fasching der Bauern, des gemeinen Volks, am ursprünglichen Termin.

Die Meinungen darüber, ob die Karwoche zur Passionszeit mitgerechnet werden soll oder ob sie eine eigenständige Zeitqualität hat, gehen auseinander.

Während draußen die Natur voll in ihr Wachstum und ihre Entfaltung gefunden hat, beginnt für uns Menschen eine Zeit der Besinnung, eine Zeit der Einkehr und Stille, des Gebets, früher auch der Buße. Man kann sich in dieser Zeit mit Grundfragen des eigenen Lebens auseinandersetzen, etwa dem Sinn von Krankheit und Leiden, mit Ängsten und Hoffnungen, die mit dem Tod zusammenhängen, mit Fragen von Schuld und Vergebung. Oder man kann darüber nachsinnen, was man für sich, für sein Leben gerne verändern möchte.

Die Passionszeit ist mit dem Begriff Fastenzeit gleichzusetzen. Die 40 Fastentage gehen auf die 40-tägige Gebets- und Fastenzeit Jesu nach seiner Taufe im Jordan zurück.

Früher waren die Regeln für die Fastenzeit viel strenger als heute. An den Fasttagen durfte man nur einmal am Tag eine volle Mahlzeit zu sich nehmen und musste sich am Morgen und Abend mit einer kleinen Stärkung begnügen. Außerdem gab es die Abstinenztage, an denen man sich jeglicher Fleischspeisen zu enthalten hatte. Eier und Milch, Schmalz, Grieben und Kunstbutter waren hingegen erlaubt. Auch Fleischbrühe durfte man, außer am Karfreitag, zu sich nehmen. Die Fast- und Abstinenztage wurden von der Kirche genauestens vorgegeben.

Die Zeit vor Ostern kann uns auch aufrufen, sinnvoll mit den Gaben Gottes und der Schöpfung umzugehen, verantwortungsvoll unser Leben zu gestalten und Alltagsgewohnheiten zu durchbrechen. Fasten ist gegenwärtig längst mehr als ein religiöses Ritual. Viele fasten ihrer Gesundheit zuliebe und reflektieren darüber, was sie im Alltag essen und trinken. Es hat eine entschlackende und reinigende Wirkung, man fühlt sich anschließend seelisch wie körperlich wohl.

Die Bedeutung der Zahl 40 findet man nicht nur in unseren abendländischen Religionen und in der Bibel wieder, sondern auch schon bei den Ägyptern, in der Antike, im Islam und Sufismus. Die Sterndeuter beobachteten eine Verbindung zwischen dem Verschwinden des Sternbildes der Plejaden hinter der Sonne mit Gefahren, Unwettern und Katastrophen. Bei der Wiederkehr des Sternbildes am Himmelszelt wurde gefeiert und als Zeichen der Freude und Erleichterung ein Bündel aus 40 Schilfrohren verbrannt. In der Zahlenlehre steht die 40 für Wesensverwandlung. Sie ist die Symbolzahl für Prüfung, Bewährung und Initiation. Zehnmal die 4 repräsentiert Vollkommenheit. 40 Wochen sind etwa neun Monate, die Zeit der Konzeption bis zur Geburt. 40 Jahre entsprachen damals in etwa einem Menschenleben.

Während der Passionszeit finden traditionell keine Festlichkeiten und auch keine Hochzeiten statt. Auch das Verbot von Tanzveranstaltungen gibt es noch in verschiedenen Regionen.

Die Karwoche

Die Karwoche, auch *Große Woche, Stille Woche, Heilige Woche* oder *Leidenswoche* genannt, fängt an Palmsonntag, mit dem Gedenken des Einzugs Christi auf einem Eselsfüllen in Jerusalem, an. Weiter geht es mit dem

Verdorren des Feigenbaumes und der Tempelreinigung (Karmontag), den Streitgesprächen im Tempel und der Ölbergapokalypse (Kardienstag), der Salbung durch Maria Magdalena und dem Verrat durch Judas (Karmittwoch), dem letzten Abendmahl, der Fußwaschung und der Abschiedsrede am Gründonnerstag. Dann gedenken wir des nächtlichen Gebets im Garten Gethsemane, der Gefangennahme, der Verleugnung durch Petrus, und schließlich der Geißelung Christi, des Opfertodes am Kreuz und der Grablegung an Karfreitag: Christi Blut verbindet sich mit den Erdenkräften. Es folgt der Gang Christi durch die Unterwelt (Karsamstag) bis zur Auferstehung am Ostersonntag.

In der Vorosterzeit hat die steigende Sonne schon sehr an Wärme zugenommen, die letzten Reste des Winters sind verschwunden. Ein starker Kontrast: der Leidensweg und Tod Christi, während nun fast explosionsartig draußen alles grünt, sprießt und schon blüht – Tod und Leben.

Fraurombach

Eines Abends kurz vor Ostern fuhr ich auf dem Nachhauseweg müde an Fraurombach, einem Schlitzer Dörfchen, vorbei. Mir kam plötzlich der Gedanke, ich könnte vielleicht in der Kirche dort etwas auftanken. Als ich mich der Kirche näherte, erhielt ich eine Eingebung: Hier gibt es für dich etwas zu tun! Auch das noch, dachte ich zunächst. Mein Tag war sehr erfüllt gewesen. Ich konnte mich kaum noch konzentrieren, wie sollte das gehen? Ich fand die Stimmung um die Kirche herum nicht besonders ansprechend. Das nahe Dorfleben war ziemlich laut. Aber die Menschen, auch die jungen Leute, waren sehr freundlich und grüßten mich im Vorbeigehen. Da heutzutage sehr viele Kirchen auf den Dörfern tagsüber geschlossen sind, hatte ich vorher im Auto mit dem Muskeltest geprüft, ob ich denn überhaupt hineinkönne. Und in der Tat, ich fand eine offene Nebentür, obwohl es schon nach 20 Uhr war. In der Kirche war es angenehm kühl. Ich vermutete schon auf dem Weg, dass eine Ritualdeva dort ihr Zuhause hat. Eine Ritualdeva ist ein hoch entwickeltes engelgleiches Luftelementarwesen der dritten Entfaltungsebene, das in früheren Zeiten beim Abhalten der Rituale der Menschen unmittelbar beteiligt gewesen war. Ich schaute mir zunächst die berühmten Fresken im Kircheninnern an, die vor einigen Jahren restauriert worden waren. Irgendwie enttäuschten sie mich. Es war darauf kaum noch etwas zu erkennen. Ich erwog, erst einmal den Reinigungspunkt in der Kirche zu finden. Vielleicht hätte es eine unterstützende Wirkung auf mich, eine Weile dort zu stehen? Ich wandte mich zum Hauptportal und lief dann nach links weiter. Der Reinigungspunkt war zwar nicht da, wo ich ihn üblicherweise erwartet hätte, aber ich konnte ihn schon beim ersten Durchgang lokalisieren. Jede Kirche hat so einen Reinigungspunkt. Meistens fühlt man dort, wenn man stehen bleibt, einen starken Sog nach unten. Zweck eines solchen Punktes ist, dass die Gläubigen sich vor dem Gottesdienst zuerst leer, d. h. empfänglich machen und den Alltag hinter sich lassen, um sich während der Liturgie mit den christlichen Impulsen gleichsam wieder aufzufüllen. Eine ähnliche Wirkung hat das Läuten der Kirchenglocken vor der Messe. Sie heben die Schwingungen der Umgebung und die der Menschen an. Es ist ein Aufruf, sich innerlich vorzubereiten – und eine Erinnerung, nicht zu spät zu kommen. Ich bemerkte auf dem Reinigungspunkt sogleich die ziehende Kraft nach unten zur Erde hin. Es mutete positiv an. Ich konnte mich erden und zentrieren und gleichzeitig energetischen Ballast loswerden. Anschließend lief ich die Runde weiter, um mich zu kräftigen. Ich fühlte mich immer ausgeglichener. Wenn man im Uhrzeigersinn geht, baut es Energie auf, wenn man linksherum läuft, baut sich Energie ab. Das ist die allgemeine Regel. Nachdem ich mich gestärkt hatte, konnte ich dem eigentlichen Aufruf folgen. Denn ich wurde von einer weisen Ritualdeva hierher gebeten, um die Energie für die Kirche und die Umgebung anzuheben, damit sie besser ihre Aufgaben erfüllen konnte. Ich bekam auch gleich gezeigt, wie ich das tun durfte: Es zeigte sich eine goldene, kugelige Spirale, so groß wie die Kirche selbst. Ich ließ sie eine Weile rotieren. In der Imagination erweiterte sie sich irgendwann von sich aus, spitz verlaufend über die Deva, sodass die Deva nun in das Bild mit einbezogen wurde. Dadurch entstand eine Wechselwirkung, für sie von der Kirche ausgehend und für die Kirche von ihr ausgehend. Danach breitete sich diese kugelige golden-rotierende Spirale über das ganze Dorf aus und hob so auch dort die Energie an. Dieser Prozess dauerte nicht besonders lange, und anschließend fühlte ich einen starken Frieden in dem Gotteshaus, alles wirkte ruhiger und heller. Das war auch für mich sehr wohltuend. Ich sah die nun wieder strahlende Deva, ganz in Weiß gehüllt. Draußen nahm ich die Veränderung der Umgebung wahr. Ich wollte sie noch genauer orten. Dazu musste ich mich etwas entfernen, um das Kirchendach gut sehen zu können. Wahrscheinlich war dort irgendwann ein Teil angebaut worden. Am Übergang zum zweiten Dach befindet sich der Fokus oder Brennpunkt der Deva, dort ist sie verankert. Eine Ritualdeva kann ihren Standort nicht frei wählen oder verändern. Es ist ein Fixpunkt. Dort hatte sie die damaligen Menschen bei deren Ritualen unterstützt. Später wurden an diesen Stellen oft die Kirchen und Kapellen gebaut. Die Deva strahlt jetzt wieder stärker in das Umfeld hinaus, und ich gehe davon aus, dass das auch eine positive Resonanz auf die beiden anderen Ritualdevas hat, die zu dem geschlossenen System eines Landschaftstempels gehören. Auf dem Giebel des zweiten Dachs saß eine Singamsel und zwitscherte lauthals ihr Abendlied; vielleicht war auch sie froh über die ätherische Veränderung. Von fern antwortete ihr ein anderer Vogel. Mir ging es wieder richtig gut. Vor allem stand ich nicht mehr neben mir. Ich dankte und verabschiedete mich.

Fokus, Brennpunkt, Verankerungspunkt, Nabelschnur: Das sind verschiedene Begriffe, die die Verbindung von einem Elementarwesen zur Erde beschreiben. Es gibt Elementarwesen, die einen Fixpunkt haben und an einen festen Daseinsort gebunden sind. Es sind Elementarwesen mit einem hohen Bewusstsein und mit wichtigen Aufgaben innerhalb eines Landschaftsraumes. Sie können sich nicht frei bewegen, sich entfernen oder umziehen. Elementarwesen haben keinen freien Willen, sie können nicht selber entscheiden, sondern funktionieren innerhalb ihres Aufgabenbereichs nach kosmischen und irdischen Gesetzmäßigkeiten. Stets im Dienste der Landschaft und der Erde, und so auch uns dienend. Sie werden unterstützt von Engelwesen, doch sie sind ebenfalls abhängig von den Gegebenheiten, von dem, was wir Menschen aus unseren Landschaften machen.

Ostern

Ostern ist das Fest der Auferstehung Christi und ebenso ein Frühlingsjubelfest, ein Fest des Sieges des Lichtes. Das Wort Ostern lässt sich auf das angelsächsische *Eostrae* und das altdeutsche *Ostara* zurückführen. Ob es eine germanische Frühlingsgöttin mit diesem Namen gab, ist umstritten. Das Wort Aurora, die Morgenröte, hat den gleichen Stamm.

Man kann erleben, dass die Passionszeit und vor allem auch die Karwoche eine anstrengende Zeit sein können. Man ist gefordert, bei sich zu bleiben, sich nicht ablenken zu lassen. Es gibt eine äußere Unruhe (Frühlingsanfang in der Natur), aber unter Umständen auch eine innere. Manchmal fühlt man sich während dieser Zeit traurig oder bedrückt, manchmal gar ängstlich. Ostern fühlt sich dann wie eine Erleichterung, wie eine Befreiung an.

Ostern ist ein beweglicher Feiertag, ausgehend vom ersten Sonntag nach dem Frühlingsvollmond. Somit kann Ostern vom 22. März bis zum 25. April sein, das ergibt eine Zeitspanne von 35 Tagen. Ich finde, man kann es immer auch am Erwachen der Natur beobachten; der Impuls geht vom Vollmond aus. Die Osterzeit dauert 40 Tage. Manche lassen an diesen 40 Tagen eine Osterkerze brennen.

Ostern ist ein Ereignis der Morgenfrühe. Wer kennt ihn nicht, den schönen Brauch, am Ostersonntag frühmorgens einen Spaziergang zu machen oder schweigend zu einer Quelle zu laufen, das Osterwasser zu holen … Und in der Dämmerung zu erleben, dass die ganze Erde und die Elemente mit dem Ostergeschehen zu tun haben, einen Neu-Impuls bekommen. Man sagt dem Osterwasser besondere Kräfte nach, es bleibt lange frisch und verfault nicht, ein Heilwasser mit belebenden und reinigenden Eigenschaften. Es wird auch Fruchtbarkeitswasser genannt (wenn man schneller schwanger werden will), Schönheitswasser (es verleiht eine besonders zarte und schöne Haut), und es bewahrt vor Unglück. Wer gar seinen Liebsten damit besprenkelt, kann hoffen, dass die Liebe bald erwidert wird. Das Osterwasser symbolisiert die Schöpfung.

Im Hochsommer, zu Johanni, ist die Erde wie ganz ausgeatmet, ganz himmlisch, zumindest in unserer Hemisphäre. Im Tiefwinter, an Weihnachten, hat die Erde ihre Seele vollständig eingeatmet, ganz in sich selbst seiend.

Es sind kurze Zeiten der Atemstille, Ruhepole im ewigen Wandel. Im Frühjahr, ab Ostern, auf halbem Wege in der Ausatmung zum Kosmos hindrängend, vibriert es dynamisch-dramatisch: eine spürbare energetische Aktivität. Genauso im Herbst, zu Michaeli, wenn die Erdenseele Abschied von den himmlischen Höhen nimmt, um wieder ganz innig zu sich selber, zur Erdenmitte zurückzufinden. Um Ostern herum bis Pfingsten explodiert das Wachstum im Pflanzenreich, es grünt und blüht in allen Farben und Tönen. Ein sehenswürdig starkes Zusammenspiel zwischen Himmel und Erde! Man könnte sagen, das irdische Grab, worin die Erdenseele im Winter verharrte, wird nun aufgebrochen. Ein Sinnbild der Auferstehung.

Wer bringt die Ostereier?

Neben dem Osterwasser gibt es viele Bräuche zum Osterfest. Ich finde es immer wieder spannend, wie in den verschiedenen Kulturen die Eier gebracht und versteckt werden. In Belgien, Frankreich und in den katholischen Gegenden der Niederlande sind es die Kirchturmglocken, die am Gründonnerstag, nach der heiligen Messe, gen Rom fliegen und mit bunten Eiern beladen zurückkommen. Die Kinder staunen nicht wenig, dass die Eier unbeschädigt vom Himmel herunterfallen können, sogar in die Wohnstuben hinein. In Norwegen ist es die Osterhenne und im deutschsprachigen Raum kennen wir den Osterhasen. Wieso gerade ein Hase als Osterzeichen? Der Hase gilt in der christlichen Tradition als Bote Gottes, aber er ist auch ein Symbol für neues Leben und Fruchtbarkeit. Der Ursprung könnte auch darin bestehen, dass dem Hasen die Augenlider fehlen, er also mit offenen Augen schläft, er sozusagen wie Christus über die Seinen wacht.

Das Ei steht für die Zukunft des Lebens, für Reinheit und Fruchtbarkeit. Es zu segnen war schon ein heidnischer Brauch. Er wurde von den ersten Christen als Bild für die Auferstehung Jesu übernommen: Wie das Küken die Schale durchbricht, so verlässt Jesus lebend das Grab. In der Fastenzeit verzichteten die Christen auf tierische Speisen; die ersten Eier an Ostern waren etwas Besonderes. Erst später wurden sie bemalt und dekoriert. Anfangs wurden sie nur rot gefärbt. Das Rot stellt das Blut Christi dar. Die Eier wurden früher auch aus praktischen Gründen gefärbt. Aufgrund der Fastenzeit der Kirche durften ab Aschermittwoch bis Ostern neben Fleisch auch keine Eier gegessen werden, eine lange Zeit. So erfolgte die Haltbarmachung durch Hartkochen. Um ältere Eier von jüngeren zu unterscheiden, färbte man sie in verschiedenen Farben. Somit standen am Ostersonntag bunte Eier zum Verzehr auf dem Tisch. Eier wurden auch als Zahlungsmittel für Pacht und Zins benutzt.

Welch eine Freude, wenn man am Vortag mit den Kindern draußen Nester aus Moos und Heu gestaltet, die hoffentlich vom Osterhasen befüllt werden!

Osterfeuer

Eine weitere Tradition an Ostern sind die Osterfeuer oder Weihfeuer. Sie erinnern an vorchristliche kultische Frühlingsfeuer und sollen heute die Auferstehung Christi, das Licht der Welt, ins Gedächtnis rufen. In der Nacht von Samstag auf Ostersonntag wird vor der Kirche ein Feuer entfacht und vom Priester gesegnet. Daran wird mit den Worten *Lumen Christi* (= Christuslicht) die Osterkerze entflammt. Sie wird feierlich in die dunkle Kirche getragen. An ihr können die Gläubigen dann ihre eigenen Kerzen anzünden. Das Weihfeuer gilt als segensreich. In manchen Regionen war es früher üblich, dass die Kinder das Feuer mit glimmenden Baumschwämmen (Zunder) in die Häuser trugen. Damit wurde dann das Herdfeuer entzündet, sodass der Ostersegen als Zeichen der Auferstehung auch nach Hause getragen werden konnte. In vielen katholischen Haushalten wurde das Herdfeuer nur einmal im Jahr, am Karfreitag, gelöscht.

Den Osterfeuern sagt man eine positive Wirkung auf die Fruchtbarkeit der Erde nach. Die Asche ist ein besonders guter Dünger.

Osterlamm

Schon seit Jahrtausenden gilt auch das Schaf als Symbol des Lebens. Ein Schaf spendet nicht nur Fleisch, Käse und Milch (Speise und Trank), sondern auch Wolle für Kleidung. In verschiedenen Kulturen wurde es als Opfertier verwandt, in der Hoffnung, die gute Beziehung zu den Göttern damit zu fördern, besonders im alten Judentum, am Passahfest. Im Neuen Testament wird das Lamm zum Symbol für Jesus Christus, der als *Lamm Gottes* bezeichnet wird. Es ist ein Zeichen des Sieges, ein Zeichen des Lebens. Vielerorts lebt der Brauch, an Ostern ein Brot oder einen Kuchen in Form eines Lammes zu backen.

Osterlachen

Ein sehr alter Brauch zu Ostern ist das Osterlachen. Der Priester erzählt in seiner Osterpredigt lustige Anekdoten, um die Gläubigen zum Lachen zu bringen. Überraschende Witze oder Scherze während der Ansprache zum Besten zu geben, war bis in das 17. Jahrhundert hinein fast überall ein fester Bestandteil der Liturgie an Ostern. Mit dem Osterlachen soll die Freude zum Ausdruck gebracht werden, dass Christus den Tod überwunden hat. Ich denke, es ist ebenfalls ein Zeichen dafür, dass das strenge Fasten nun endlich ein Ende hat.

Schaukeln gegen Mücken

In Lettland gibt es die zauberhafte Tradition des Osterschaukelns. Es soll den Schaukler im kommenden Sommer vor Mücken schützen, und es lässt das Vieh und die Frucht auf den Feldern gedeihen. Allerdings muss die Schaukel anschließend verbrannt werden. Sonst können böse Hexen ihr Unwesen treiben.

Ostertanz

In der Passionszeit war das Tanzen verboten. Umso mehr macht es Spaß, nach längerer Pause das Tanzbein wieder schwingen zu dürfen. Nicht zu vergessen: die soziale Komponente, in geselliger Tanzrunde Freunde und Bekannte zu treffen. Der Ostertanz findet vielerorts vor allem am Ostermontag statt.

Wer den Gang Christi durch die Unterwelt ab 15 Uhr am Karfreitag sowie am Karsamstag innerlich begleitet und innerlich miterlebt, kann es als eine Katharsis empfinden, als eine Läuterung. Ich meine damit nicht, sich meditativ in die Unterschichten der Erde mit hineinzubegeben, sondern sich ausschließlich der Christusenergie dieser Tage hinzugeben. Es ist dabei nicht die Absicht, sich mit seinem Kampf gegen die Widersachermächte zu verbinden, auf jeden Fall nicht ohne Vorbereitung, Schutz und ausreichende Erfahrung. Keiner möchte unerwünschte Energien anziehen.

Ähnlich wie an Weihnachten das geborene Christuskind im Herzen erlebbar ist, kann man an Ostern den Auferstandenen im Herzen wahrnehmen. Das ist ein starkes Gefühl. Es ist ein Geschenk, eine Gnade der Osterzeit. Wer nicht aktiv dorthin blickt und dort hinfühlt, dem bleibt es unbewusst. Die ersten Tage ist es sehr stark erlebbar, dann verblasst es allmählich bis Christi Himmelfahrt.

Was bedeutet Ostern für die Erde, die Natur und die Elementarwesen? Das ist natürlich viel komplexer, als dass ich das in meinen Worten darstellen könnte, aber ein bisschen möchte ich es versuchen. Zunächst ist der Frühlingsanfang wichtig, die Tagundnachtgleiche am 20./21. März. Die Ausatmungsbewegung der Erdenseele, etwa in der Mitte angekommen, bekommt noch mal wie einen neuen Impuls, einen Akzent. Wie wenn die Ausatmung kurz angehalten wird, um mit neuer Kraft ihre Aufwärtsbewegung fortzusetzen. Dieser Moment wird in der elementaren Welt als etwas Besonderes erlebt, so verstehe ich es. Also durchaus: Erneuerung! – wie wir es in unserer Frühlingssymbolik (Küken, Lämmlein, Häschen) darstellen. Den nächsten Impuls setzt natürlich der Frühlingsvollmond. Er hilft der Natur zu sprießen und zu sprossen. Er regt die Wachstumskräfte an. Das hört man nun auch stark am Gesang der Vögel. Es jubiliert und trällert! Sie haben sich als Paar gefunden und suchen nach geeigneten Nistplätzen. Karfreitag und Karsamstag, der Gang Christi in die Erdentiefen, und auch die Auferstehung erlebe ich mehr in der Stille. Natürlich ist das für mich auch sehr wichtig als Wissen, während ich beobachte: Es ist noch geheimnisvoll, es ist ein Mysterium, ein Bewusstseins- bzw. Transformationsprozess. An jedem Karfreitag durchtränkt Christi Blut substanziell die Erde und verbindet sich immer wieder neu mit der Erdenseele *Gaia* und befreit sie dadurch jedes Mal ein Stückchen mehr. Obwohl wir Menschen äußerlich unsere Erde immer mehr ausbeuten und zerstören, wird sie durch das Ostergeschehen immer wieder neu belebt. Karsamstag ist ein stiller Tag. Wenn man draußen in der Natur ist, kann man diese Stille greifbar fühlen. Er ist mein Lieblingstag in der Karwoche. Auch dieser Tag ist ein wichtiger für die Erde.

Gestern, am Ostersonntag, war der Tag so vollgepackt mit Aktivitäten innerhalb der Familie (was natürlich schön ist, aber eben doch auch viel), dass ich nur kurz alle meine Elementarwesenfreunde gedanklich bedenken konnte und in mein Ostergeschehen mit einbezogen habe. Ostermontag sollte nun ganz ihnen und mir gehören. Die Sonne schien schon frühmorgens, so wollte ich ganz für mich wieder einmal laufen gehen. Ich hatte das Bedürfnis, meinen Freunden zu begegnen. Ich lief die Runde an der Fulda – Hallo Neptun! – zum Stein mit Xenia und der gewaltigen Buche, Dagron grüßte ich und das dortige Zwergenreich und dann die Liebende Alte. Weil es noch kühl war, konnte ich nicht lange an den jeweiligen Orten weilen, aber da es schon länger her war, dass ich dies hatte tun können, war es für mich doch auch wieder ein besonderes Erleben in dieser Osterzeit.

Auch bei der Liebenden Alten hatte der letzte Sturm stark gewütet und drei Bäume unmittelbar in ihrer Nähe umgeweht. Schade, gerade Bäume, die zueinander in besonderer Symbiose standen, so wie zwei sich Liebende. Gerade das ist die Qualität, die man an diesem Ort finden kann: das Liebliche, die Herzenswärme. Zum Glück wurde der Franziskus-Steinbrunnen, der hier steht, nicht beschädigt. Eine große Eiche wurde jedoch wie ein Streichholz abgebrochen. Das Baumwesen ist noch mit dem Stamm verbunden und möchte gerne in eine neue kleine Eiche umgesetzt werden. Ich konnte auf die Schnelle noch keine passende finden, zumal der Faun in der Nähe des Brunnens bleiben möchte – aber das wird noch. – Dann ging ich weiter zum Salamander und vorher noch bei der Eichendeva vorbei. Hier hatten die Holzarbeiter noch allerlei Holz gefällt. Sie hatten einiges an Unruhe im Wald hinterlassen und waren mit ihrer Arbeit noch nicht fertig. Auf meine Frage hin, ob er etwas brauche, antwortete der Salamander: Ja, Reinigung. Diesmal also umgekehrt! Sonst erfahre ich selber gerne in seinem Feuer Reinigung. Ich tat es natürlich gerne. Dazu begab ich mich imaginativ zuerst in die Erde und holte mir dort etwas vom Erdentiefenfeuer. Es sah wie Rubinrot aus, anders als gewöhnliches Feuer. Die Farben, die es als Anregung im Sinne von Heilkraft braucht, zeigen sich mir. In einem Wirbel brachte ich es an die Erdenoberfläche, zum Salamander und seiner Umgebung. Dann stieg der

Feuerwirbel nach oben und holte aus den Himmelshöhen ebenfalls eine Feuerqualität, die wiederum zurück zum Salamander geführt wurde und ihn noch eine Weile als Feuerwall umringte. – Während eines solchen Tuns werde ich stets geführt, die Bilder zeigen sich im Prozess. Ich bekomme ein Gefühl dafür, wenn er abgeschlossen ist. – Im Wald war nun wieder Ruhe eingekehrt. Anschließend ließ ich mich im Brennpunkt des Salamanders auch noch einmal selber von diesem besonderen Feuer durchdringen.

Wir dankten uns gegenseitig, ich setzte meinen Weg fort, um nicht auszukühlen, und ging dankbar und erfüllt nach Hause.

~

Die Liebende Alte ist ein Erdenwesen der zweiten Entfaltungsebene. Sie ist das weibliche Pendant zum Alten Weisen und ist die Vertreterin der Liebe der Landschaft, der Liebe der Erde. An den Orten, wo man sie findet, ist immer eine besonders liebliche Stimmung zu spüren, bedingungslose Liebe, All-Liebe. In dem Sinne sind solche Orte Kraftorte, von denen nicht nur die anderen Elementarwesen profitieren, sondern auch wir Menschen zu besonderen Erlebnissen kommen können, und sei es unbewusst. Man kennt aus Sagen, Legenden oder Märchen die Figur des alten Weibleins, des Hutzelweibchens, des Mütterchens oder der guten Hexe.

Im Gegensatz zur Liebenden Alten, die für die Liebeskräfte der Erde steht, ist der Alte Weise ein Erdelementarwesen, das die Weisheit des Lebens unzähliger Kreaturen in sich bündelt, trägt und verwaltet. Er gibt sie als Wissensreichtum, im Märchen oft als kostbare unterirdische Edelsteinschätze dargestellt, wiederum den anderen Wesen weiter und stellt sie als Gestaltungsmuster für deren Aufgaben innerhalb der Landschaft zur Verfügung. In meinem ersten Buch habe ich solche Naturtempelbezirke, wie Marko Pogačnik solche Kraftorte wie den Richtberg und dessen Umgebung bezeichnet, näher beschrieben.

~

Im Frühjahr, um Ostern, können wir eine kleine Ecke im Garten oder auf dem Balkon für die Elementarwesen gestalten. Und wer beides nicht hat, kann einen Blumentopf nehmen und im Zimmer stellvertretend eine Pflanze für die Elementarwesen platzieren. Es geht darum, es gedanklich zu durchdringen, mein Bewusstsein dorthin zu lenken.

Im Garten könnte es ein schöner Stein sein mit einer kleinen Tonfigur, und eine Staude oder ein Busch. Oder ein kleiner Altar, gestaltet für meine gedanklichen «Opfergaben». Und immer, wenn ich dann an dieser besonderen Ecke vorbeikomme, kann es mir eine Hilfe, eine Erinnerung sein, die Elementarwesen der Umgebung im Bewusstsein zu haben, egal ob ich sie «sehe» oder nicht. Eine Oase der Ruhe und Besinnlichkeit, vielleicht auch irgendwann ein Kraftort, weil es sich als Abdruck meiner Achtsamkeit, als Energie, allmählich dort verankert und umgekehrt wiederum mir Kraft zu schenken vermag.

Eine schöne und starke Schwingung für die unmittelbare Umgebung strahlt auch eine selbst gestaltete Spirale aus. Sie kann entweder vergänglich gestaltet werden, z. B. aus Blumen oder Blättern, aus Moos und Holzstückchen, als zeitliches Ritual, als Geste: Ich bin tätig und kreativ für euch. Oder unvergänglich: aus Steinchen.

Hexennacht oder Walpurgis

Der Name Walpurgisnacht kommt von der heiligen Walburga, einer Äbtissin aus England. Ihr Namenstag fällt auf den 1. Mai, immer schon ein Frühlingsfruchtbarkeitsfesttag. Wir kennen den Tanz in den Mai. In der Walpurgisnacht, also am Vorabend, wird der Maibaum geschlagen, und am 1. Mai wird er aufgestellt – ein Fruchtbarkeitssymbol.

Nach der Christianisierung wurden solche Feste verboten. Wer sich nicht daran hielt, wurde als Hexe bezeichnet. Die Kirche verbreitete das Gerücht, dass sich in dieser Nacht, vom 30. April auf den 1. Mai, böse Geister und Hexen herumtreiben würden. Frauen mit heilkundigen Fähigkeiten wurden von der Kirche als mit dem Teufel im Bunde stehend verdammt. Die heilige Walburga, Schutzpatronin der Bäuerinnen und Mägde, würde wiederum vor diesen Hexen schützen.

Zwar wurden irgendwann wieder feierliche Maifeuer angezündet, nun aber zum Zeichen bzw. Zweck, in der Nacht die bösen Geister zu vertreiben.

Heute gehen in der Walpurgisnacht die Kinder oder Jugendlichen gerne durch das Dorf, um Streiche zu machen: Nicht gesicherte Gegenstände und Gerätschaften ums Haus werden fortbewegt und müssen auf einem Schuppendach, im Dorfbrunnen oder in einem Baum wiedergefunden werden.

Frauen, die sich heute jenen Hexen verbunden fühlen, die Kräuter- oder Heilwissen besaßen, treffen sich in der Walpurgisnacht, um sich auszutauschen und im Angedenken der vielen verfolgten und umgebrachten Frauen gemeinsam zu feiern.

Eine Räucherung für die Hexennacht

Eine Bekannte von mir kennt sich mit Heilkräutern gut aus. Besonders gerne macht sie Kräutermischungen für Räucherrituale. So hatte sie auch eine Mischung speziell für die Walpurgisnacht zusammengestellt. Da ich schon lange, auf eine sehr kindliche Art, eine Affinität zu Hexen habe, dachte ich: Oh, eine Hexennachträucherung, wie schön, das möchte ich gerne mal machen! Ich genoss dieses kleine Ritual gänzlich ohne Hintergedanken; allenfalls wollte ich mir als Frau einmal bewusst etwas Gutes tun. Dabei wollte ich auch jener besonderen Frauen, die früher oft missverstanden, missachtet und verfolgt wurden, gedenken. Die Tage danach gab es in meiner Wohnung eine ganz eigenartige Stimmung, alles sah ein bisschen grau aus, wie verschleiert, undurchlässig. Ich dachte nicht weiter darüber nach, nahm es auch nur halb wahr. Ich selber fühlte mich sehr angespannt, kribbelig und etwas nervös. Aber wirklich Gedanken darüber machte ich mir erst, als es mir so schien, dass meine Freunde, die Elementarwesen, die mein Zimmer bewohnen, einen verwirrten und ängstlichen Eindruck machten. (Natürlich übersetze ich hier mal wieder meine Wahrnehmung in menschliche Gefühlsbegriffe.) Und irgendwie sah ich dann ebenfalls wie eine Verunreinigung um sie herum, als ich noch einmal genauer auf sie schaute. Neldi, Sako und Medi hatten sich unter meinem Bett verzogen und der kleine Grüne und der Silberling hatten sich im Schrank versteckt. (Es sind Elementarwesen, die zu mir gefunden haben und sich in meinem Schlafzimmer aufhalten.) Was war denn das? Mir kam der Impuls, mein Schafzimmer mit Gebeten und mit einer Vorstellung von violettem Licht zu reinigen. Es dauerte ziemlich lange und ich musste mich jedem Elementarwesen einzeln zuwenden. Dadurch wurde ich erst auf die anderen Räume meiner Wohnung aufmerksam, und letztendlich auf das ganze Haus. Überall da, wo ich mit der Räucherschale gewesen war, nahm ich wie einen Grauschleier wahr. Das hatte ich nun davon, mit meiner tollen Idee, in der Hexennacht ein Räucherritual abzuhalten! Ich hatte durch das Ritual wohl unerlöste Seelen von Verstorbenen angezogen, das heißt, diese Seelen haften noch an der Erde und können, warum auch immer, keine normale oder gesunde Entwicklung im Nachtodlichen vollziehen. Ich gehe davon aus, dass es gewaltsam zu Tode gekommene Frauen von damals waren, die deshalb noch herumspukten: verwirrt, desorientiert, und wahrscheinlich nicht mal wissend, dass sie schon gestorben waren. Und aus dieser Verwirrung heraus konnten sie nicht in die Sphären des Lichtes finden. Ihre Energie fühlte sich nicht gut an! Ich glaube, es waren sieben an der Zahl, aber das ist eigentlich unwichtig. Als ich sie erkannte, konnte ich sie zum Glück über Gebete ins Licht begleiten, sodass sie nun endlich auf ihre nachtodliche Sphärenreise gehen können und ich und unser Haus wieder von ihren unguten Energien befreit waren. Eine berechtigte Frage an dieser Stelle ist: Fühlten die Elementarwesen in meinem Zimmer sich tatsächlich bedroht, oder ungut? Ich denke, durch ihr Verhalten wollten sie mir einen energetischen Zustand spiegeln, der vor allem mir selbst nicht guttat. Durch das sehr intensive Mitleben mit einem Menschen verändern Elementarwesen ihr Bewusstsein. Sie passen sich irgendwie an und nehmen teilweise menschliches Verhalten an. Energetische Gegebenheiten, positive oder negative, nehmen Elementarwesen wahr, und sie erleben diese natürlich wie ein Wohlgefühl oder ein Unwohlsein. Aber sie würden sich deshalb nicht unter einem Bett oder im Schrank verstecken. Das taten sie für mich, damit ich auf die Situation aufmerksam wurde. Sie selber können energetische Missstände nicht verändern oder aufheben. Dafür braucht es unser menschliches Bewusstsein und unser Tun.

Hexennacht auf dem Richtberg

Ich kann am Richtberg mehrere energetische Ebenen wahrnehmen, gute und weniger gute. Es war einmal ein Druidenhain, aber auch eine Hinrichtungsstätte, so die Überlieferung.

Ich fühlte, wie die große mächtige Buche mir zuwinkte. Sie wollte mir etwas zeigen. Also ging ich zu ihr hin und lehnte mich mit Stirn und Händen an ihren Stamm, um zu schauen, was sie mir erzählen wollte.

Ich bekam das Bild einer Frau. Sie war, als sie noch lebte, eine wichtige Persönlichkeit und wohnte hier in der Umgebung. Sie war eine Frau mit einem großen Wissen über Krankheit und Gesundheit, ein Kräuterweib, eine Hebamme oder weißmagische Hexe, die ihre Gaben in den Dienst der Menschen stellte. Aber dann wurde sie verfolgt und zum Tode verurteilt. Sie wurde hier an diesem Platz gevierteilt, so zeigten es die Bilder, die ich an der Buche bekam. Durch diesen mehr als brutalen Tod waren auch ihre Seelenleiber wie auseinandergerissen und zerstückelt worden. Das war bis heute ihr Zustand. Sie weilte hier als erdgebundene Seele. Nie hat sie Frieden finden können, der Weg über die Schwelle in die geistige Welt blieb ihr versperrt. Intuitiv nahm ich sie in rosa Licht auf, bettete sie in Liebe und legte ihr in meiner Vorstellung einen Christusmantel um. Dadurch konnten ihre verstreuten Seelenanteile wieder zu einem Ganzen finden. Ich sah, wie sich nach und nach alles wieder zu einer Gestalt zusammenfügte. Sie wurde in eine Lichtspirale aufgenommen und in die Höhen geführt.

Ich bedankte mich bei der Buche für ihre Hilfe bei diesem Prozess der Befreiung und verabschiedete mich von dem Ort. War es Zufall, dass heute Hexennacht ist?

Himmelfahrt

Jesus Christus verblieb nach seiner Kreuzigung und Auferstehung noch 40 Tage in der Nähe seiner Jünger, erschien ihnen und sprach zu ihnen. Dann wurde er vor ihren Augen von einer Wolke aufgenommen und in den Himmel zur Rechten Gottes erhoben, so erzählt es uns das Evangelium. Christi Himmelfahrt ist 40 Tage nach Ostern. Deshalb fällt Himmelfahrt immer auf einen Donnerstag. Christi Himmelfahrt ist ein Hochfest. Die Himmelfahrtszeit dauert zehn Tage, bis Pfingsten.

Die Himmelfahrtswoche wird wegen ihrer Feld- und Flurumgänge auch als Gangwoche, Bittwoche oder Kreuzwoche bezeichnet, weil den Prozessionen das Kreuz vorangetragen wird.

Himmelfahrt ist stets Ausdruck von Freude: darüber, dass das Irdische nach dem Sündenfall nun wieder mit dem Himmlischen vereint ist und sie sich gegenseitig durchdringen. Christi nun geistiges Wirken ist als Substanz für die Erde spürbar.

Das Frühlingshafte ist an einem Höhepunkt angekommen: Lichtvoll und warm, von überall strömt Blütenduft herbei. Es blüht alles so reich, so farbig. Blütenstaub und Blütenpollen fallen auf die Erde, ein erster Dünger. Die Vögel jubilieren um die Wette und sind emsig dabei, Nest, Eier und Jungvögel zu versorgen. Wer mit dieser Fülle mitgeht, blickt gerne zum Himmel hoch. Wolken ziehen, stetig ihre Form verändernd, an uns vorbei. Wer kennt nicht das Spiel, auf dem Rücken im Gras liegend Wolkenformen zu raten? Himmel und Erde wetteifern im schöpferischen Tun.

In der Ausatmung der Erdenseele ist die Mitte nun überschritten, das Himmlische wird schon berührt. Die Erde selbst befindet sich auf einer Himmelfahrt. Während man das Grünen der Pflanzenwelt noch als irdisches Werden verstehen kann, zeugen die Blumen und Blüten als Kulmination schon vom Himmel.

Die Erde ist ein lebendiges Wesen, sie hat nicht nur ihren Leib, sondern überall, wo Wasser und Säfte strömen, sind ihre Lebensbildekräfte oder Ätherkräfte. Im Winter ist die Erde im Spiel der Elemente wirklich *Erde*. Im Gefrieren hört das Wasser zu fließen auf und wird kristallin-mineralisch, fest. Das formende Prinzip herrscht vor. Im Frühjahr übernimmt das wässrige Element die Führung, Eis und Schnee schmelzen, Säfte steigen. Frühlingsstürme künden vom Luftigen, bis im Sommer Licht und Wärme vom feurigen Durchdrungensein der Erde zeugen.

Beobachtungen

Wenige Tage vor Himmelfahrt schaue ich auf den Ostern-Christus in meinem Herzbereich und kann wahrnehmen, dass diese seit Ostern schon etwas verblasste Kraft sich nun ein wenig ausbreitet. Mein Körperelementarwesen ist wieder, nachdem es in der Osterzeit mit den ihm untergeordneten Organwesen (im Sinne von: Er ist der Chef, der mit dem Überblick) beim Herzen gewesen war, an seinen Platz im rechten Bauchbereich gerutscht. Durch mein Hinschauen und mein Bewegen des Osterimpulses fühlt es sich etwas größer an, selbstbewusster.

Am Himmelfahrtstag löst sich die Christus-Erscheinung im Herzbereich und es gibt einen starken Impuls nach oben, zum Himmel hin. Etwas von mir geht mit. Welcher Anteil, ist mir noch unbewusst. Dadurch bleibt aber eine Verbindung, ich werde nicht gänzlich getrennt von ihm, auch wenn es diese Osterverbindung in dem Sinne nicht mehr gibt. Als Bild kann ich es wie eine Dreieckskraft empfinden, die Basis nach oben im Himmel, die Spitze im Herzen. Dieses Dreieck hat ein Spiegelbild nach unten, im Erdreich, wieder von mir ausgehend, Spitze im Herzbereich, Basis in der Erdentiefe. Es ist eine Art Verankerung, eine Erdung, und fühlt sich gut an.

In den Tagen nach Himmelfahrt erfahre ich die Kraft als sich weiter ausdehnend. Es ist wie eine Reise durch verschiedene Himmelsebenen, die ich (noch) nicht unterscheiden kann. Wenn es das Spiegelbild nach unten nicht gäbe, könnte ich mich in den himmlischen Höhen wie verlieren. Mein Herzbereich fühlt sich wie eine geräumige Kammer an, die bereit gemacht wird, bald etwas zu empfangen. In mir ist eine große Erwartungsfreude, aber vollkommen anders als an Weihnachten.

Der Riese vom Walde

Robert, ein Mitbewohner der Gemeinschaft, in der ich mehrere Jahrzehnte gelebt und gewirkt habe, machte mich eines Tages darauf aufmerksam, dass er schon seit Jahren am Waldrand ein sehr großes Wesen wahrnimmt, einen Riesen. Ich musste ihm zugestehen, dass ich dieses Wesen bislang nicht bemerkt hatte, sagte ihm aber, dass ich darauf schauen würde, wenn ich das nächste Mal dort spazieren gehen würde. Es war der Himmelfahrtstag. Früher war an dem Ort ein Yak-Gehege in einem Tierpark gewesen. Diese Tiere wirkten auf mich irgendwie immer etwas deplatziert, da sie aus Zentralasien stammen und man sie sich eher in einer rauen, frostigen Schneelandschaft vorstellt. Trotzdem faszinierten sie mich, und immer, wenn ich vor dieser ehemaligen Einfriedung stehe, muss ich an sie denken. Als hätten sie eine Restenergie hinterlassen, einen Abdruck ihrer weisheitsvollen, ruhigen, geduldigen und doch manchmal temperamentvollen Ausstrahlung. Es hatte für mich etwas Geheimnisvolles, diese Wiederkäuer zu beobachten. Vielleicht strahlte hier auch damals schon eher die Präsenz des Riesen aus, mehr als die der Tiere, und es war mir nicht bewusst gewesen? Oder gehörte der Riese womöglich zu ihnen, eine Symbiose, die abriss, als die Tiere umgesiedelt wurden? Der Wald bildet an dieser Stelle eine Senke, ein Stückchen wildere Natur. Von dem Weg an, der am umzäunten Gelände entlangführt, machte ich mich innerlich leer und sandte eine stumme Einladung zu dem Wesen, so es dieses gab und es sich zeigen mochte. Ja, jetzt konnte ich es wahrnehmen und auf mich wirken lassen! In der Tat fühlte es sich sehr hochgewachsen an, fast zehn Meter, sehr alt und weise. Und ich konnte es nur Riese nennen. Das Elementarwesen wirkte erst sehr zurückhaltend, etwas traurig und resigniert. Als ich ihm meine Bereitschaft zur Kommunikation kundtat, öffnete es sich und schien sich zu freuen. Es schien eingebettet in Zeitlosigkeit. Ewigkeit, Langeweile, Sinnlosigkeit, Frustration – das waren Assoziationen, die ich bekam, aber unterschwellig und nicht unbedingt im negativen Sinne. Der Riese wartete und wartete und wartete. Das war seine Grundhaltung. Auf was? Es geschah einfach nichts. Am Leben der Yaks konnte er nicht mehr teilhaben, Besucher kamen nicht mehr vorbei. Und sonst passierte dort einfach nichts. Ich erlebte bei ihm ein eher dumpfes Bewusstsein. Ich konnte nicht wirklich ein Gespräch mit ihm führen. Es war trotzdem schön, sich mit ihm zu verbinden, weil der Riese mir das Gefühl gab, in seiner Zeitlosigkeit eingebettet und gehalten zu werden. Ähnlich wie ein Fels in der Brandung. Er hatte etwas Beständiges. Manchmal konnte ich auch einen gewissen unbekümmerten Schalk bei ihm erleben. So mochte er gerne ein gemeinsames Spiel, das ich mir ausgedacht hatte, um ihn etwas aufzuheitern, und zwar, wenn ich mich oben auf seinen Schultern sitzend vorstellte und er mit mir umhertollte.

Irgendwann spürte ich: Um ihn richtig verstehen und durchdringen zu können, bräuchte ich Dagrons Hilfe als Vermittler. Dagron dolmetschte mir, dass der Riese im Grunde nicht mehr sein, dass er aufgelöst werden möchte. So wie eine Kerze irgendwann abgebrannt ist und einfach keine Daseinssubstanz mehr hat, so wollte der Riese aus dieser Existenz aussteigen. Er hatte genug von der zeitlosen Ewigkeit, er fühlte sich überflüssig und hatte keine Aufgaben mehr. – Diese Information musste ich erst einmal auf mich wirken lassen. Konnte das stimmen? Gibt es das, dass ein Elementarwesen aus dem Lebenskreislauf aussteigen möchte? Da ging es ja nicht um eine Ruhepause und irgendwann geht es wieder weiter, so wie wir geboren werden, sterben und wiedergeboren werden. Welche Verantwortung trage ich da, kann ich das überhaupt, darf ich das? Und wenn, wie könnte ich das begleiten?

Wochenlang beschäftigten mich diese Fragen. Ich schob es einfach vor mir her. Ich wollte keine Entscheidung treffen. Dagron meinte, ich könne mich an den Landschaftsengel wenden, und gemeinsam wäre es dann möglich, diesen Schritt mit ihm zu gehen. Dagron fungierte wieder als Übermittler. Alle gemeinsam, als bewusstes Ritual an Ort und Stelle, feierlich – so gestalteten wir schließlich den Abschied des Riesen. Und weg war er. Erst noch da, dann sogleich nicht mehr. Als hätte es ihn an diesem Ort niemals gegeben. Das war für mich schon ein komisches Erleben. Ich bedankte mich bei dem Landschaftsengel und bei Dagron, dass sie mir durch den Prozess geholfen hatten. Immer noch, wenn ich an dem alten Gehege vorbeilaufe, muss ich an die Yaks denken, und an den Riesen vom Walde. Und manchmal fühle ich hinein, ob er wirklich weg oder vielleicht doch noch da ist und ich mir das alles nur eingebildet habe …

Es gibt sie, die Wetterwesen und Wolkenwesen. Die elementare Welt ist eine vielseitige und komplexe, ich erwähnte es schon einige Male. An Himmelfahrt kann ich meinen Blick zu diesen luftigen Wesen hinwenden. Wie fühlt es sich an, wenn ich mit einer Wolke ins Gespräch komme? Strahlt etwas zurück zu mir? Fühlt sich eine Regenwolke anders an als eine Schäfchen- oder Kumuluswolke? Kann ich mit der Kraft meiner Gedanken eine Wolke gar teilen, also eine Bewegungsveränderung hineinbringen? Wie fühlt es sich an, wenn ich eine Wolke meditiere? Ich kann mir eine Wolke vorstellen, eine Wolke anschauen, aber auch das Wort Wolke meditieren. Wo liegen die Unterschiede?

Während der Trockenheit der letzten Sommer habe ich die vorbeiziehenden grauen Wolken oft gebeten, dass sie ihren doch offensichtlichen Niederschlaginhalt herunterregnen lassen mögen. Ich will mir nicht anmaßen, das Wetter beeinflussen zu können, aber einen kleinen Gruß auf meine Bitte hin habe ich schon bekommen, ein paar Tropfen als Antwort. Natürlich hat das Wetter mit größeren Zusammenhängen zu tun und bestimmt wird es von intelligenten Wesen begleitet, gelenkt und beeinflusst. Da wird es nicht gerade über meinen Garten oder mein Dorf regnen, nur, weil ich es möchte.

Vielleicht sind die Regenwolkenwesen einfach nur verunsichert, weil wir Menschen das Wetter immer bewerten? Achten wir einmal auf unsere Gedanken. Oder auf den Wetterbericht: Sonnenwetter wird immer als *schönes* angekündigt. Auch wenn die Landwirte und Bauern, die Wälder und Felder dringend Regen benötigen. Und Regenwetter wird immer als *schlechtes* dargestellt. Regen passt nie! Es soll bloß nicht regnen, wenn ich einen Ausflug vorhabe, wenn die Wäsche draußen hängt, wenn ich einen Grillabend veranstalten möchte … Immer signalisieren wir: Bloß kein Regen! Muss man sich da wundern, dass es nicht mehr regnen will? Wir wünschen uns den Regen sozusagen selber weg. Unser Denken schafft Realitäten.

Im Gegenzug könnte man mal sagen: Danke, ihr lieben Regenwolken, ihr dürft da sein und euren Regen heruntertropfen lassen! Wir und die Natur brauchen euch! Da kann man durchaus kreativ sein und den Regen als ein Fest, als etwas Besonderes begrüßen. Die alten Bauern unserer Region beobachten, dass sich die Niederschläge drastisch verändert haben, seit es überall Windkrafträder gibt. Die Rotoren, die wie ein Mahlwerk durch die Luft drehen, zerstören die Bildekraftsphären, den sakralen Raum zwischen Himmel und Erde. In diesem Raum können wir auch den Regen als eine Verbindung zwischen Vater Himmel und Mutter Erde verstehen.

Pfingsten

Wenn das Weihnachtsfest mehr an den Gefühlen anknüpft und auch das populärste unserer christlichen Feste ist, so verlangt Ostern ein wirkliches Verständnis für das Mysterium von Golgatha: Ein übersinnliches Wesen, Gottes Sohn, wird für uns zum Menschensohn. Natürlich wird auch Ostern populär begangen, aber nicht in dem Maße wie das Weihnachtsfest. Das dritte Fest wiederum, Pfingsten, ist die Verbindung zwischen dem menschlichen Willen und dem Himmelreich. Die Wirkung unserer Taten für die Welt kann uns durch ein Verständnis des Pfingstfestes bewusst werden. Durch diese drei Jahresfeste wird das, was man das christliche Geheimnis nennen könnte, offenbar.

Das Wort Pfingsten kommt aus dem griechischen *pentecostes*, d. h. der fünfzigste Tag nach Ostern. Wir gedenken der Ausgießung des Heiligen Geistes, dessen Ankunft Jesus seinen Jüngern versprochen hatte. Der Heilige Geist gehört zur Trinität und zeigt sich in Form von Feuerzungen am 7. Chakra, dem Kronenchakra. Christus war den Jüngern nach seiner Himmelfahrt nicht verloren gegangen, sondern hatte sich an Pfingsten mit jedem von ihnen innigst verbunden, was sie im Wortsinn so begeisterte, dass sie es in allen Sprachen den Menschen verkünden konnten. Die Jünger bekamen den Auftrag, das Evangelium in der Welt zu verbreiten: Feuer und Flamme zu sein. Man kann Pfingsten als Geburtsstunde der Kirche verstehen.

Pfingsten wird seit Ende des 4. Jahrhunderts begangen. Er ist ein beweglicher Hochtag, da er sich nach Ostern richtet. Mit Pfingsten wird der Osterfestkreis beendet.

Pfingstsymbole sind die weiße Taube und die Pfingstrose. Die Taube als Zeichen des Heiligen Geistes, der bei der Taufe Jesu in diesen eingezogen sei, gilt auch als Zeichen von Reinheit und Frieden. Die Pfingstrose wiederum sieht aus wie eine Rose, aber hat keine Dornen. Der Legende nach weinte eine Frau über die Kreuzigung Jesu, als sie plötzlich bemerkte, dass die Rosen keine Dornen mehr besaßen. Sie deutete es so, dass Gott die Dornen fortgenommen und das Leid sich in Freude verwandelt habe …

Viele unserer christlichen Jahresfeste haben im Zuge der Christianisierung ehemals heidnische Feste abgelöst. Andererseits bekamen auch weltliche Bräuche ein christliches Gewand, wurden zeitlich verlegt und christlichen Festen angegliedert – etwa der Brauch des Heischeumgangs, bei dem eine vollständig in Stroh, Nadelbaumzweige oder Birkenreisig eingewickelte, ursprünglich heidnische Vegetationsfigur von Haus zu Haus geht und Gaben erbittet. Das geht zurück auf das Christus-Wort: *Wer bittet, dem wird gegeben; wer sucht, der findet; wer anklopft, dem wird aufgetan* (Matthäus 7,6–7). Wenn er seine Gaben eingetrieben hat und seine Vermummung wieder ablegt, kann er in seiner wahren Gestalt, sozusagen frei von Sünde, in seine Gemeinschaft zurückkehren.

Neben Pfingstfeuern als Symbolen der geistigen Erleuchtung war es in manchen Kirchen ein mittelalterlicher Brauch, lebende Tauben freizulassen. Beim Pfingsthochamt kreiste außerdem eine hölzerne Taube an einer Schnur über den Köpfen der Gläubigen. Oder es wurde durch eine Öffnung der Kirchendecke, das sogenannte Pfingstloch, eine geschnitzte Taube herabgelassen.

Wie an Ostern soll auch an Pfingsten das Wasser eine besondere kosmische Qualität haben. Daraus haben sich verschiedene Wasserbräuche und gleichsam weltliche Taufrituale entwickelt. Auch dem Pfingstmorgentau sagt man Heilwirkung nach.

Beobachtungen

Zwischen Himmelfahrt und Pfingsten, wie fühlt es sich an? Eine weitere Ausdehnung der Christusenergie, siehe Himmelfahrt, konnte ich fünf Tage lang wahrnehmen. Dann hörte es auf. Auf welcher Ebene sind wir angekommen? Fragen steigen auf, die ich die nächsten Jahre weiterbewegen kann. Mein Herzensraum fühlte sich in den Tagen gleichbleibend an. Bereitet das Herz sich darauf vor, etwas zu empfangen?

Am Freitag und Samstag vor Pfingsten fühle ich eine große Sehnsucht nach irgendetwas, ein Verlangen, ein Bereitsein. Ab 18 Uhr beginnt es sich zu verändern.

Die Pfingstkraft ist so stark, so wundervoll, aber ganz subtil. Ich muss mich bewusst dafür öffnen, dann ist es sehr präsent. Es erfüllt nach und nach jede einzelne meiner Körperzellen. Es fühlt sich *geistvoll* an. Ein Geschenk!

Wenn ich die Landschaft betrachte, nehme ich dort einen feinen weißen Schleier wahr, der die Atmosphäre durchdringt und ausfüllt, ebenfalls sehr subtil. Ich könnte es genauso auch nicht wahrnehmen. Ich kann aber wunderbar damit in Resonanz gehen. Es ist sehr durchdringend!

Die Mühlen-Hecke

Pfingstmontag traf ich mich mit meiner Schwägerin. Wir wollten uns einen schönen Tag machen. Das heißt für uns: aktiv zu werden, wenn wir irgendwo helfen können. Wir sind auf einer gemeinsamen Wellenlänge. Wir schauten, ob in ihrer Umgebung auf der feinstofflichen Ebene vielleicht etwas für uns zu tun sei. Sie hatte einige Tage vorher Besuch bekommen von einem Bekannten, der in ihrer Nähe wohnt. Er erzählte ihr, er habe eine Vision gehabt: Eine wunderschöne Frau sei ihm erschienen, es ging um einen Platzwechsel. Er verstand es aber nicht und fühlte sich außerstande, etwas zu unternehmen. Als Bettina seiner Erzählung zuhörte, dachte sie sogleich an eine Ritualdeva und an einen Pfeiler eines Landschaftstempels, der sich dissonant anfühlte, das heißt, der eine neue Ordnung erfahren wollte. So überlegten wir, ob das heute, an Pfingsten, nicht eine schöne Aufgabe für uns sein könnte. Wir nahmen eine topografische Karte des Vogelbergs zu Hilfe und kreisten mit kinesiologischen Fragen folgende Orte ein: den uns schon bekannten Basaltsteinbruch – einer der drei Eckpfeiler (Prinzip der Wandlung) – hier hatten wir schon einmal gearbeitet – und als zweiten Eckpfeiler die Mühlen-Hecke – hier schien der Ruf herzukommen (Prinzip der Schöpfung). Den dritten Eckpfeiler fanden wir bei Schlagberg/ Kleinheiligkreuz (Prinzip der Ganzheit) – dort gab es keinen Bedarf für eine energetische Arbeit unsererseits. Unsere Forschungen anhand des Muskeltestes bestätigten uns, dass es sich um eine Umsiedlung einer Ritualdeva handelte. Die Mühlen-Hecke ist ein allein stehendes Haus und war früher eine Tagungsstätte. Es steht in einer wunderschönen Gegend. Meine Schwägerin erzählte mir, da sie das Haus von früher kannte, dass, wenn sie daran vorbeifuhr, ihr jedes Mal eine ungute Stimmung auffiel. Menschen, die dort einziehen, manchmal sogar mit tollen Ideen und Impulsen, würden nicht lange an dem Ort wohnen bleiben. Es gäbe sogar Probleme mit der Stromversorgung. Als wir einen Parkplatz für das Auto gefunden hatten, liefen wir die restlichen Meter. Wir orteten zuerst die Verankerung der Ritualdeva. Ja, das Haus war auf ihren Brennpunkt gebaut worden. Wir sahen sie halb über das Dach des Hauses hinausragen. Das allein wäre vielleicht noch nicht so schlimm gewesen, wenn nicht gerade dort an der Stelle auf dem Dach ein Mast für eine überirdische Stromleitung gebaut worden wäre, verbunden mit weiteren Masten in der Umgebung. Wenn ich als Mensch schildern müsste, was das mit ihr macht, würde ich es folgendermaßen beschreiben: Es tat ihr weh, brachte sie durcheinander, behinderte sie bei ihrer Arbeit. Das ist für eine Ritualdeva, die eine hohe Funktion innerhalb der Landschaft hat, nicht unerheblich, da sie wichtig ist für deren Wohlergehen. Und sie ist Teil einer Dreiereinheit und trägt so natürlich auch die Verantwortung für die zwei anderen Grundpfeiler bzw. Devas. Ist ein Teil dieser Dreiheit geschwächt, so schwächt es auch die beiden anderen und somit energetisch die dazugehörige Landschaft. Für uns fühlte es sich wie ein großer Schmerz an. Ihre Verankerung schien auch nicht mehr richtig geerdet zu sein, d. h. ihre Verbindung zur Erde war ebenfalls gestört. Der Hof selber sah unmöglich aus: überall Gerümpel, Dreck und Müll, wahrlich kein schöner Anblick. Es war eindeutig, der Wunsch der Deva nach Umsiedlung und Reinigung war spürbar und nachvollziehbar. Wir blickten uns systematisch um, wo wir für sie einen besseren Platz finden könnten. Den Ort selber mochte die Deva nicht verlassen, sondern in der Nähe des Hauses bleiben. Im Garten hinter dem Haus sahen wir zwei Bäume, die nah beieinanderstanden. Sie hatten beide einladend wirkende Äste. In der Nähe war ein Flüsschen, eine romantisch wirkende Stelle. Vom Platz aus, wo wir forschend saßen, sahen zwei Äste, jeweils einer von jedem Baum ausgehend, wie zueinanderstrebend, wie ein Herz aus. Innere Bilder vermittelten uns, eine Lichtbrücke vom Dach bis zur Stelle zwischen den beiden Bäumen zu visualisieren. Dadurch würde die Deva, mithilfe unseres Bewusstseins, ihren Ort wechseln können. Während ich die Brücke visualisierte, sang Bettina. Alles sah dabei wie aus Gold aus, wunderschön. Als die Deva an ihrem neuen Platz angekommen war, sahen wir dort eine goldene Fontäne aus lauter Licht gen Himmel sprühen. Oben in der Luft teilte sie sich und kam links und rechts wieder herunter, in einer ähnlich herzförmigen Bewegung wie das Astherz der Bäume, und ging dann dort, wo dieses Herz seine Spitze nach unten hatte, mit starker Wirkung weit ins Erdreich hinein, sodass sich eine kräftige neue Verankerung bilden konnte. Anschließend verriegelte Bettina den alten Brennpunkt sinnbildlich mit Pflastersteinen. Ich reinigte den Hof mit violettem Licht und einem Gebet, während es Bettina mit einer Segnung tat. Dies vollzogen wir intuitiv unabhängig voneinander, so wie die Impulse sich uns zeigten, aber einander dabei ergänzend. Danach tauschten wir uns über das Erlebte aus. Wir spürten beide eine große Freude um den Hof herum. Es sah freundlicher und lichtvoller aus. Ich sah, wie sich gleichzeitig eine neue Belebung wellenartig über die Landschaft ausbreitete. Die beiden anderen Devaschwestern konnten den neuen Seinszustand unmittelbar ergreifen und spiegeln. So fand auch für sie eine Verstärkung ihrer Energie statt. Es war für uns ein ergreifender Augenblick. Wir hatten eine Menge neuer Möglichkeiten erlernen und aufgreifen dürfen, wie man energetisch für das Landschaftsumfeld arbeiten kann. Danach blieben wir noch eine Weile einfach dort in der Sonne sitzen, es war gerade so schön. Ein Falke, unser beider Krafttier, flog über das Tal. Als wir schließlich wieder aufbrachen, kamen wir an der Rückseite des Hauses vorbei und schauten uns das Ganze noch mal aus einer anderen Perspektive an. Der neue Wohnort der Deva sah von hier völlig verschieden aus. Sie steht nun zwischen einer doppelt gespannten Wäscheleine und dem Zaun oberhalb des Baches. Die zwei Bäume wirkten von hier aus gar nicht so unmittelbar beteiligt. Wir waren zufrieden mit unserem Tag – und damit, dass wir zu Pfingsten ein bisschen Landschaftsheilung für die elementare Welt hatten betreiben können.

Sieben Jahre später. Bettina und ich waren dann doch neugierig darauf, was sich nach unserer Arbeit dort getan hatte, wie die Mühlen-Hecke mittlerweile aussehen würde. Und so fuhren wir hin. Es hatte sich früher einfach noch nicht ergeben, auch wenn wir uns immer wieder mal die Frage gestellt hatten, wie es der Deva und ihrer Umgebung nach unserem Erdheilungsritual aus unserem damaligen Pfingstimpuls heraus wohl seitdem ergangen war. Wie es der Deva geht, können wir natürlich auch aus der Entfernung erfahren, wenn wir uns dafür die Zeit nehmen, mit ihr in Resonanz zu gehen. Aber ob für den Hof und seine Menschen auch eine Veränderung stattgefunden hatte, wollten wir schon an Ort und Stelle nachschauen. Das Erste, was mir, als ich aus dem Auto stieg, entgegenkam, war eine freudevolle Begrüßung. Es ebbte aber ziemlich schnell wieder ab. Wir liefen zu einer Stelle, wo wir einen besseren Einblick in ihre unmittelbare Umgebung haben konnten. Ja, da war sie, die Deva, nun nicht mehr nur über Haus und Garten herausragend (vom Parkplatz aus gesehen), sondern auch mit ihrem Brennpunkt wahrzunehmen. Wir waren uns beide einig: Es geht ihr nicht schlecht, aber auch nicht gut. Ein Weder-noch-Zustand. In dem Sinne bräuchte sie nichts Direktes von uns, außer vielleicht mal wieder etwas Aufmerksamkeit, was bei Elementarwesen, wie bei den Menschen, natürlich immer willkommen ist. Man könnte ihr jetziges Leben vielleicht als ein etwas tristes Dasein bezeichnen.

Die Mühle schien einen neuen Bewohner zu beherbergen, wieder mal, der einen Impuls des Aufräumens und Renovierens und der Entrümpelung zu haben schien. Auf jeden Fall war dieser Mensch auf seinem Hof gerade tätig, viele Müllsäcke standen an der Straße. Ansonsten sah sie immer noch so aus wie vor sieben Jahren, verlottert und wie eine kleine Müllhalde, außer dass ein Teil des Daches neu gedeckt worden war.

Ich war enttäuscht. Ich hatte mehr erwartet. Oder erhofft. Dem Luftwesen hatten wir ganz gewiss helfen können, somit auch seiner Naturumgebung. Aber auf den Hof selber und dessen Stimmung schien es zunächst einmal keinen sichtbaren Einfluss gehabt zu haben. Nun, da können natürlich auch noch ganz andere Faktoren eine Rolle spielen. Das Zwischenmenschliche und Geschichtliche eines Hofes kann einen Ort ebenfalls stimmungsmäßig negativ prägen. Auch spätere Bewohner können unter Umständen, wenn sie es nicht durchschauen, da erst mal nicht rausfinden. Gewiss kann man einiges an Heilarbeit leisten; in dem Fall war es aber nicht unsere Aufgabe, da wir nicht gefragt worden waren.

Was wir für die Deva noch machen konnten, überlegten wir sehr wohl. Die Umsiedlung war eine gute Sache gewesen, das steht außer Frage. Aber sehr schön hatte sie es nicht. Schön im ästhetischen Sinne. Die Wäscheleine in ihrer Nähe sah immer noch wie aus einem vergangenen Jahrhundert aus. Die paar Wäschestücke, die daran hingen, schienen ebenfalls schon sehr, sehr lange zu hängen und sahen dementsprechend aus. – Aber an sich ist es ein sehr idyllisches Fleckchen. Unmittelbar unterhalb des Brennpunktes fließt ein Bächlein mit mehreren Seitenarmen, umringt von Birken, Erlen und Weiden. Ein Ort durchaus zum Verweilen. Baufällige umgefallene Plastikstühle und Tische zeugen noch von solchen Impulsen. Tja, was konnten wir tun? Schönheit war uns beiden das Schlüsselwort. Nachdem wir uns darüber ausgetauscht hatten, visualisierten wir einen blühenden Garten, den wir uns teilweise erdachten, der sich während unseres Tuns aber auch teilweise selber bildete und zeigte: Gänseblümchen, Dotterblumen und Narzissen überall, Rosenbüsche und weiteres blühendes Gesträuch. Dass naturzeitlich vielleicht nicht alles zusammenpasste, war nicht wichtig. Die anschließende Freude an der bunten Blütenpracht war nicht nur an dem weiteren Ausstrahlen des Elementarwesens zu erkennen, sondern die ganze Umgebung wurde lichter, heller und freudiger: ein großer Umkreis an Feldern und Wald tauchte in die neue Lichtqualität ein. Die Ritualdeva ist ja auch nicht einfach irgendein Elementarwesen, sondern kann sehr wichtig und mächtig sein für die umgebende Natur, ihre Landschaft und die untergeordneten Elementarwesen. Es fühlte sich für uns wieder stimmig an und wir teilten diese Freude.

Natürlich machte ich mir darüber Gedanken, inwiefern wir für einen Ort, wo wir gearbeitet haben, weiterhin eine Verantwortung tragen. Wie wir es schaffen können, weiterhin unsere Aufmerksamkeit darauf zu richten. Nun, ganz klar, überall schaffen wir es zeitlich und kräftemäßig nicht. Ich muss ehrlich zugeben, manches rutscht mir mit der Zeit auch wieder aus dem Bewusstsein. Aber deshalb lieber nichts tun? Ich denke, eine innere Ernsthaftigkeit und Wahrhaftigkeit ist wichtig.

Da die Geschichte unserer Ritualdeva in diesem Buch erscheint, tritt jeder Leser, der ihre Geschichte liest, in irgendeiner Form mit ihr in Resonanz, ob bewusst oder unbewusst. Da bin ich mir sicher. Und auch das wird sie fühlen, es wird sie stärken und in ihren Aufgaben bestätigen. In dem Sinne an dieser Stelle auch ein Dank an Dich, lieber Leser, liebe Leserin, für das Interesse an der Welt der Elementarwesen!

Wie wäre es, wenn wir mit pfingstlicher Begeisterung von den Elementarwesen künden würden? Lasst uns, in Feuer und Flammen stehend, über sie berichten! Lasst uns erzählen, dass sie nicht nur Märchenfiguren sind, sondern dass es sie in Wirklichkeit gibt! Dass die Erde sie braucht und wir Menschen auch, weil ohne ihr Zutun auf diesem Planeten nichts gedeihen, nichts leben könnte, auch wir nicht. Sie brauchen unsere Aufmerksamkeit, unsere Anerkennung und unser Wohlwollen.

Noch immer ist es für mich so, dass ich mit Bedacht über diesen Aspekt meines Lebens berichte. Je nachdem, mit welchen Menschen ich es zu tun habe, überlege ich, was ich sage und wie viel ich preisgebe. Es ist noch nicht selbstverständlich, mich zu outen, über meine Fähigkeit, mit Elementarwesen zu kommunizieren, auch reden zu können. Aus Angst? Angst, nicht verstanden zu werden? Angst, als Spinnerin abgetan zu werden? Angst, mich zu isolieren und ausgegrenzt zu werden? Bestimmt von allem ein bisschen. Es braucht Mut, zu sich selber zu stehen und sich von der Meinung anderer nicht verwirren oder gar vom eigenen Weg und der eigenen geistigen Aufgabe abbringen zu lassen. Auch das hat mit dem Pfingstgeschehen zu tun: Jeder, der damals den Impuls des heiligen – und heilenden – Geistes in sich fühlte, fühlte zugleich die innere Verpflichtung, in diesem Sinne für die Menschheit und die Erde zu wirken, individuell und gerade dadurch gemeinsam, sich mit den anderen ergänzend, sich mit ihnen begeisternd. Manchmal braucht es Mut, ganz allein den ersten Schritt zu tun. Aber manchmal ist man auch zu zweit. Man ergänzt sich: «Wo zwei oder drei in meinem Namen zusammen sind, bin ich mitten unter ihnen.»

Fronleichnam

Lichtmess ist das Fest des Aufwachens der Samen, Himmelfahrt kann verstanden werden als das Fest des ersten, zarten Grüns, Pfingsten als der Höhepunkt der Blütenpracht. Die starken irdischen Kräfte sind nun konzentriert, zum Beispiel in dem harten und stacheligen Holz der Robinie, und die kosmischen, himmlischen Impulse zeigen sich als Gegenbild in ihren zarten, delikat weißen Blütenrispen. An Fronleichnam zeigt sich schon der Beginn des sich schließenden Kreises, auch wenn sich dieser Verlauf noch bis in den Herbst hinzieht. Im Nachsommer haben sich neue Samen gebildet, nun sind die Wachstumsphasen in der Natur abgeschlossen. Im nächsten Stadium wird die Erde wieder fruchtbar durch das Hinunterfallen jener Samen, voller verborgenen Kräfte noch, für den nächsten Jahreslauf: die Vereinigung des Vaterprinzips des Himmels mit dem weiblichen Schoß der Erde.

Fronleichnam ist ein Fest im christlichen Jahreskreis, das mir persönlich nicht so geläufig ist. Ich konnte nie wirklich etwas damit anfangen. Gerade deshalb scheint es mir berechtigt, wenn wir uns auch mit dieser Tagesenergie befassen. Meine Mutter in Belgien hat noch Kindheitserinnerungen an prunkvolle Prozessionen. Fronleichnam gilt als das *Fest des heiligsten Leibes und Blutes Christi*. In manchen Gegenden Deutschlands und Österreichs ist es noch immer ein kirchliches Hochfest. Im Kern wird das Sakrament der Verwandlung von Brot und Wein durch Christi geistige Gegenwart gefeiert. Fronleichnam kommt aus dem mittelhochdeutschen *vrône lîcham*: des Herrn Leib.

Fronleichnam wird ebenso als Prangertag, Kranzltag, Blutstag, Herrgottstag, Herrenleichnamstag, Sakramentstag, Varleichnam bezeichnet, je nach regionaler Prägung. Es ist eines der wenigen Feste im Kirchenjahr, welches keinen heidnischen Ursprung hat.

Fronleichnam fällt auf den zweiten Donnerstag nach Pfingsten, 60 Tage nach Ostern. Hintergrund ist das letzte Abendmahl Christi, als er für seine Jünger das Brot brach und den Wein teilte. Während der stillen Woche wäre ein üppiges, prachtvolles Feiern dessen fehl am Platz gewesen. Es ist somit der dritte feierliche Donnerstag im Frühlingsgeschehen neben Gründonnerstag und Christi Himmelfahrt.

Nach dem oft im Freien gehaltenen Gottesdienst wird in einer Prozession mit Gesang und Gebet eine konsekrierte Hostie in einer Monstranz mit Baldachin durch die Straßen und entlang Flur und Feld getragen. An vier Stationen, den vier Himmelsrichtungen entsprechend, werden Fürbitten gesprochen, mancherorts gar begleitet von Kanonenschüssen. Wo es Seen gibt, wird die Prozession oftmals mit Booten gestaltet.

Blütenpracht und Blumenmeere, Fahnen und Girlanden sind hier als Schmuck zentral. Die Natur ist in ihrem Erblühen schon über den Höhepunkt hinaus, die erste Frucht- und Samenbildung hat begonnen. Mit Streublumen oder aus einzelnen Blütenteilen werden aufwendige Blumenteppiche oder Altäre aufgebaut und verziert. Frühmorgens wird schon mit dem Legen der Blütenmosaike, regelrechten Kunstwerken, begonnen. Mädchen tragen auf dem Haupt oft einen Birkenzweigkranz. Heute noch gilt das Grün der Birken als besonders segenskräftig.

Warum gerade die Birke? Die Birke gilt als Baum der Liebe, des Lebens und des Glücks. Ihre starke symbolische Bedeutung liegt aber vor allem im zarten Grün, im Licht, im Neubeginn.

Neben dem Holunder ist die Birke der erste Baum im Wald, der neue Blätter ansetzt. Schon bei den Kelten galt die Birke als ein Symbol für das Frühjahr.

Die Wiege der Neugeborenen baute man nach alter Überlieferung aus Birkenholz.

Übrigens war ausgerechnet Franz von Assisi, der alles, was er besaß, an die Armen verschenkte und selber zum Armen wurde, ein Vorreiter des so barocken und prunkvollen Fronleichnamfestes. Ihm ging es darum, dass die Menschen die heiligen Geheimnisse mit großer Ehrfurcht, Würde und Liebe feierten.

Und heute? Eine Erneuerung im Verständnis des Fronleichnamfestes könnte sein, dass wir wieder ein Bewusstsein erlangen für die lebendige, durchchristete Erde. Mit jedem Schritt, den wir auf ihr tun, berühren wir Christi Leib. Angesichts der Verunreinigung der Böden und des Wassers, der Ausbeutungen und der Schmerzen, die der Erde zugefügt werden, in Demut hinzuknien, Danke zu sagen – dazu kann dieses Fest uns aufrufen.

Wenn ich spazieren gehe, möchte ich möglichst einen anderen Weg nach Hause laufen als den, auf dem ich losgegangen bin. Deshalb sind mir Rundwege am liebsten. Außerdem wäre es heute am Fronleichnamstag eine gute Gelegenheit, einen Raum innerhalb meiner Umgebung mit meiner Bewusstheit zu durchdringen. So kam ich an den Feenreigen vorbei. Der Feenreigen ist eine Symbiose mehrere Feen, Luftelementarwesen, die wie einen Reigen miteinander tanzen und bei einer mächtigen fünfstämmigen Buche weilen. Ich hatte das Gefühl, ein kleiner Zwischenstopp wäre gut. Ich begrüßte sie fröhlich, denn sie haben etwas ansteckend Heiteres. Ich baute einen Kontakt zu ihnen auf, durfte an ihrer Lebensfreude und ihrem Aufgewecktsein teilhaben. Ihr Lachen war wie perlende, klingende Glöckchen! Sie versuchten mich mit ihrer Lebendigkeit und Daseinsfreude etwas aufzuheitern – und es gelang ihnen.

Wenn ich ein Bild beschreibe, füge ich oft hinzu: So nehme ich es wahr, so zeigt es sich mir. Es ist eben immer eine bildliche Darstellung eines Informationsfeldes, einer Be- oder Gegebenheit. Auch wenn ich es einmal nicht eigens erwähne, ist es methodisch stets mitzudenken.

Mein Weg nach Hause führte mich weiter zu meiner Freundin, der Eiche. Wir kennen uns schon seit 1981, als ich als junge Praktikantin meine Heimat verlassen hatte, um im Ausland neue Erfahrungen zu machen. Da besuchte ich sie schon regelmäßig. Es ist einfach schön, bei ihr zu weilen. Sie ist bestimmt um die 350 Jahre alt. Es war eine Weile her, dass ich sie aufgesucht hatte, und ein bisschen plagte mich das schlechte Gewissen. Es lässt sich zeitlich nicht immer einrichten, regelmäßig die vielen besonderen Plätze und ihre Wesen zu besuchen. Ich lehnte mich an ihren Stamm, schaute nach oben in ihre mächtige Krone und versuchte ihre erhabene Größe in mich aufzunehmen, um darin Stärke zu fühlen. Ein tiefer innerer Friede breitete sich in mir aus und dehnte sich anschließend über meinen ganzen Körper aus, bis in die entferntesten Ecken, wo ich nicht immer mit meinem Bewusstsein hinkomme. Etwa in meinen mittleren Zehen, oder in meinem Zwerchfell. In jeder einzelnen meiner Zellen vibrierte es!

Wer begegnete nun wem am Fronleichnamstag, dem Gedenktag der Verwandlung des Leibes Christi für die Erde?

Sind es nicht die Elementarwesen, die uns lebend, webend und dienend für die lebendigen Prozesse der Erde zur Seite stehen? So wollen wir heute an Fronleichnam ganz bewusst einen Spaziergang machen und Danke sagen! Einmal mit besonderer Aufmerksamkeit durch den Garten gehen. Nein – bedächtig durchschreiten! Oder die Umgebung, in der man lebt, durchforsten, sich in einem benachbarten Waldstück aufhalten, die Felder und Wiesen um das Dorf erkunden, einen Park in der eigenen Stadt besuchen oder einen Ausflug ins Grüne machen. Ein Freund sagte, die Hinwendung oder Aufmerksamkeit machten schon 50 Prozent einer Landschaftsheilung aus. An einem schönen Ort stillstehen, vielleicht einen Blumen- oder Zweigenkranz binden und für die Elementarwesen hinterlegen, als Geste und als Bitte, sie mögen uns immer wieder daran erinnern, wie großartig und wunderbar unsere Erde und wie wichtig ihr Erhalt für alle auf ihr lebenden Wesen ist. Ein Gebet oder einen Segen für die Landschaft, den Landschaftsraum, die dort weilenden Wesen aussprechen. Ja, einen Segen aussprechen kann und darf heute jeder und jede. Es ist nicht mehr nur dem Klerus vorbehalten. Versuche es einfach mal! Du wirst eine sofortige Veränderung der Schwingung, der Energie um Dich herum wahrnehmen, sei es beim Essen oder Trinken, sei es in der Umgebung, der Landschaft. Die Veränderung lässt sich sogar in Boviseinheiten messen. Der Begriff steht für das energetische Potenzial einer Sache. Sie werden mit einem Bovismeter gemessen. Es ist eine Technik, mit der man die Qualität von Lebensmitteln, Stoffen oder Plätzen bestimmen kann, und ist mittlerweile als Maßeinheit anerkannt.

Gerade an diesem Tag könnte man einmal mit Absicht Orte aufsuchen, wo es nicht so schön ist, wo viel Abfall und Müll herumliegt, wo ein Sturm gewütet hat, wo es aufgrund einer Kläranlage unangenehm riecht, wo Baggerarbeiten stattgefunden haben, wo eine Baustelle ist, Orte, die keine guten Energien haben. Und dort Gottes Segen aussprechen, ein Lied singen, musizieren, ein schönes Gedicht aufsagen, ein Gebet sprechen. Kreativität ist erwünscht.

Sommersonnenwende

Am 21. Juni erreicht die Sonne im Jahreslauf ihren Höchststand über dem Horizont. Sie ist dann am weitesten entfernt vom Himmelsäquator.

Die Erdenseele erreicht im warmen Hochsommer ihren Ausatmungshöhepunkt. Die Elementarwesen folgen ihr darin. Die Erde ist ganz hingegeben den kosmischen Höhen, mit ihnen eins geworden. Sie streckte sich all die letzten Wochen der Sonne entgegen, nun muss sie langsam wieder umkehren. Die Elementarwesen befinden sich in einem schlafähnlichen Zustand.

Die Natur waltet in voller Pracht, satt fühlt es sich an. Eine Vielfalt an Blühendem wie sonst nie. Insekten durchschwirren die Luft. Voller Hoffnung auf das Leuchten der Johannikäfer bricht man in den lauen Sommernächten zu Spaziergängen auf. Die ersten Früchte, Boten einer baldigen Umkehr, fangen zu reifen an und verwöhnen uns mit ihren köstlichen Aromen. Wir Menschen fühlen uns im Außen, verbunden dem Naturgeschehen wie sonst nie im Jahreslauf, der Erdenatmung in ihre Höhe folgend.

Sowohl zur Sommersonnenwende als auch polar zur Wintersonnenwende verändern die Tage und Nächte kaum merklich ihre Länge. Die Sonne geht fast zur gleichen Zeit auf und unter, und das jeweils zwölf Tage lang. Im Sommer kann man es vom 12. bis 24. Juni, im Winter vom 24. 12. bis 6. 1. beobachten. Beide Male kann man den Eindruck haben, die Sonne würde an diesen Tagen in ihrem Lauf wie den Atem anhalten. Es sind jeweils stille Zeiten, besondere Zeiten, Sommer-Weihe-Nächte und Winter-Weihe-Nächte. Obwohl die Sommersonnenwende der längste Tag im Jahr ist, ist am 21. Juni weder der früheste Sonnenaufgang noch der späteste Sonnenuntergang. Auch hier gibt es eine Verschiebung, ähnlich wie an Mittwinter. Der früheste Sonnenaufgang ist schon am 16. Juni, fünf Tage vor der Sonnenwende, der späteste Sonnenuntergang ist dagegen erst fünf Tage danach, am 26. Juni. Bis Mittsommer werden nicht nur die Tage länger, auch die Dämmerung streckt sich. Fast dreieinhalb Stunden vergehen, nachdem die Sonne am Horizont untergegangen und bis es wirklich finster ist. Die magische blaue Stunde, bei Malern und Fotografen beliebt, verzaubert auch die Sommerabende.

Im Winter feiern wir die Geburt des Jesuskindes, im Sommer den Geburtstag von Johannes dem Täufer, der Jesus Christus taufte. Es ist wie eine Spiegelung.

Das Sommersonnwendfest war auch bei den Germanen ein Höhepunkt im Jahr. Die nordischen Völker nahmen an, dass dann die Sonnengöttin Sol mit ihren Sonnenpferden den höchsten Punkt am Himmel erreichte. Diese überschütteten die Felder mit Segen und Glanz, bevor die Göttin wieder die Sonnenbahn abwärtsfuhr. Deshalb feierte man ihr zu Ehren heitere Fruchtbarkeitsfeste und zündete Freudenfeuer an. Die milden Sommernächte sind vom Volksglauben als weit weniger gefährlich eingestuft worden als die Zeit der Sonnenwende im Winter. Aus Abwehrzaubern gegen das Böse wurden heitere Volksfeste.

Eine Meditation für den Sommer und das Feiern der Erde

Setze oder lege Dich bequem hin, spüre Deine Unterlage. Spüre, wie Du den Stuhl oder den Boden berührst. Wie und wo liegst Du auf? Deine Aufmerksamkeit dorthin zu lenken, hilft Dir, herunterzufahren. Dein Atem wird ruhiger und Dein Muskeltonus entspannt sich. Es wird still im Kopf, die Alltagsgedanken verlieren an Bedeutung. Wenn ein Gedanke kommt, der Dich doch noch ablenken möchte, schau ihn liebevoll an und lass ihn wie die Wolken am Himmel vorbeiziehen.

In einem Bienenkorb summt es emsig. Es sind die Fächerbienen des Bienenvolkes. Sie temperieren den Bienenstock, im Winter erwärmen sie ihn, im Sommer, wenn es sehr heiß ist, kühlen sie. Du kannst die Luft hören, die tönt, von ihrem Flügelschlag bewegt. Die durchscheinenden Flügel der Bienen wirken zart, sind jedoch stabil dank ihrer Rippen und Stege, die wie feine Adern aussehen und sie versteifen und die bei allen Bienen gleich sind.

Eine kleine Biene sticht hervor. Es ist Deine Biene. Sie schaut Dich kurz an. Dann schaut sie dem Schwänzeltanz der Kundschafterbiene zu. Der Tanz ist eine Kommunikationsmöglichkeit. Er erzeugt Schwingungen, die im dunklen Stock von den anderen Bienen wahrgenommen werden. Es dient der Orientierung für die Richtung und Entfernung, welche Deine Biene fliegen soll, damit sie zur heutigen Trachtquelle findet. Sie krabbelt nun zum

Flugloch, schaut dem hellen Tageslicht entgegen, freut sich über die Lichtstrahlen und hebt ab. Die Biene ist ein Zweiflügler, besitzt also auf jeder Seite Vorder- und Hinterflügel. Schau sie Dir genau an, ein Wunder der Natur! Beim Flug verhaken sie sich mittels kleiner Häkchen ineinander und wirken als Einheit wie ein einziger Flügel. Ihre starken Flugmuskeln auf der Brust sorgen dafür, dass die Flügel überhaupt bewegt werden können. Es sind winzige Bewegungen, 250 Mal pro Sekunde. Ist das nicht unglaublich? Dein Auge kann dies nicht erfassen. Deine Biene kann auch rückwärts fliegen. Sieht das nicht lustig aus? Lass sie fliegen, erfreue Dich an der dynamischen Bewegung. Sie fliegt der Sonne entgegen, dem Quell von Wärme und Licht. Höher und höher fliegt sie, der Ausatmung von Mutter Erde folgend. Dort ganz weit oben wird sie von der sommerlichen kosmischen Wirksamkeit durchpulst. Diese Erfahrung, dieses Wissen bringt sie nun auf ihrer Heimreise zu Dir. Nimm es mit Dankbarkeit an. Spüre, wie es Dich durchdringt, die Wärme, das Licht, die sonnigen feurigen Prozesse. Auch in den Stock und zu den anderen Bienen bringt sie ihr Erlebtes. Ein zartes Licht umhüllt den Bienenkorb. Er strahlt zufrieden an seinem Standort. Nun atme dreimal tief ein und aus und verabschiede Dich von Deiner Biene. Öffne die Augen. Du bist wieder ganz da!

Wusstest Du, dass die Bienen mit ihren Fühlern riechen? Sie können sogar räumlich riechen und erkennen so, aus welcher Richtung der Duft kommt. Sie können so die Blütenpflanze direkt ansteuern, sie bestäuben und ihren Nektar sammeln. Es schadet nicht, den Bienen, die man wahrnimmt, mal einen Dank auszusprechen! So sehr freundlich ist unser Umgang mit diesen wichtigen Tierchen leider nicht immer. Auch deshalb ist es mir wichtig, das Thema hier kurz anzusprechen. Denn beim Lesen dieser Zeilen und bei einem echten Interesse an den Bienen verstärkt sich auch ihr Kollektivfeld.

Wenn eine Biene eine Blume anfliegt und an ihr saugt, sie küsst sozusagen, gesellt sich für diesen Augenblick eine kleine Sylphe, ein Luftelementarwesen, dazu. Versuche auch einmal, da hinzufühlen, diesen Umraum zu erahnen. Für die Sylphe ist die ätherische Aura, die da entsteht, wenn die Biene einer Blüte begegnet, wie Nahrung. Wenn ich dies beobachte und miterlebe, steigt ein Gefühl der Freude in mir auf!

Sommerferien in Schottland

Unser Sohn Felix ist für ein Jahr nach Schottland gegangen, um dort in einer Gemeinschaft für behinderte Kinder ein soziales Praktikum zu machen. Das war für uns die passende Gelegenheit, diese wunderschöne Insel einmal kennenzulernen. Kurz vor unserer Abreise fragte ich meine Elementarwesenmitbewohner, ob jemand Lust hätte, uns dorthin zu begleiten. Manu, immer für Neues zu haben, wollte natürlich gerne mit. Dazu meldete sich noch Medi, der neugierig war, neue Flora zu entdecken, und dafür zum ersten Mal bereit war, seinen sicheren Radius Schlafzimmer zu verlassen. Und Dagron durfte natürlich auf keinen Fall fehlen.

Manu gesellte sich zu Thomas und auf meiner rechten Schulter nahm ich Medi mit. Dagron folgte uns aus den Lüften. Es war lustig, ihm zuzuschauen, zuerst während der Autofahrt zum Flughafen und anschließend, nachdem wir gestartet waren, um das Flugzeug herumfliegend. Manchmal machte er richtige Kapriolen in der Luft, oder er war nur noch ganz klein in der Ferne zu sehen, dann wieder plötzlich in unserer Nähe. Oder er ruhte sich auf dem Flugzeug aus und ließ sich mittragen, ein witziges Bild. Er hatte auf jeden Fall seinen Spaß an unserem ersten gemeinsamen Flug!

Kaum angekommen in Aberdeen, Camphill Estate, bekam ich eine Resonanz, dass es an diesem Ort auch Elementarwesen gebe, denen ich energetisch helfen könne. Dagron suchte sich ein Plätzchen zum Verbleiben vor dem Haus auf der Wiese aus, von wo er auch eigenständige Ausflüge unternahm.

Im Garten hinter dem Haus, in dem wir wohnten, an einem Hang, steht ein Birkenkreis. Dort ist der Wohnraum einer Sylphe. Auf meine Frage hin, ob sie Hilfe brauche und ich irgendetwas für sie tun könne, zeigte sich mir das Bild eines Gefäßes, einem Aron-Kelch ähnlich, etwa drei Meter hoch, mit einer Verbindung zur Erde hin. Von der Erde aus pulsierte es. Das Gefäß füllte sich mit gold-erdigem Licht, während ich mich darauf fokussierte und ihm mein menschliches Bewusstsein zur Verfügung stellte. Darin nahm sie nun Platz und badete drei Tage lang. Dadurch kam sie energetisch wieder zu Kräften. Es sah drollig aus, wie eine Jugendstilbadewanne. Ebenfalls lustig wahrzunehmen waren ihre ständigen luftigen Bewegungen, obwohl sie ruhig in ihrer Wanne lag. Ein Luftwesen fühlt sich nie statisch an.

Warum kommen Bilder, die mir zeigen, wie ich einem Elementarwesen helfen kann, nur dann, wenn ich mich auf das Elementarwesen einstimme und danach frage, ob ich etwas für es tun kann, und wenn ich gedanklich Kontakt zu ihm aufnehme? Warum kann das Elementarwesen nicht von sich aus, aus der Ätherwelt, dasjenige an Energie sich suchen, was es braucht?

Dazu erklärte mir Pan – zu diesem Wesen siehe *Erntedank* – Folgendes: Wir haben keinen freien Willen, das heißt, mit euren Worten erklärt, wir können bei einem Energiemangel, der aus einem Manko der Energieebene der Erde entstanden ist, nicht willentlich gegensteuern. Was nicht da ist, ist nicht da. Wir können es nicht erzeugen. Wir können immer nur das aufnehmen und umsetzen, was tatsächlich vorhanden ist. Die Kräfte, die aus dem Kosmischen auf die Erde wirken, und die Kräfte, die uns aus dem Erdinneren zur Verfügung stehen an einem Ort, reichen nicht immer aus. Energiemangel entsteht aus einer Misslage, die durch Eingreifen von Menschenhand entstanden ist. Manchmal greift, als eine Art Gegenreaktion, das Erdenbewusstsein oder die Erdenseele ein, in Form von dem, was ihr Naturkatastrophen nennt: Erdbeben, Überschwemmungen, Vulkanausbrüche. Das ist für uns und die Landschaft energetisch dann wie ein Neuanfang und daher keine Katastrophe. Es ist wie ein Gewitter, das die Atmosphäre reinwäscht. Bist du mal ganz bewusst nach einem heftigen Sturm spazieren gegangen? Du kannst eine Stimmung spüren, die man mit den Worten Entladung, Erlösung, Neubeginn, Saubermachen, Reinmachen umschreiben könnte. Man möchte es in vollen Zügen einatmen, es vitalisiert, es begeistert.

Die Gegebenheiten in der Natur oder der Landschaft, auch in und um jeden Menschen herum, sind Schwingung. In dieser Schwingung ist die Essenz, die ganze Information vorhanden. Ihr Menschen könnt in euch die Fähigkeit erringen, die Sinne dafür entwickeln, diese Informationen lesen zu können. Was du als Bilder bekommst, oder nenne es Imaginationen, ist deine Übersetzung der Information, die aber immer und überall da ist. Du musst es sozusagen *herausverstehen* oder herausfühlen lernen. Eine andere Möglichkeit ist – du nennst sie Inspiration –, dass du die Information nicht mehr in Form von Bildern bekommst, sondern das Wissen, das du darüber brauchst, zeigt sich dir in Form von Begriffen und Worten; du kannst es wie ablesen. In unserem Fall ist es zunächst einfacher in Bildform, denn dann kannst du, indem du eine lebendige farbige Vorstellung davon bekommen hast, es gleich als Abdruck wie installieren, über eine Visualisation im Ätherischen, wo es dann als neue «Wirklichkeit», als neue «Wahrheit» für uns sofort seine Existenz entfalten kann. Das bedeutet: Wir Elementarwesen können gleich in diese neu eingeprägte Abbildung eintauchen und die positive Wirkung (natürlich je nachdem, aus welcher Haltung heraus es passiert; wir gehen hier von positiven Gesinnungen aus) aufnehmen und umsetzen. Dieser Prozess kann nur geschehen, wenn ihr Menschen sozusagen uns euer Bewusstsein zur Verfügung stellt. Da sind wir auf euch angewiesen. Du könntest, statt eine Visualisation im Feinstofflichen zu projizieren, es dem Elementarwesen auch in Begrifflichkeiten erzählen und erklären – es hätte für uns die gleiche Wirkung. Nur für dich wäre es wohl etwas aufwendiger in der Konzentration.

Danke für deine Erklärung, lieber Pan!

Auf der anderen Straßenseite, innerhalb der Gemeinschaft, links von dem St.-Hildas-Haus, befand sich ein Hang. Dort fand ich die Heimat eines Gnoms. Da nicht weit davon entfernt die Müll- und Kompostanlage ist, wandert auch einiges davon in seinen Waldteil am Hang. Die erste Bitte, die der Gnom uns gegenüber aussprach (in dem Fall meinem Mann und mir, weil ich das ungern allein tue), war, diesen Müll überall zu entfernen. Das taten wir natürlich. Dann bat er mich, ihm sinnbildlich eine neue Hütte zu bauen, eine neue Umgebung zu schaffen. Die Hütte sollte halb in der Erde und halb außerhalb sein. In meiner Vorstellung machte ich ihm eine schöne Bretterhütte mit allem Drum und Dran: ein kleiner Holztisch mit zwei Bänken, ein Schaukelstuhl mit einer hübschen Decke und bunten Kissen, ein Regal mit einer Vase und einer schönen Blume, einige Fenster, und was es sonst noch alles braucht, um es wohlig zu haben … Nach und nach nahm die Hütte Gestalt an und wurde immer gemütlicher. Ich visualisierte noch eine brennende Kerze auf den Fenstersims. War das eine zu menschliche Vorstellung von Behaglichkeit? Eigentlich geht es dem Gnom mehr um meine Gefühlsschwingungen, die dabei für ihn zu Wirklichkeit werden und wo er hineintauchen kann. Er freute sich auf jeden Fall riesig, und der Platz um ihn herum erhellte sich. Seine frühere Hütte hatten die Menschen, wenn auch unwillentlich, energetisch gestört. Darüber war er sehr traurig und erbost gewesen. Nun hatte er endlich wieder eine ganz für sich. Er bat mich noch um viel rosa Licht innen drin. Rosa steht für Liebe und für die Christuskraft. Er hungerte regelrecht nach Christusenergie. Die schickte ich ihm eine Weile, und ich brachte außerdem an seiner Behausung ein kleines Christusbildnis an. Dieses hatte ich in der gotischen Kathedrale von Laon (Frankreich) entdeckt. Das war zwar auch wieder sehr menschlich gedacht, aber ich bin ja auch ein Mensch. Das müssen die Elementarwesen dann schon auch hinnehmen.

In der feinstofflichen Welt besteht die Gefahr eines Ungleichgewichtes zwischen den ahrimanischen und den luziferischen Kräften, den beiden Gegenmächten, ebenso wie bei uns. Sie können Elementarwesen durchaus in ihren Bann ziehen und für ihre Zwecke benutzen. Der von uns Menschen geschenkte Christusgedanke, auch in Form von Gebeten oder Gedichten, ist den Elementarwesen darum manchmal dienlich und willkommen.

Lieber Gnom, ich hoffe, du hast jetzt alles bekommen, was du wolltest und brauchtest, sodass du damit noch sehr lange zufrieden in deinem Waldstückchen leben kannst! Ich werde hiesigen Mitarbeitern von deiner Existenz erzählen, sodass sie für die Zukunft hoffentlich ein Auge auf die Kompostanlage haben.

Eine Reise nach Malaysia

Es war für mich sehr aufregend zu wissen, dass es bald so weit war: Unsere Reise nach Malaysia würde bald losgehen. Erst kurz vor dem Abflug fing ich zu überlegen an, welche Bedeutung sie wohl für mich haben könnte. Vielleicht doch mehr, als nur die Begleitung meines Mannes zu sein, der dort schon seit Jugendtagen hinwollte? Mittlerweile bin ich davon überzeugt, dass man nie an einen Ort geht, ohne dass es etwas mit einem selber zu tun hat … Es war jedenfalls erst nur ein Gefühl, mir fiel nichts Bestimmtes dazu ein. Wir hatten einen langen Flug. Manu und Mani hatten sich bei Thomas eingefunden, Medi gesellte sich zu mir. Ich schaute während des Fluges, wie die drei das wohl mitmachten: Bestimmt haben die Höhe und die Dauer ätherisch einen Einfluss. Ich fühlte, wie Manu, Mani und Medi einen anderen Bewusstseinszustand annahmen, sie waren wie in einem Dämmerzustand, wie auf der Ebene der vegetierenden Pflanzen, in einer Art Schlaf. So konnten sie alles ausblenden: die Enge des Flugzeuges, die vielen Eindrücke auch auf der feinstofflichen Ebene, elektromagnetische Wellen, Radioaktivität, und vor allem auch die vielen Menschen, die ja ebenfalls energetische Systeme sind. Währenddessen tummelte sich Dagron in den Lüften: manchmal in unserer Nähe, manchmal weit weg. Und wenn es ihm reichte, dann lag er einfach auf dem Flugzeug und ließ sich mitfliegen. Das sah lustig aus.

Ich durfte die Erfahrung machen, dass die hiesigen Elementarwesen schon auch anders waren. Es ist nicht einfach zu beschreiben, wie oder warum, weil es sehr subtil ist. Es hängt mit der Andersartigkeit der Landschaft und der Bevölkerung zusammen, mit einer anderen ätherischen Beschaffenheit, mit dem Klima und dem Boden.

Besonders viel Spaß machten mir die Wasserwesen und die Wellenwesen. Einmal, nachdem ich am Strand eine Weile diese Pracht genossen hatte, dachte ich, ich könnte doch mal mit dem hiesigen Wasserwesen in Verbindung treten. Was ich auch auf der Stelle versuchte, indem ich schwimmen ging. Bald fühlte ich uns eins werden, ohne Worte, ohne Fragen, nur als ein Gefühl, das neugierig macht. Es ist so unbeschreiblich schön. Ich finde wirklich keine Worte dafür, außer vielleicht, dass es sich so anfühlte, wie ich mir vorstelle, wie es wäre, auf Wolke sieben zu schweben. Und während ich so diese Glückseligkeit genoss, so ganz angetan, kam mein Schnorchel unter den Wasserspiegel, was zur Folge hatte, dass ich völlig unerwartet den Mund voller salzigen Meereswassers hatte, mich verschluckte und eine Weile fürchterlich husten musste … Danke, dachte ich, du Wasserwesen du, musstest du mich so abrupt von dir trennen und mich erschrecken, mich in meine Realität zurückschicken? Konntest du das nicht etwas sanfter tun? Ich war dann erst mal aus meiner Verbindung und der dazugehörigen Stimmung draußen, aber musste doch auch herzlich über die Situation und über mich selber lachen.

In Malaysia gibt es die Jahreszeiten, wie wir sie kennen, nicht. Trockenperiode und Regenzeit wechseln sich ab. Es herrscht dort ewiger Sommer. Wir müssen ihn anders verstehen als den unsrigen, eingebettet zwischen

Frühling und Herbst. Die Erde ist dort gleichsam immer in Feuer getaucht. Es gibt keinen Wandel, kein Hinüberreichen der Frühlingskräfte in den warmen Sommer, zum Herbst hin, mit seinen Früchten und dem golden gereiften Korn. Die Erdenseele ist immer draußen, sie hat immer ausgeatmet, eine Einatmung in dem Sinne erfolgt kaum.

Ekstatisch im Außen, zu den sommerlichen Höhen gerichtet, tranceähnlich, in Verzückung seiend. Bin ich es? Wo bin ich es, wann bin ich es? Kann ich die Sommerlichkeit jenseits von Urlaubsstimmung erleben, die Ausatmung der Erdenseele? Die Elementarwesen gehen mit dieser expandierenden, exzentrischen Bewegung mit und befinden sich in einer träumerischen, schlafähnlichen Erscheinungsform. Was bringt dies zum Ausdruck? Wo kann ich es beobachten? Kann ich eine ähnliche Verbindung, ein ähnliches Fluidum aufbauen wie im Winter? Ist es in der Hitze schwieriger, zu meditieren, bin ich weniger konzentriert? Viele Fragen! Ich finde, es ist spannend, den Jahreszeitenprozess in all seiner Vielfalt und Ambivalenz, seiner tiefen Lebendigkeit und Sinnhaftigkeit zu studieren und nachzuempfinden. Und wer weiß, bestimmt ist es auch jedes Jahr ein bisschen anders …

Johanni

Wenige Tage nach der Sommersonnenwende feiern wir den Geburtstag Johannes des Täufers, am 24. Juni, sechs Monate vor Weihnachten und drei Monate nach Mariä Verkündigung. Er war der Wegbereiter Christi und ein Prophet der Endzeit. Die äußere Sonne musste erst über ihren Höhepunkt hinausgehen und wieder abnehmen, als er geboren wurde. So kann der Vers *Er muss wachsen, ich aber muss abnehmen* (Joh. 3,30) verstanden werden. Entsprechend wird an Weihnachten Christus, das Licht, erst geboren, wenn die äußere Sonne wieder an Kraft gewinnt.

Andere Namen für diesen Hochtag sind Johannistag, Holdertag, Mittsommernacht, oder auch Sommersonnenwende und Sonnwendtag.

Jesus Christus, seine Mutter Maria und Johannes der Täufer sind die einzigen Heiligen, bei denen außer dem Sterbetag auch der Geburtstag gefeiert und in einigen Konfessionen als Hochfest begangen wird. Alle anderen Gedenktage haben mit dem Tod zu tun.

Ändert euren Sinn: Was uns Johannes an diesem Tag entgegenruft, ist mehr denn je zeitgemäß.

In die Johannizeit feiern wir die Hoffnung auf eine Höherentwicklung unseres Selbst. Das Keimhafte in uns, an Weihnachten geboren, kann nun in seinem vollen Licht erscheinen und sich der Welt zeigen. Johannifeuer stehen u. a. symbolisch für diese Hoffnung.

Die sogenannte Johannizeit im Kirchenjahr geht über vier Sonntage. In dieser Zeit gilt es Abschied zu nehmen vom Miterleben der bloßen Natur, um uns langsam aus dem sommerlichen Höhepunkt heraus, im bald schon herbstlichen Absterben, wieder der inneren Einkehr und Stille zuzuwenden. Es ist eine Zeit, in der wir aus jenem Ringen heraus die Tugenden Ehrfurcht, Verehrung und Dankbarkeit üben können. Dies ist meine Grundhaltung der elementaren Welt und der Erdenmutter gegenüber.

In der Natur beschert uns die nun wieder absteigende Sonne die schönsten reifen Früchte.

Johannifeuer

Früher gerieten die Menschen im Miterleben des Sommers in einen ekstatischen Zustand, der in den Sonnenwendbräuchen im Tanz um das Feuer ausgelebt wurde, besonders gerne auf Anhöhen oder Berggipfeln. Der Blick in die Glut soll Glück bringen, der Rauch vor Krankheiten schützen.

In manchen Gegenden wirft man Strohpuppen ins Feuer. Oder man verwendet ein brennendes, sich drehendes Rad als Symbol für die Sonne. Und mancherorts springen junge Männer und Frauen über das Johannisfeuer, als Mutprobe sowie zur Reinigung und zum Schutz vor Krankheit. Und wenn ein Paar Hand in Hand über das Feuer springt, soll bald Hochzeit gefeiert werden. Die ebenso als segensreich geltende Asche der Johannisfeuer wird gerne auf den Feldern verstreut.

Ich bin bei meinen Recherchen auf einen mir unbekannten Brauch gestoßen: Westlich der Elbe, im Sachsenland, ziehen an Johanni die Verwandten der Verstorbenen zum Friedhof und schmücken dort die Gräber ihrer Lieben mit Blumen und Kränzen. Die Stimmung soll dabei im Gegensatz zu Totensonntag keine wehmütige, sondern eine fröhliche sein. Man möchte seine Verstorbenen gleichsam an den Freuden der reichhaltigen, blühenden Sommerpracht teilhaben lassen. Diese Sitte stammt wohl von den Freimaurern, welche am Johannistag ihr Hauptfest feierten.

Weitere Bräuche sind:
Die Johanniskrone, aus Zweigen und Laub geflochten und geschmückt, teils auch mit Kerzen besteckt. Unter dieser Krone wurde abends getanzt, bis sie vergilbt war.

Der Johannisstrauß, bestehend aus sieben Kräutern. Man glaubte, dass diese Kräuter am Johannistag besonders starke Heilkraft haben. Und unter das Kopfkissen gelegt am Vorabend zu Liebesglück verhalfen.

Der Johanniskranz, ebenfalls aus den sieben Kräutern geflochten, blieb das ganze Jahr über in der Stube als Schutz und Segen hängen.

In der Heilkunde spielt der Johannistag eine wichtige Rolle: Die *Johannisweiblein* bzw. Kräuterfrauen sammelten an diesem Tag die Heilpflanzen und Kräuter für die Hausapotheke. Nach volkstümlichen und magischen Vorstellungen sollte das Farnkraut in der Johannisnacht zu blühen beginnen.

Auch die Rede vom *Hansdampf in allen Gassen* hat einen Johanni-Ursprung. Man buk im Backhaus einen Johanniskuchen, der im noch warmen Zustand schnell nach Hause getragen wurde.

Ein weiterer Brauch ist, mit einem Beifußgürtel um das Feuer zu tanzen und ihn anschließend, symbolisch mit allen Anfeindungen, hineinzuwerfen. Beifuß wird mit Johannes dem Täufer in Verbindung gebracht, da er ihn, der Legende nach, um nicht zu ermüden, bei seiner Wanderung durch die Wüste an seinem Ledergürtel getragen haben soll.

Es ranken sich auch einige Bräuche um Brunnen und Wasser. Bis heute gibt es die sogenannten Brunnenfeste. Im Dorf reinigt man an Johanni gemeinsam den Dorfbrunnen und anschließend wird gefeiert. Nach der Brunnenreinigung wurde das Wasser vom Priester gesegnet und man besprengte sich damit im Namen Johannes des Täufers.

Außerdem ist der Johannistag als Lostag für die Landwirtschaft von zentralem Belang.

Die uns geläufigsten Lostage sind Mariä Lichtmess am 2. Februar, die Eisheiligen im Mai und der Siebenschläfertag am 27. Juni. Es gibt aber noch einige mehr.

Wir kennen außerdem das Johanniskraut, die Johannisblume (Arnica), die St.-Johannis-Kerze (Königskerze), die Johannisbeere, die zu dieser Zeit ihre Reife erreicht, und den Johanniskäfer (auch Glühwürmchen oder Leuchtkäfer genannt), der um den Johannistag seine Leuchtkraft zur Balz entfaltet.

Johanni und das Feuerwesen

Ich schlief seit einigen Nächten eigenartig schlecht, was selten ist, außer es gibt etwa eine Elektrosmogstörung im Schlafbereich. Auch das Wachliegen fühlte sich ungewohnt an, und mein kurzes Mittagsschläfchen war anders gewesen als sonst. Natürlich fiel mir das Naheliegende erst einmal nicht ein. Meine Freundin sagte, da sei nur wieder mal ein Elementarwesen bei mir in meinem Bett, was mich überraschte, da ich durchaus mit meinen Methoden danach geforscht und jedes Mal eine verneinende Antwort bekommen hatte. Aber jetzt sah ich den Zusammenhang: Ich war zu der Zeit dabei, innerlich einen Erlebnistag an Kraftorten zu gestalten, und überlegte, die mir bekannten beweglichen Elementarwesen dazu einzuladen. Nur ein Feuerwesen fehlte mir noch …

Seit mehreren Jahren bewegte uns die Idee, am 24. Juni, dem Tag des heiligen Johannes, am Johannifeuer ein Klangerlebnis zu veranstalten. Aus verschiedenen Gründen hatte das bislang noch nicht geklappt. Dieses Jahr schien es endlich möglich zu sein, falls das Wetter mitspielte. Dann aber regnete es am 24. Juni um drei Uhr in Strömen. Trotzdem ließen wir es am Ende darauf ankommen. Um 16 Uhr herrschte strahlender blauer Himmel … Dann, kurz vor 18 Uhr, zog sich wieder alles zu. Dunkle graue Wolken. Als ich zu unserer Johanniwiese ging, um mich noch einmal vor Ort hineinzufühlen, ob unser Klangkonzert mit Gongs denn überhaupt gewollt sei, fing es wieder zu schütten an. Dennoch: Es fühlte sich gut und stimmig an. Also rief ich meine Schwägerin an, sie könnten kommen, es würde trocken bleiben! Um 19 Uhr wieder blauer Himmel, kaum ein Wölkchen zu sehen. Kurz vor 20 Uhr fuhr ich mit den Instrumenten zur Wiese, da zog es wieder sehr bedrohlich zu, und bald fing es mit vollen Kräften zu regnen an. Mittlerweile fand ich es lustig. Einerseits war ich nervlich angespannt, dieses ewige Hin und Her! Andererseits blieb die innere Zuversicht unerschütterlich, und das war schön zu erleben. Nach einigen Augenblicken erblickten wir plötzlich einen riesigen, wunderschönen, klaren doppelten Regenbogen, und da wussten wir endgültig: Es kann und wird stattfinden! Voller Staunen gaben wir uns dem beeindruckenden Schauspiel hin. Ein Geschenk! Bald danach hörte der Regen auf und wir fingen an, die Instrumente in einem Kreis aufzubauen. Nachdem wir die Resonanz mit der Landschaft, den Mitfeiernden und den für uns unsichtbaren Teilnehmern gefunden hatten, entstand ein sehr schöner Klangraum. Anschließend wurde das große Feuer angezündet. Ich achtete zunächst nicht sehr bewusst auf das beginnende Spiel der Flammen. Aber ich fragte mich, wie das denn wohl mit den Feuergeistern in den Flammen sei – ähnlich wie bei den Wellen? Ein Kommen und Gehen, Entstehen und Vergehen. Aber bestimmt gibt es ein übergeordnetes Feuerwesen, das es koordiniert. Ich versuchte mich hineinzufühlen: sehr viele kleine springende und Funken versprühende Feuergeisterchen, ihre Freude und Wärme, die Hitze und das große Feuer als Ganzes.

Hallo, du mächtiges Wesen, dich kann ich schwer erfühlen, du bist in ständiger Bewegung und ich kann dir nicht zu nahe kommen, weil du zu heiß für mich bist. Woher kommst du? Wo warst du, als das Feuer noch nicht angezündet war? Bist du durch unsere bloße Intention aus der Tätigkeit des Aufbauens des Holzstapels heraus wie gerufen worden? Oder bist du immer da, immer in der Nähe, wie schlafend, solange kein Feuer brennt, aktiv, sobald es zündelt? Schickt dich jemand oder etwas, eine noch höhere Instanz, sobald das erste Streichholz angezündet wird? Du bist zuerst ganz klein, und je mehr Brennstoff du bekommst, desto mehr kannst du dich entfalten, kannst wachsen und mächtig werden, gar vieles vernichten. Ist kein Brennmaterial mehr für dich da, musst du wieder schrumpfen, deine Macht abgeben, und musst gar verschwinden?

Ich wollte diese vielen Fragen noch weiterbewegen. Ich kenne durchaus Feuerwesen, denen ich nachspüren kann, auch wenn kein sichtbares Feuer da ist, das Wesen ist aber immer da, am gleichen Ort, und es brennt dort nie mit echten Flammen, es fühlt sich aber warm, trocken und feurig an. Aber wie ist das dann, wenn ein Feuer brennt, den Unterschied durchschaue ich noch nicht ganz. Ich kann an egal welchem Ort ein Feuer anzünden, woher kommen sie so plötzlich, diese Feuergeister? Oder, wo bleibt das Kerzenfeuerwesen, wenn die Kerze ausgepustet ist? Ist es noch da, aber passiv, träumend? Und wenn die Kerze abgebrannt ist? Muss es sich da auflösen und zu einer Art Universal-Feuerwesen zurückkehren? Wie ich gerade so darüber nachsinne, erscheint mir das Bild, dass sich ein kleines Feuerwesen tatsächlich schon beim Ziehen einer Kerze damit verbindet. Da ist es schon als Idee wesenhaft dabei. Und beim Anzünden wird es wie lebendig oder aktiv. Jedes Streichholz muss somit auch schon ein kleines verzaubertes Feuerwesenchen in sich tragen. Ich glaube, ich muss darüber einfach noch ein bisschen nachdenken. Wie zum Beispiel ist es bei einem Feuerstein oder einem Feuerzeug?

Nun, jene Nächte, als ich den eigenartigen Schlaf hatte, waren die Nächte nach dem Johannifeuer, wo es mein Bestreben gewesen war, mich währenddessen ein bisschen auf die Feuerwesen einzulassen. Und vorher schon hatte ich ja die Überlegung angestellt, wie ich ein Feuerwesen zu meinem Seminartag auf der Wiese einladen könnte. Ich hatte diese Frage am Feuer zwar nicht bewusst gegenwärtig, also als solche auch nicht gestellt, aber die Feuerwesen hatten es wohl als Bitte verstanden. Denn *ein* Wesen hatte sich vom Feuer losgesagt und war in meine Aura gehüpft, um anschließend in meinem Bett darauf zu warten, dass ich es als solches erkennen würde. Es versuchte, mich auf sich aufmerksam zu machen, indem es meinen Schlaf berührte. Mithilfe meiner Freundin hatte ich es nun endlich durchschaut. Seitdem habe ich ein Feuerwesen im Haus leben. Sein Name ist Firulanz. Als Wohnplatz wählte es unter verschiedenen Angeboten die Espressomaschine meines Mannes. Nun, nach unserem Umzug, betreut es unseren Holzofen.

Ein Jahr später. Was ich diesmal erleben durfte, ist nicht so einfach zu beschreiben. Hätte mich jemand dabei beobachtet, würde er mich sehr eigenartig gefunden haben: völlig versunken im Einswerden mit dem Feuer, mein weicher Blick dahinschweifend, wie abgehoben, nicht ganz da, ein strahlendes, glückliches, verschmitztes Lachen im Gesicht, kurzum, ein Zustand der Glückseligkeit. Das hört sich vielleicht etwas übertrieben an, ist es aber nicht. Das muss man erlebt haben, sonst ist es vielleicht schwer nachzuvollziehen. Ich fühlte mich, und wenn nur für einen kurzen Augenblick, wie im siebten Himmel, eins mit mir, der Welt und Gott. Alles war in Ordnung so! Mein Herz weitete sich, dass es fast wehtat. Weißt Du, so einen schönen Schmerz, den gibt es auch. Mir ist anschließend, was mich ganz demütig werden ließ, ein Begriff dazu eingefallen: Ich durfte mit dem Feuer und seinem Feuerwesen in eine Kommunion treten.

Als ich in dieser Versenkung in das Feuer schaute und mich neugierig für sein Wesen öffnete, bekam das Feuer immer für einen Augenblick eine andere Ausstrahlung, ein lichtvolles Aufflackern, etwas Wesenhaftes wurde jetzt erst für mich sichtbar. Ich bin sicher: nicht nur für mich.

Das Feuerwesen fühlte sich groß und vertraut an, als würden wir uns schon kennen. Als ich dieses Gefühl innerlich kurz infrage stellte, lachte es mich aus. So in dem Sinne:

Du Dummerchen! Ich bin doch schon seit Jahren dabei, schon immer, seit ihr das Johannifeuer das erste Mal angezündet habt, auch wenn es nicht immer an der gleichen Stelle war. Seit du dieses Feuer miterlebst, seit über dreißig Jahren schon, kennen wir uns, da du natürlich immer, wenn du das Feuer anschaust, auch mich anschaust, auch wenn es dir nie bewusst gewesen ist. Für uns Elementarwesen ist es schön, dass die Menschen sich über uns begeistern können, wenn wir als Feuer prasseln, und gleichzeitig traurig, dass sie uns dabei nicht wirklich als Wesenhaftes wahrnehmen.

Als ich versuchte, meine Verbindung zu dem Wesen noch etwas zu vertiefen, aus einem Umkreisbewusstsein heraus noch stärker eine Verbindung zu seinem Wesenskern zu finden, sah ich es plötzlich außerhalb des Feuers. Jetzt war seine Erscheinung eine ganz andere. Während das große Feuer lustig weiterbrannte, strahlte mir ein rundes, in sich ruhendes, weisheitsvolles Wesen entgegen. War es im Feuer, war es Feuer. War es außerhalb des Feuers, hatte es auf den ersten Blick gar nichts Feuerhaftes an sich. Ich wusste natürlich schon, dass die Feuerelementarwesen auch ohne physisches Feuer da sind, etwa bei sämtlichen Reifungs- und Verwandlungsprozessen innerhalb der Natur, aber ich glaube, jetzt wurde es mir zum ersten Mal wirklich intensiv bewusst. Und da war meine Sorge vom letzten Jahr, was passiert mit dem Wesen, wenn das Feuer immer kleiner wird, bis es ausgeht, weg! Es wird ja weder kleiner, noch verliert es seine Existenzberechtigung. Es verändert sich nur von einem aktiven Dasein hin zu einem scheinbar passiven. Ich würde an der Stelle nicht mehr von einem Wechsel von einem wachen zu einem schlafenden oder träumenden Zustand reden. Es war außerhalb des Feuers genauso lebendig. Wie würde es morgen sein, oder in drei Wochen, wenn von dem Feuer nur noch ein grauer Aschekreis als Erinnerung übrig geblieben sein wird, oder noch später, wenn das Gras auf der Feuerstelle wieder nachwächst, bis man gar nichts mehr davon sieht oder ahnt? Was ja leider auch jedes Jahr der Fall ist, denn wer denkt zwischen zwei Johannifesten noch an eventuelle Feuerwesen? Wenn das Feuer ausgegangen ist, werden sie wieder in das größere Bewusstsein integriert und kommen dort zur Ruhe. Da dürfen sie jetzt weilen, bis zu unserem nächsten Johannifeuer. Bis auf Firulanz, der mich natürlich wieder nach Hause begleitete, neben der Espressomaschine verfolgt, was alles so in unserer Küche geschieht, und mich ab und zu auf meine Seminarreisen begleitet, damit es den Teilnehmern möglich ist, das Feurige wesenhaft zu erfahren.

Versuche einmal, im Feuer oder in einer Kerze etwas Wesenhaftes zu erblicken, hineinzufühlen oder hineinzudenken, und schaue dabei, was passiert! Wie eine Einladung. Wie verändert sich dadurch die Wahrnehmung des Feuers? Wie verändert sich meine Umgebung? Achte auf ein eventuelles Aufflackern oder eine Farbveränderung als Antwort. Wie verändert sich mein Seelenleben, meine innere Haltung? Was wird dadurch anders?

Durch die von einer Intention begleitete Wahrnehmung entsteht ein Zwiegespräch zwischen dem Feuer (oder der Flamme) und mir. Und wenn auch gänzlich ohne Worte. Es kann zum Erkennen von etwas Wesenhaftem führen.

Natürlich gilt das auch für Wasser- oder Luftprozesse.

Mariä Himmelfahrt

Mariä Himmelfahrt wird alljährlich am 15. August gefeiert und ist in einigen Ländern, etwa meinem Heimatland Belgien, sowie in manchen Gegenden Deutschlands ein Hochfest und ein arbeitsfreier Feiertag. Dieser Tag wird ebenso *Mariä Aufnahme in den Himmel* oder *Großer Frauentag* genannt, *Maria Würzweih* oder *Büschelfrauentag, Vollendung Mariens, Heimgang Mariens* und *Mariengedenktag*.

Er wird vor allem, aber nicht nur, in der römisch-katholischen Kirche begangen.

Cyrill von Alexandrien (431 nach Christus) hat Mariä Himmelfahrt als Festtag eingeführt und das Datum hierfür festgelegt. Man vermutet: als Gegenfest zur Himmelfahrt der heidnischen Gottheit Astraea.

Es gibt vier sogenannte Mariendogmen, die klären, wer Maria vor Gott ist. Dogmen beleuchten Wahrheiten, die in der göttlichen Offenbarung enthalten sind. Sie brauchen einen Bibelbezug, mittelbar oder unmittelbar, und sind als Wegweiser zu verstehen. Sie sind verbindlich und ermöglichen ein tieferes Verständnis der Gottesgeheimnisse. Ihr Wahrheitsanspruch gilt als unumstößlich. Für die Figur der Maria wird (aber) eine Ausnahme gemacht. Ihre Himmelfahrt wird in der Bibel nicht erwähnt. Wir wissen aus den Evangelien nur wenig über das Leben der *Mutter Gottes*, obwohl sie bis heute große Bekanntheit und Beliebtheit genießt. Die Evangelisten Lukas und Matthäus berichten in der Weihnachtsgeschichte über sie, ansonsten ist Maria in den Evangelien kaum zu finden. Nur im Zusammenhang mit Pfingsten in der Apostelgeschichte und im Johannesevangelium, als Zeugin der Kreuzigung Jesu, wird sie angeführt. Die fehlenden Quellen und die wenigen Erwähnungen lassen den Legenden um die Jungfrau Maria viel Raum. So werden die Bewunderung und der Mythos um die Mutter Jesu zum Basisstein für die sehr verbreitete Marienverehrung.

Die vier Mariendogmen sind:

die Gottesmutterschaft (Mutter eines Menschen und Mutter eines Gottes),

die immerwährende Jungfräulichkeit (vor und nach Christi Geburt), die unbefleckte Empfängnis (Maria ist frei von der Erbsünde, Gott hat sie vom ersten Augenblick ihres Lebens an vor der Sünde bewahrt, weil sie die Mutter seines Sohnes werden sollte, sie ist dadurch die überaus Heilige),

die leibliche Aufnahme in den Himmel.

Maria hat einen sehr hohen Stellenwert innerhalb der christlichen Lehre und im Festkreis des Kirchenjahres. Über das Jahr verteilt gibt es mindestens zwölf Marienfeste, das wichtigste aber ist Mariä Himmelfahrt. Die Feier des 15. August ist das älteste bekannte Marienfest. Marias leibliche Aufnahme in den Himmel wurde aber erst 1950 durch Papst Pius XII. für die römisch-katholische Kirche als Dogma festgelegt. Es ist das bislang jüngste Dogma der Kirche.

In der Offenbarung des Johannes gibt es einen Hinweis auf den geistigen Verbleib der Gottesmutter:

«Dann erschien ein großes Zeichen am Himmel: Eine Frau, mit der Sonne bekleidet; der Mond war unter ihren Füßen und ein Kranz von zwölf Sternen auf ihrem Haupt» (*Offenbarung des Johannes 12,1*).

Sie steht auf einer Mondsichel und hält das Jesuskind im Arm. Es gibt auch viele Darstellungen, wo Maria auf einer Schlange steht, als Hinweis, dass sie frei von der Urschuld (Erbsünde) empfangen worden sei (immaculata conceptio). Ebenso bekannt sind die Schutzmantelmadonna-Darstellungen, die den Gläubigen vermitteln, sie stünden unter ihrem besonderen Schutz.

Im Himmel aufgenommen setzt sich Marias mütterliche Liebe in einer aktiven Mitwirkung für alle Menschen fort. Davon zeugen vielfältige Erscheinungen und wundersame Heilungen. Immer noch pilgern wir voller Inbrunst und Hoffnung zu ihren heiligen Stätten und sprechen Fürbitten aus, um eine Genesung für uns oder andere zu erwirken. Maria hält ihre schützende Hand über Wanderer, die sich in Gefahr und Bedrängnis befinden. Deshalb wird die selige Jungfrau auch unter dem Titel der *Fürsprecherin, Fürbitterin vor Gott,* der *Helferin,* des *Beistandes* und der *Mittlerin* angesprochen. In den vielen Gedenktagen drückt sich das Vertrauen in die Schutzmacht Marias aus, die immerwährende Hilfe. Die Verehrung Marias hebt die Christusanschauung auf eine mehr menschliche Ebene. Sie steht den Menschen näher und wird dadurch Mittlerin zu Christus und Gott.

Es gibt im Neuen Testament für die Himmelfahrt Mariens keine Belege. Man findet sie lediglich in den apokryphen Evangelien (Schriften mit einem quasibiblischen Anspruch, aus den ersten Jahrhunderten bis ca. 400 nach Christus) erwähnt. Der Legende nach ist Maria hier nicht in den Himmel aufgestiegen wie ihr Sohn Jesus Christus, sondern wurde von ihm und einer Engelschar zu sich geholt.

Man glaubt, dass Maria aufgrund ihrer besonderen Verbindung mit der Erlösungstat Jesu Christi als die Ersterlöste an der Auferstehungsgestalt Christi teilhat. Die Verheißung, dass alle Menschen irgendwann mit Leib und Seele in einem ewigen Leben bei Gott weilen werden, wurde, so die Lehre, bei ihr sozusagen bereits vorweggenommen.

Mit der Gestalt der Maria verbinde ich, solange ich mich erinnern kann, eine große Verehrung. Zunächst auf eine kindliche, naive Art, gewiss sehr geprägt durch meine Mutter und ihre Familie. Mein Großvater Marie Joseph verliebte sich in eine junge Frau namens Marie Josephine. Ihre erste Tochter nannten sie Marie Josée (meine spätere Patentante) und die fünfte, meine Mutter, Marie-Rose. Da in Belgien das Feiern der Namenstage Tradition hat, war in unserer Familie der 15. August immer ein ganz besonderer Tag. Außerdem eröffnete am Montag nach dem 15. August in unserem Dorf der Prämienmarkt mit Kirmes: für uns Kinder eine ganze Woche voller Aufregung.

In der Straße, wo ich als Kind gewohnt habe, steht immer noch eine kleine Kapelle mit Madonnenstatue. Auf dem Weg hin und vom Kindergarten zurück, später zur Schule, passierte ich zwei bis vier Mal am Tag diese Kapelle. Ich weiß nicht mehr genau, welche Antworten auf meine vielen Fragen mir meine Mutter und meine Oma väterlicherseits gaben, aber es führte dazu, dass ich oft dort innehielt, um ein kleines Gebet zu sprechen, die Erscheinung neugierig auf mich wirken zu lassen oder einige Worte mit der Mutter Gottes zu wechseln. Ich fühlte mich ihr immer besonders stark verbunden. Bis heute gehe ich nicht ohne dieses besondere Gefühl an dieser Kapelle vorbei, und meine Mutter pflanzte dort auf ihre alten Tage in jedem Frühjahr Blumen und entfernte regelmäßig das Unkraut. Nun, wo sie dazu nicht mehr in der Lage ist und sich wohl sonst niemand verantwortlich fühlt, sieht es verwahrlost und etwas traurig aus. Wer weiß, wie lange es noch dauern wird, bis die kleine Kapelle in sich zerfällt und weggeschafft werden wird – verlorene Bezugspunkte im Leben.

Eines Tages schenkte mir mein Opa väterlicherseits eine von seinem verstorbenen Bruder bei der Auflösung des Haushaltes mitgebrachte Madonnengipsfigur. Dieser für mich sehr feierliche Moment ist mir immer noch in lebendiger Erinnerung – auch das Gefühl, dass ich, als eines der Enkelkinder, dafür auserkoren wurde, auf diese hübsche Statue achtzugeben, sie zu ehren und zu pflegen. Das fing schon damit an, dass ich sie in meinen Kinderhänden unversehrt nach Hause kriegen sollte. Es waren 800 Meter voller Ehrfurcht und mit großer Vorsicht zu bewältigen. Sie thronte alsdann auf meinem Schrank im Schlafzimmer, als Trösterin und Begleiterin meiner Kinderjahre. Und nachdem ich sie nun viele Jahre auf dem Dachboden aufbewahrt habe, hat sie wieder auf einem Schrank ihren Platz in meinem Leben eingenommen. Mein inneres Kind freut sich daran.

Seit vielen Jahrhunderten findet am Fest Mariä Himmelfahrt das Ritual der *Kräutersegnung* oder *Kräuterweihe* («wurtzwihe») statt. Unterschiedliche Kräuter werden zu Sträußen gebunden und zur Segnung in die Kirche gebracht. Kräuter sind schon immer für ihre Heilkraft bekannt. Sie wurden als lebenswichtiges Geschenk des Himmels verstanden. Dieser Brauch der Weihe geht auf die Legende zurück, dass die Jünger in Marias Grab anstelle des Leichnams Blüten und Kräuter vorfanden.

Je nach Region werden die Sträuße mit bis zu 99 Kräutern gebunden, die im Hochsommer ihre volle aromatische Entfaltung erreichen. Typisch dafür sind Alant, Echtes Johanniskraut, Wermut, Beifuß, Rainfarn, Schafgarbe, Königskerze, Kamille, Thymian, Baldrian, Eisenkraut, Odermennig, Klee sowie verschiedene Getreidesorten. Im Haus aufgehängt sollen die gesegneten Kräuter vor Unglück schützen, auch als Tee aufgebrüht entfalten sie eine große Heilwirkung. Den kranken Tieren wurden die geweihten Kräuter ins Futter beigemischt. Außerdem warfen die Menschen die Kräuter bei einem Gewitter ins Feuer, zum Schutz vor Blitzschlag.

Die Anzahl der Kräuter hatte einen symbolischen Wert: 7 für die Zahl der Schöpfungstage, sieben Sakramente, sieben Schmerzen Mariens, sieben Gaben des Heiligen Geistes, 9 oder drei mal drei für die Heilige Dreifaltigkeit, 12 für die Zahl der Apostel …

Auch heute wird der Brauch der Kräutersegnung noch gepflegt und zählt zu den sogenannten Sakramentalien.

Schon bei den Germanen gehörte das Sammeln, Trocknen und Verarbeiten von Kräutern zu den magischen Ritualen, verbunden mit der Verehrung ihrer Götter. So könnte es sein, dass sich die Tradition der *Sträußleweihe* aus dem heidnischen Götterglauben entwickelt hat.

In manchen Teilen Bayerns und Tirols gilt die Zeit zwischen den Festen «Mariä Himmelfahrt» und «Mariä Namen» (12. September) als besondere Gnadenzeit.

Vor allem im süddeutschen Raum finden am Abend Hochmessen statt mit anschließenden Lichterumgängen, die sogenannten *Marienprozessionen*.

In der orthodoxen Kirche fasten die Menschen zwei Wochen vor dem Fest des Entschlafens Mariens und verzichten auf Fleisch, Fisch, Milchprodukte und in der Regel auch auf Wein und Öl.

In manchen Weltgegenden, etwa in Armenien, wird nach dem Hochfest die Traubenernte gesegnet, erst danach kann die Verarbeitung der Trauben beginnen.

In der evangelischen Kirche wird der 15. August lediglich als Todestag und damit Gedenktag der Maria gefeiert. Der Gedanke einer leiblichen Aufnahme Mariens in den Himmel ist jedoch mit der evangelischen Theologie nicht vereinbar.

Hinter unserm Haus befindet sich eine große Wiese in Schräglage. Darüber, auf unserem Hausberg sozusagen, thront eine große stattliche Eiche. Sie wird im Dorf die Klettereiche genannt, weil dort seit Generationen große und kleine Kinder wunderbar klettern und spielen können. Unter der Eiche befindet sich eine einladende Bank. Wenn man auf ihr Platz nimmt, hat man einen großartigen Panoramablick auf das gesamte Dorf mit der hübschen Kirche, die in einer Landschaftskuhle gebaut wurde, und auf die darüberliegende Hochfläche mit Feldern und Wäldern. Hier ist mein Platz! Ich kraxele hierher, wann immer ich mich in der Natur in die Jahreszeiten- oder Festesstimmungen einfühlen mag. Hier kann ich meine Beobachtungen und Meditationen vollführen, lauschen, fühlen, schauen, in die Stille finden … mich dem hingeben, was sich zeigen mag, die Veränderungen durch das Jahr hindurch verfolgen, sie kennenlernen und integrieren.

Die Eiche hinter mir umhüllt mich mit ihren ausladenden Ästen. Im Sommer ist die Bank fast hinter dem hängenden Geäst verborgen. Die Eiche vermittelt mir Standhaftigkeit und Stärke. Unter ihr sitzend fühle ich mich geborgen und begleitet. Hier bin ich nie alleine, denn ich bin umringt von vielen Wesen. Neuerdings fühlt es sich in meinem Rückenbereich noch einmal anders an, wenn ich dort sitze. Es ist nicht so leicht zu beschreiben, da die Wahrnehmung noch neu ist. Lieblich und weiblich, fromm und umhüllend, mütterlich, aber jung. Eine erfrischende Freude kommt mir entgegen, neugierig auf mein Sein. Es ist sehr berührend, für uns beide, sich gegenseitig zu erfahren. Stehe ich vor der Bank und dann vor der Eiche, sehe ich eine Gestalt, unmittelbar am Stamm, auf der Erde stehend. Ich sehe sie in Rot und Blau, strahlig. Trägt sie ein Kind auf dem Arm? War sie schon immer da, und ich war noch nicht bereit, sie wahrzunehmen? Oder hat sie sich vor Kurzem erst dahin entwickelt, da nun die Gegebenheiten für eine Verbindung gegeben sind? Ich weiß es nicht, noch nicht. Ich will nichts überstürzen, keine verfrühten Vorstellungen bilden, sondern erst einmal hinfühlen und lauschen. Kommunikation kann auch nonverbal stattfinden. Diese Begegnung erfüllt mich aber sehr.

Marienpunkte in der Landschaft oder Madonnen-Elementarwesen

Aus der Geomantie – dem Wahrnehmen und Erkennen der verborgenen Kräfte der Erde und der Natur – kennen wir nicht nur die Christusfokuspunkte, sondern ebenfalls Marien-, Sophien- oder Maria-Sophien-Punkte. Lassen sie sich in der Wahrnehmung unterscheiden? Durchaus. Aber sehr subtil, nicht immer offensichtlich.

Sind Maria und Sophia ein und dasselbe Geistwesen, oder sind es derer zwei? Ist Maria ein irdischer Teilaspekt, vor langer Zeit in einem Menschen inkarniert, der kosmischen Weltenmutter Sophia? Dann wäre Maria zur Trägerin eines Karmas geworden.

Diese Fragen konnte ich mir noch nicht eindeutig beantworten. Lässt man die Namen als Wortmeditation im Innern klingen, fühlt sich *Maria* anders an als *Sophia*, vom Wesenhaften her.

Sophia, die Weltenmutter, wirkt aus dem Raum der Ewigkeit. Sie ist Urschöpferkraft aus den höchsten Weiten des Kosmos mit einem tiefen Bezug zur Erde, zur Erdenmitte, wo Gaia, die Erdenmutter, ihre Wirksamkeit für alle Wesen der Erde entfaltet. Ganz bestimmt stehen diese zwei Entitäten in enger Verbindung zueinander und befruchten sich gegenseitig.

Auf einem Madonnenfokuspunkt kann man das Elementarwesen, wie das Christuselementarwesen neuartig in seiner Erscheinung seit dem Jahrtausendwechsel, als weiblich-mütterlich empfinden, als Behüterin. Man fühlt sich gestärkt, getragen, geborgen, getröstet. Das Wesen fühlt sich anmutig an, weich und warmherzig. Es erhebt mich über mich selbst hinaus. Es weitet mein Herz. Marienpunkte sind in ihrer Wirkung für die Erde und uns Menschen gleichwertig mit der Kraft der Christuspunkte. Marienfokusse fühlen sich aber gewissermaßen dem Menschen näher an, viel stärker mit der Erde verbunden. In der Differenzierung verbindet man sich auf einem Christusfokuspunkt mehr mit einer kosmischen Wirkung.

Beide Wesensarten sind darauf angewiesen, dass wir sie in ihrer Ausstrahlung aktivieren. Das heißt: Nimmt ein Mensch sie wahr, werden sie stärker, bewusster, größer. Tun es viele Menschen, kann deren Wirkungsradius sehr mächtig werden.

Lasst uns einen Ausflug in die Natur unternehmen, wo wir ganz bewusst wahrnehmen wollen, was alles so blüht und floriert, am Wegrand, auf Feld und Wiese! Mitte August. Erntemonat. Ährenmonat und Sichelmonat. Wollen wir einen Korb mitnehmen mit einem kleinen Picknick für unterwegs, später gefüllt mit den Gaben unseres Spazierganges? Wir haben nun die wärmsten Tage im Sommer, eigentlich der Sommerhöhepunkt, auch wenn die Sonne schon eine Weile auf ihrer Bahn nach unten unterwegs ist. In der Landschaft herrschen die satten gelben Farben der Getreidefelder vor, auch dies ein Höhepunkt, bevor die Reifung der Kulturen ins Dunkle changiert.

Finden wir 99 Kräuter, um sie zum Kranz zu flechten? Wir sehen, finden, pflücken oder ernten unseren Korb voll. Erfreuen uns an der Blütenpracht.

Das ganze Farbspektrum ist vertreten. Wir fühlen bewusst unsere Freude. Und die Freude der Elementarwesen, weil wir uns freuen, kommt uns entgegen. Seelenfrieden und Dankbarkeit diesen uns helfenden Wesen gegenüber begleiten uns auf unserem Spaziergang.

Zu Hause angekommen, innerlich erfüllt (und mit gefülltem Korb), können wir aus dem Mitgebrachten einige Kränze binden und diese gar anschließend segnen. Einen Kranz für uns, als Erinnerung an das Erlebte, als Wahrzeichen für die Geschenke des Jahreslaufes. Ein kleiner Kranz für das Auto, dass er uns schützen möge, wenn wir unterwegs sind. Und einen für die vielen uns begleitenden Geistwesen, vielleicht aufgehängt draußen im Garten oder auf dem Balkon, in der Nähe der für sie gestalteten Ecke. Oder drinnen an einem besonderen Platz, als Zeichen unserer Verbindung mit allen Wesen, die dazu beitragen, dass dieser Kranz überhaupt gebunden, überhaupt sichtbar werden konnte.

Herbst-Tagundnachtgleiche

Ende August bereits kann man beobachten, dass am Morgen und am Abend die Luft leicht anders riecht: eine erste Ahnung von Verwesung und fallendem Laub. Unter unserer Birke, etwas ungünstig gepflanzt, liegen bereits die ersten gelben Blätter. In der Mittagssonne wird dieser Duft noch «übertönt» von der Kraft der Sonnenstrahlen. Doch so schön und heiß es tagsüber noch ist – die Morgen- und Abendkühle mahnt uns schon: Der Sommer wird uns bald verlassen.

Der Tag des Apostels Bartholomäus, der 25. August, das wussten die Bauern immer, ist der eigentliche Beginn des Herbstes, hier geschieht der Umschwung.

In der Regel sind uns die Frühlings- und Wachstumsvorgänge in der Natur gegenwärtiger; sie sind für viele die Lieblingsjahreszeit. Wir sehen vor allem das Sprießende, Sprossende, Keimende und Fruchtende, weit weniger das Ersterbende, Ablähmende, sich Abtötende – das Herbstliche. Es ist ein wichtiger seelischer Prozess im Ganzen, auch dieses bewusst mitzuerleben. Die verschiedenen Phasen bedingen sich, erst zusammen ergeben sie den Kreislauf des Jahres. Das Welken, Vergehen und Absterben, das mit dem Herbst eintritt, zeigt uns, dass der Sommer sich verabschiedet hat. Wenn wir im Sommer die Ausatmungsbewegung der Erde mitzuerleben trachten, fühlt es sich wie ein kosmischer Wachschlaf an, wir sind wie exkarniert. Dazu braucht es ein Pendant.

Im Herbst vollzieht sich ein geheimnisvoller Sterbevorgang. Die sonnengereiften Samen werden erdenschwer und fallen herunter, aufgefangen von der Erdenschale, wo sie zunächst eine Ruhepause erwartet.

Aus den Sommerwärmefeuerprozessen entsteht wie eine Verascherung: In den Pflanzen bilden sich Kalium, Eisen, Natrium und andere Substanzen. Es sind die gleichen Stoffe, die auch in echter Asche nachzuweisen sind. Ascheprozesse im Reifen der Früchte und Samen, im Buntwerden des Laubes. Das fallende Laub, so zur Erde zurückgeführt, verrottet in der Weiterverwandlung und wird zur Nahrung für die Lebewesen der Erde.

Dieser Kreislauf ist für die Erde sinnvoll, es ist kein bloßes Sterben. Substanz wird zu neuer Substanz. Es ist Alchemie.

Wenn es auf unserem Planeten Gebiete gibt, wo man ewigen Frühling, ewigen Winter oder ewigen Sommer kennt, so gibt es keine Gegend, wo ewiger Herbst herrscht. Das ist ein großes Geheimnis. Warum ist das so? Der Herbst ist die Jahreszeit der Verwandlung, und Verwandlung in der Natur gibt es in dem Sinne nicht durchgehend. Verwandlung ist in jeder Jahreszeit zu finden, aber nicht offensichtlich. Nur in den Gegenden der Erde, wo es den Herbst als Jahreszeit, als zeitliche Gliederung gibt, in den gemäßigten Zonen also, wird dieses Geheimnis der Verwandlung sichtbar vollzogen. Im Herbst ruhen die künftigen Vital- und Wachstumskräfte in der Tiefe der Erde, behütet ähnlich einer Schildkröte, die ihren Winterschlaf antritt, um daraus im nächsten Jahr erfrischt zu erwachen.

Jede Jahreszeit hat ihren eigenen Geruch. Hast Du schon mal darüber nachgedacht oder es wahrgenommen? Wenn wir darüber nachsinnen, scheint es selbstverständlich, aber erleben wir es auch im Wechsel der Jahreszeiten? Aus der Zeit, als ich ein Kind war und Hektik und Stress noch keine Begrifflichkeiten für mich waren, trage ich noch Erinnerungen daran in mir. Im bewussten Sinneserleben können aber auch wir Erwachsene uns befreien von den Fesseln der Zeit: der Duft einer blühenden Wiese oder von trockenem Heu, Pilze im Wald, der Modergeruch von Moos und Blättern, und sogar frischer Schnee riecht besonders und angenehm. All dem wohnt ein Zauber inne.

Als Kind wiederum habe ich bestimmte Geräusche nicht bewusst wahrgenommen: Das Rauschen der Autobahn oder ein Flugzeug hört sich im Winter anders an als im Sommer, wahrscheinlich, weil das dichte Blätterwerk der Bäume die Schallwellen dämpft.

Der Herbst ist übrigens die einzige Jahreszeit, wo sich die Natur mit Tönen bemerkbar macht: der dumpfe Plumps, mit dem ein Apfel auf die Wiese fällt, herunterfallende Eicheln (am liebsten auf das Autodach), Kastanien, das Aufploppen reifer Bohnenhülsen, das Weggeschleudertwerden der Samen beim Springkraut oder Akanthus, und das Rascheln der trockenen Blätter natürlich, aufgeweht vom Wind oder von den fröhlich hindurchschlurfenden Kinderfüßen. Auch das mache ich immer noch gerne!

Im Frühjahr geht das Wachsen und Sprossen der Pflanzen leise vor sich, es ist eine schweigende Welt, aber im Herbst raschelt und rauscht es, es knirscht und knistert und spricht mit uns in einer geheimnisvollen Sprache. (Gewiss, auch das knirschende Laufen auf einer angefrorenen Schneedecke im Winter kann man hören, oder das Knacken des Eises auf dem Teich.)

Die Sternschnuppen am frühherbstlichen Nachthimmel folgen übrigens einer ähnlichen Bewegung wie die Samen, die aus ihren Hüllen fliegen.

Herbstäquinoktium, der Zeitpunkt des Herbstanfangs, ist am 22. oder 23. September.

Im Jahreskreis entspricht dieser Tag dem Sonnenuntergang, dem Abendrot, bzw. der Dämmerung des Jahres. Wie intensiv sind die Farben eines Sonnenuntergangs, wie schön ist die Spannung zwischen dem schwindenden Licht und der schon heraufkommenden Nacht! Für Landschaftsmaler und Fotografen ist das die sogenannte *Blaue Stunde,* die beste Zeit zum Malen oder Fotografieren, da die Farben so kräftig geheimnisvoll sind.

Doch viele Menschen mögen die dunkle Jahreszeit nicht, sie haben Bedenken und Ängste, vor Verlust und Schmerz, vor den eigenen tieferen Gefühlen, die sich dann zeigen mögen, etwa Schwere und Zögern. Und es ist eine Zeit des Abschieds: Abschied vom Sonnenlicht und der Farbenpracht im Außen.

Andererseits ist es eine Zeit der Ruhe und gemütlichen Innerlichkeit. Es ist die perfekte Zeit, um sich auf sich selbst zu konzentrieren, bevor die Weihnachtshektik anfängt.

Die Felder sind geerntet, die Arbeit im Außen ist vollbracht. Mit Dankbarkeit können wir auf die vielen Gaben des Sommers schauen: gereiftes Korn, Früchte und Beeren, Pilze, Nüsse, Wurzelgemüse, Weintrauben – ein bunter Altar zum Erntedankfest. Die Scheunen sind gefüllt. Das eingemachte, eingekochte Gut wartet in den Kellerregalen darauf, uns über die Winterzeit an die Herrlichkeiten des Sommers zu erinnern. Wie besonders eine selbst gemachte Marmelade schmecken kann – eingefangene Sonnenkraft!

Eine Meditation für den Herbst und das Feiern der Erde

Atme dreimal tief ein und aus, um ganz bei Dir anzukommen. In Deiner Vorstellung siehst Du eine wunderschöne Sonnenblume. Sie hat einen gut ausgebildeten Wurzelstock im Erdreich. Der ist wichtig, für eine gute Nahrungsaufnahme und das Gedeihen. Die Blüte der Sonnenblume ist etwas ganz Besonderes, denn sie setzt sich aus verschiedenen Teilen zusammen. Der Stängel ist leicht behaart, ihre Blätter sind herzförmig. Deine Blume öffnet sich allmählich und zaghaft. Die Blätter und die Knospe drehen sich noch der Sonne zu. Die aufgegangene Blüte macht das nicht mehr, sie schaut gen Osten. Die Hüllblätter und gelb strahlenden Zungenblüten umrahmen den Korbboden und locken Insekten an. Sie sieht bezaubernd aus. Die feinen, kleinen inneren Röhrenblüten öffnen sich nun spiralförmig von außen nach innen. Ein erstes Insektlein besucht Deine Sonnenblume. Bestäubung und anschließende Befruchtung können geschehen. Blütenstaub, Nektar und Pollen bilden sich: ein Nahrungsdank zurück an die Gesellen, die ihre Arbeit gut gemacht haben. Reihe um Reihe, Kranz um Kranz öffnen sich nun nacheinander die kleinen Blütchen, bis zum Mittelpunkt Deiner Blume. Sie reift heran. Jetzt. Die Korbblüten trocknen und welken sodann, die strahligen Zungenblätter verschrumpeln und fallen nach und nach zu Boden. Samen bilden sich, ganz zart erst, kaum sichtbar. Was auffällt, ist das Muster, die spiralförmige Angliederung. Die Samen wachsen nun, werden größer, werden prall und hart. Eine herbstliche Windböe bringt Deine welkende Sonnenblume zum Wanken. Ein Samen löst sich und fällt auf die Erde. Ein Vögelchen kommt herangeflogen, scharrt in dem Boden, nahe des Samens. Es bedeckt ihn mit umherspritzender Erde. Nun ruht Dein Samen, lange, ganz lange. Du weißt, ein Zukunftsahnen: Nach dem Winter, umsorgt und behütet von vielen kleinen emsigen Wesen, wenn Feuchte und Wärme der ersten Frühlingsstrahlen der Sonne hinzukommen, schließt sich der Kreislauf. Bleibe noch eine kleine Weile in dem Bild des Heranreifens Deiner Sonnenblume und Kerne. Dann atme dreimal tief ein und aus: Du bist wieder vollkommen in der Gegenwart zurück.

Übrigens, dass eine Sonnenblume sich mit der Sonne dreht, liegt daran, dass die Pflanze von der Schattenseite her schneller wächst als von der Seite, wo das wärmende Sonnenlicht darauf scheint. Dadurch werden der Blütenkopf und die Blätter in Sonnenrichtung gelenkt. Erst wenn der Stängel gefestigt ist, also bei voll geöffneter Blüte, dreht sich die Pflanze nicht mehr. Die Sonnenblume steht symbolisch für zwischenmenschliche Wärme, Lebensfreude und Fröhlichkeit. Dies trägt, im Verborgenen, geheimnisvoll und behütet, ihre Saat.

Die unterirdische Lebensquelle

Eine Baumgruppe vieler Kastanien schützt den vital-energetischen Punkt, das Herzzentrum des hiesigen Naturtempelbezirkes. Auf dem Weg dorthin winkte mir die Eiche schon entgegen. Tatsächlich sahen die Kastanien aus der Ferne betrachtet nicht so schlimm aus wie in den vorherigen Jahren, als die Bäume mit dem Miniermottenbefall nicht gut zurechtkamen. Vor allem die kleineren rot blühenden Bäume sahen noch richtig gut im Laub aus. Ich begrüßte die Kastaniendeva und stellte mich eine Weile auf den energetisch fühlbaren Herzpunkt, ziemlich mittig zwischen den Bäumen, die links und rechts einen Wanderweg umrahmen. Hier stehend spürte ich abermals die Einladung der Eiche, also begab ich mich anschließend zu ihr. Sie wollte mir Bilder zeigen, das ahnte ich schon. Ich begrüßte sie und den Alten Weisen, der nebenan im Erdreich wohnt, und legte dann Hände und Stirn an ihren Stamm. Erst passierte scheinbar gar nichts. Manchmal bin ich allerdings etwas ungeduldig. Das liegt teilweise noch immer an meiner Unsicherheit. Ob ich diese Schwelle jemals überwinden werde? Vielleicht gehört es auch dazu, als Schutz, um sich nicht unbedacht überall hineinzubegeben oder nicht überheblich zu werden. Als ich mich schließlich öffnete, nahm mich die Eiche sogleich in ihrem Stamm auf, drehte mich wie einen Kreisel, immer schneller, bis ganz tief in die Tiefen der Erde hinunter. Dort, wo ich bildlich ankam, sah ich eine Ebene mit einer Quelle, die golden vor sich hin sprudelte. Die Quelle wurde von drei Dienerinnen (oder Priesterinnen) mit stärkenden Vitalkräften gepflegt und umsorgt. Sie hatten einfache erdfarbene Kleider an. Sie forderten mich auf, in eine halbe Nussschale zu steigen und darin von der Quelle aus mit dem Strom zu reisen. Der Fluss zeigte auf meinem Weg viele Verzweigungen und Seitenarme, überallhin, wie die Blutgefäße im Körper, so ähnlich sah es aus. Je weiter ich fuhr, desto weniger golden war das Wasser, es wurde immer grauer und schmutziger. Ich verstand, dass es sinnlos war, so weiter in meiner Nussschale zu treiben, ich musste erst mal wieder zur Quelle zurück. Mit einem Gedankensprung tat ich dies (imaginative Prozesse sind frei von Zeit und Raum). Wieder an der Quelle angekommen, bekam ich von den Jungfrauen dieses Mal einen Goldstein, wie ein Nugget sah er aus, etwa drei Zentimeter groß. Ich erhielt nun wiederum die Aufforderung, ihn jetzt in den Händen tragend, erneut die Reise auf dem Fluss anzutreten. Das Goldsteinchen würde dem Strom, überall wo ich vorbeikäme, Impulse geben und so den unterirdischen Lebensfluss neu beleben.

Dies konnte wohl nur durch Hilfe des Bewusstseins, durch die bewusste Vorstellungstat eines Menschenkindes stattfinden, im Sinne einer Erdheilung. Auch hier wussten die Quell-Elementarwesen offensichtlich, was zu tun sei, konnten es aber selber nicht ausführen, da energetische oder stoffliche Missstände von Menschentaten herrühren.

Ich stieg also wieder in die Nussschale, ließ mich abermals vom Strom treiben und vollzog dabei wie einen ganzen Erdenumkreis. Da ich mich sehr tief im Erdinnern befand, dauerte die Umrundung nicht so lange, wie es an der Oberfläche der Fall gewesen wäre. Über diese sehr menschliche Erkenntnis musste ich innerlich lächeln. Ich war stets bedacht, meinen Goldklumpen am Leuchten zu halten, ihn in der Vorstellung immer wieder aufzuladen. Wie ich so über das Wasser fuhr und von außen gleichzeitig auf die Quelle bzw. auf die drei Dienerinnen schaute, sah ich, wie ihr Äußeres sich veränderte. Sie wurden hübscher, sahen jünger aus, strahlten und waren irgendwann mit prächtigen Gewändern angetan. Leuchtend, ätherisch bunt, ganz fein sahen sie aus, wie Prinzessinnen. Als meine Reise sich dem Ende zuneigte und ich unterdessen, nach der Erdenumrundung, von der anderen Seite zur Quelle zurückfand, sah ich, wie die Seitenarme des Flusses wie ein feines Netzwerk die ganze Welt durchdrangen. Sie hatte Neubelebungen mit Energie erfahren. Ich sah, wie die Erde von innen golden zu leuchten anfing. Dieses Gold verbreitete sich allmählich überallhin, auch über die Seitenarme und Verzweigungen des Flusses hinaus. Ich sah, wie plötzlich das Goldwasser an die Oberfläche strebte. Als es die äußere Erdschicht erreichte, sprudelte es richtig kräftig heraus, sodass nun überall in die Landschaft Fontänen aus lauter goldenen Funken sprühten, die die Erde durchtränkten. Es war eine helle Freude, prachtvoll anzuschauen! Es schien mir, als hätte sich soeben auch Michaelsgold, das Meteoreisen, als kosmischer Gegenpart mit den vielen Quellgoldfontänen verbunden, weitere Impulse hineingebend. Ein Funke davon fiel auf mich und breitete sich über meinem Kronenchakra hinunter bis hin zu meinem Nabelchakra aus. Auch ich wurde von dieser Lebenskraft durchdrungen. Die drei Frauen sahen glücklich aus, der unterirdische Strom trug neue Vitalität in sich. Und was war nun mit mir? Es wirbelte mich schlagartig hoch, zum Stamm der Eiche zurück.

Manchmal glaube ich es selber kaum, dass ich solche reichhaltigen Bilder bekomme. Meiner Fantasie entspringen sie auf jeden Fall nicht! So etwas könnte ich mir nicht ausdenken. Dafür reicht meine Einbildungskraft nicht.

Michaeli

Die Verehrung Michaels, eines Erzengels, geht sehr weit zurück. Er wurde schon im Alten und Neuen Testament erwähnt und hatte Einfluss auf die religiösen Traditionen des Judentums und des Christentums. Sein Name aus dem Hebräischen bedeutet: Wer ist wie Gott? Er wird als rechte Hand Gottes verstanden.

Michael ist mit Gabriel, Raphael und Uriel einer der vier Jahreszeitenengel und begleitet die Erde und ihre Prozesse von August bis Oktober.

Sankt Michael, der vierte der führenden Erzengel, ist gewissermaßen der fortgeschrittenste und wurde Volksgeist und Zeitgeist. Deshalb spricht man in bestimmten spirituellen Kontexten von der heutigen Zeit als dem Michael-Zeitalter. Michael kann zu einer völkerübergreifenden spirituellen Vertiefung der ganzen Menschheit anregen. Der Erzählung nach hat Erzengel Michael Luzifer bezwungen. Er ist ein streitbarer Engel. Er zwang Satan aus dem Himmel auf die Erde, damit die Menschen zwischen Gut und Böse zu unterscheiden lernten. Auf vielen Darstellungen wird er mit Rüstung, Schild und Schwert abgebildet, als Drachenkämpfer. Der Drache gilt hier als Sinnbild des Bösen oder des Teufels. Der Drachenbezwinger Michael tötet nicht den Drachen, wie Sankt Georg es in der Heiligenlegende tut, sondern bricht seine übermächtige Kraft. Man könnte gewissermaßen sagen, er bezwingt das Böse, das in den Drachen Einzug gehalten hat. – Dagron wäre damit gar nicht einverstanden; er würde diese Auslegung des Bösen im Zusammenhang mit Drachenwesen missbilligen.

Michael wird oft mit einer Waage dargestellt. Er wägt die Seelentaten des Menschen nach dem Tode. Er ist das letzte Gericht, die himmlische Gerechtigkeit.

Michael ist der Engel, der uns Mut lehrt und unsere Willensimpulse stärkt. Michael wurde zum Schutzpatron der Kirche und des deutschen Volkes – daher der Ausdruck «deutscher Michel». Im Volksmund heißt es Micheltag. Ich bin mit Sankt Michael groß geworden, da er seit alters her der Schutzheilige Brüssels ist. Sein Abbild sieht man überall in Brüssels Straßen, an vielen Gebäuden, Brunnen und Kirchen.

Der entsprechende Kirchengedenktag Michaeli ist am 29. September, wenige Tage nach der Tagundnachtgleiche im Herbst.

Die Michaelizeit ist der Anfang vom Ende des Kirchenjahres, die letzte Epoche, bis am ersten Advent das neue Kirchenjahr beginnt.

Michaeli steht im Jahreslauf dem Osterfest gegenüber. Im zweiten Halbjahr gibt es kaum christliche Jahresfeste, im Vergleich zu der Dichte von Ostern, Himmelfahrt und Pfingsten im Frühjahr. Im kirchlichen Gedenken wird in der Michaelizeit der Blick zu den himmlischen Hierarchien in ihrer Gesamtheit gerichtet.

Wenn der Herbst herannaht, ist die Erde mitten in ihrer seelisch-geistigen Einatmung. Die Elementarwesen folgen dieser Einatmungsbewegung in Richtung Erdinneres, um sich dann im Tiefwinter im Erdenschoß zu sammeln und auszuruhen.

Das Fest des heiligen Michael steht am Beginn der dunklen Jahreszeit. Mit Martini am 11. November und Sankt Nikolaus am 6. Dezember bildet es eine Dreiheit, die uns auf Weihnachten vorbereitet. Michael steht für Mut, Martin für das Mitgefühl und der Nikolaus für das Gewissen. Drei aufeinanderfolgende Feiertage, die uns lichtvoll durch die Dunkelheit des Herbstes zum Weihnachtsfest hintragen.

Unsere Michaeli-Spirale

In der anthroposophisch orientierten Lebensgemeinschaft, in der ich lange gelebt habe, fingen wir damals schon gleich nach den Sommerferien an, Gedanken über Michaeli zu bewegen. Für uns war es im Jahreskreislauf ein wichtiges Fest. Wir versuchten es jedes Jahr etwas anders zu gestalten, da es nach Rudolf Steiner ein Fest der Zukunft ist, und auch ein Fest der freien Gemeinschaft. Es ist nicht schon geworden oder fertig, sondern liegt im Werden. Wir müssen es ganz neu finden und fühlen lernen: Noch ist es ein Ringen. Es ist im Prozess. Michaels Blick geht in die Zukunft.

Wichtig war uns, es eben nicht aus einer Tradition heraus zu feiern, sondern der Gestaltung jedes Jahr neue Impulse zu geben. Natürlich ist der Ablauf dieses Festtages schon auch gegeben, hat schon einen Rahmen gefunden, aber wir versuchten ihm trotzdem jedes Mal eine neue Note zu geben. Während der Woche hatten wir an Michaeli meistens einen gemeinsamen Anfang morgens im Festsaal, mit einer kleinen Ansprache und einigen kräftig gesungenen Michaelsliedern. Danach am Vormittag gab es in Gruppen verschiedene Aktionen: von Müllaufräumen im Wald über Möhrenernte, Malen, Fensterputzen im Saal, Steinelesen auf dem Acker bis Suppekochen für ein gemeinsames Mittagsmahl. Ein vielfältiges Angebot, für jeden war etwas Passendes dabei. Es fanden sowohl handwerkliche als auch künstlerische Aktivitäten statt. Nachmittags tranken wir zusammen Kaffee, aßen Kuchen und spielten gemeinsame Spiele für Groß und Klein, wo natürlich der Versuch, die Drachen steigen zu lassen, im Mittelpunkt stand. Abends fand manchmal noch eine gemeinsame Veranstaltung mit Musik, Gesang, Märchen, Gedichten oder Eurythmie statt.

Diesmal wollten wir den Schwerpunkt auf Sinneswahrnehmungen legen. Ich wollte etwas draußen in der Natur anbieten und dachte an eine Spirale. Mit vielen Menschen eine Spirale zu laufen ist eine Übung, an der man für sich viele Erfahrungen machen kann, gerade eben auch in der feinstofflichen Beobachtung bzw. der Selbstbeobachtung. Die Idee reizte mich sehr. Eine freie Wiese dafür hatten wir. Vier Wochen vor Michaeli hatte ich mich mit Simon, meinem Ältesten, und dem Rasenmäher verabredet. Unsere Vorstellung war, den Weg recht großzügig zu ziehen, damit der Verkehr der nach innen laufenden Menschen problemlos an dem Strom der nach außen Laufenden vorbeikäme. Das stört mich beispielsweise an dem berühmten Labyrinth in Chartres: Dort muss man immer wieder seinen Weg kurz verlassen, um Menschen aus der Gegenrichtung vorbeizulassen, und dabei kommt man aus dem Erleben heraus. Auch unsere Rollstuhlfahrer hätten dann Platz genug und könnten an der Erfahrung teilnehmen.

Unsere Vorstellung war es, das Gras in verschiedenen Höhen zu mähen, sodass der Verlauf der Spirale gut zu erkennen wäre. Diesen Mähvorgang würden wir dann einmal die Woche wiederholen, während das Gras drum herum weiterwachsen konnte. Am Ende hatten wir insgesamt fünf Umrundungen, jeweils einen Meter zwanzig breit und ebenso breit die Zwischenräume. Das ergab eine stattliche Spirale. Sie verläuft übrigens rechtsherum, d. h. erwachsenengemäß. Die Spirale für das Adventsgärtlein für die Kinder verläuft zum Beispiel linksherum. Das ist wiederum für Kinder, die ja noch im Träumerischen zu Hause sind, richtig und gemäß. Beide Richtungen haben jeweils eine andere Dynamik und sind im Erleben dadurch auch unterschiedlich. Die eine macht wach, bewusst, spricht die Ichkraft des Menschen an, die andere führt mich träumend, einhüllend, Geborgenheit vermittelnd hinein. Der Ansicht, das sei doch egal, da man die Spirale in beide Richtungen läuft, muss ich widersprechen.

Als Simon mit der letzten Umrundung fertig und unsere Spirale nun sichtbar auf die Wiese gezeichnet war, war das schon ein sehr ergreifender Augenblick für mich. Ich spürte sofort ihre energetische Kraft und Ausstrahlung. Natürlich musste ich sie auch gleich ausprobieren und laufen. Letztendlich erlebt es jeder anders, was es mit einem tut, wenn er in der Mitte angekommen ist und dort eine Weile stehen bleibt, um dann, notgedrungen, irgendwann den Impuls wiederaufzugreifen, herauszulaufen. Nun kann, was in der Innigkeit der Mitte erlebt wird, wieder mitgenommen werden und Verwandlung erfahren.

Wir hatten vorgeschlagen, am Michaelstag vor dem Mittagessen alle zusammen, unsere ganze Gemeinschaft, Hand in Hand, die Spirale zu laufen. Vorab war ich die Spirale mehrmals selber und auch schon mit meinem Mann zusammen gelaufen. So hatten wir in der Mitte durchaus schon wichtige Gespräche miteinander geführt. Diese gemeinsame Erfahrung kann ich nur weiterempfehlen, wenn es etwas zu klären gibt, aber auch einfach so, als schöne Zweisamkeitserfahrung!

Sollte ich auch ein Elementarwesen in die Spirale einladen? Ich bewegte das natürlich. Aber ich war mir sicher, wenn, dann würde eine Verbindung mit einem Elementarwesen aus dem Prozess heraus geschehen. Das hieß für mich abwarten, Geduld üben und Vertrauen finden. – Endlich war es so weit, es war Michaeli. Beide Erfahrungen an der Spirale, zuerst mit einer kleinen Gruppe, dann mit der ganzen Gemeinschaft, waren für mich sehr bewegend. Es erforderte tatsächlich auch Mut für manche, so alleine und selbstständig den Weg nach innen zu laufen und zu finden. Manchmal begleitete sie auch die Unsicherheit oder die Angst, sich unterwegs zu verlaufen, die Orientierung zu verlieren, nicht mehr zu wissen, wie es zur Mitte weitergeht. Aber mit welchem Stolz danach der Rückweg angetreten wurde, mit aufrechtem Gang, strahlend, glücklich, es geschafft zu haben und um eine Erfahrung reicher zu sein!

Als dann, kurz vor Mittag, die verschiedenen Arbeitsgruppen nach und nach an der Wiese unterhalb des Friedhofes ankamen, passierte es tatsächlich, als wir alle zusammen diese lebende Spirale bildeten, dabei zur Ruhe gekommen waren und das Michaelslied erklingen ließen, dass sich uns, mittig, eine Deva mit diesem Platz, dem Landschaftsraum und unserer Gemeinschaft verband.

Ich hatte sehr viel Freude daran, sie langsam kennenzulernen. Sie fühlte sich noch sehr jung an, neugierig, tatsächlich wie ein unerfahrenes Wesen, wie ein Kleinkind, wenn ich mal wieder einen Vergleich aus unserer Menschenwelt gebrauchen darf. Trotzdem war sie weise und groß. – Sie ist freudig dabei, Erfahrungen zu sammeln und ihren Radius zu erweitern. Dafür stehen ihr natürlich ihre hiesigen Elementarwesensfreunde zur Seite und auch wir Menschen, die eine Beziehung zu ihr finden. Sie strahlt mittlerweile schon weit in die Landschaft aus, umfasst die Gemeinschaft, mit deren geistigen Impulsen sie verbunden ist. Mir wird es ganz warm im Herzen, wenn ich sie beschreibe, und ich bin immer sehr dankbar für unsere Begegnungen. Sie strahlt in weißem, irisierendem hellen Licht, mit einer starken, sich ausbreitenden Tendenz nach oben, aber ebenso nach unten. Sie hat eine ausgesprochen deutliche Präsenz, gleichzeitig ganz zart. Sie heißt Natyv. Ich freue mich sehr auf unseren weiteren Austausch und auf die Vertiefung unserer Beziehung.

Danke Dir, Du liebes Wesen, dass Du zu mir gefunden hast, jene Gemeinschaft begleitest und uns alle unterstützt!

Die Spirale ist ein Sinnbild für die Schöpfung, für die Entwicklungsprozesse des Lebens. Sie steht für Wandel und Wiederkehr, für Fortbewegung und Entfaltung, für Kontinuität des Fortschritts. Sie ist Symbol der Veränderung, der Leichtigkeit, des Spielerischen allen Lebens, und zugleich Symbol der inneren Ordnung allen Seins.

Wer die Spirale läuft, dreht sich nicht im Kreis, sondern geht vorwärts, ob langsam und gemächlich oder schnell und hurtig, jeder nach seinem Rhythmus. Man schreitet stetig voran, indem Bekanntes im Blickfeld bleibt, aber von einem immer höheren Standpunkt neu betrachtet werden kann. Man bleibt in Bewegung, Stagnation hat keine Chance. Vorwärtskommen ist das Motto.

Die Spirale stellt die unendliche Bewegung dar, die ewige Wiederkehr. Man findet sie in vielen Naturerscheinungen wieder: im Wirbeln des Wassers oder des Windes (Windhose und Tornados), im Wuchs eines Schneckenhauses oder von Pflanzen, im Samenstand der Sonnenblume, im Aufsteigen des Rauches, im Weben der Spinne, in der Entwicklung eines Embryos, im DNS-Strang der Menschen, im Spiralnebel des Universums, in der Bewegung der Galaxien …

Viele Vorgänge auf der Erde können wir als Spiralbewegung verstehen: Steigen und Abnehmen der Sonnenbahn, Zu- und Abnehmen des Mondes, Geburt und Tod, das Wiederkehren der Jahreszeiten, der Absterbeprozess des Herbstes und Winters und die Wiederkehr der Lebenskräfte im Frühjahr.

Die Spirale führt in die Mitte, zur Verinnerlichung, zu uns selbst. Aber in der Mitte ist Stillstand, dann findet die Umkehrung statt, es führt wieder hinaus, ins Umfeld, von sich weg. Man kann das Hineinlaufen in der Spirale und wieder Hinausgehen als Tod und Auferstehung verstehen, oder umgekehrt, wie eine Inkarnations- und Exkarnationsbewegung, oder als Weg aus dem Licht in die Finsternis und aus der Finsternis durch Läuterung wieder ins Licht zurück: innere Einkehr und Umkehr.

Die rechtsdrehende Spirale symbolisiert Entwicklung hin zu Bewusstheit und Erleuchtung. Sie hat ihre eigentliche Bewegung nach außen. Sie zeigt Fortbewegung, Entfaltung, sich entwickeln, dem Leben sich zuwenden.

Die linksdrehende Spirale ist Zeichen der Rückkehr zur Einheit. Sie hat etwas sich Einrollendes, aus der Umgebung Wegnehmendes. Es ist aber auch die Bewegung zur Mitte, zum Zentrum der Energie. Sie vermittelt Geborgenheit.

Vor wenigen Wochen war ich abends bei einem klassischen Konzert. Die ungefähr dreißig Musiker beherrschten gewiss alle tadellos ihre Instrumente, aber ihre Musik zog mich nicht wirklich in Bann, was ich immer daran merke, dass ich gedanklich abschweife und nicht wirklich *höre*. Wissend, dass jedes Musikinstrument ein eigenes Elementarwesen hat, kam mir die Idee, diese Elementarwesen einzeln zu begrüßen und ihnen meine

Dankbarkeit und Anerkennung kundzutun. Das machte vielleicht Spaß! Alsbald klang die Musik ansprechender. So vollführte ich die Geste einfach weiter. Das Spiel bekam plötzlich eine neue Dynamik, die Musiker spielten auf einmal wesentlich mehr aufeinander abgestimmt, nicht mehr nur jeder für sich. Die Elementarwesen strahlten – man konnte es heraushören. Welch ein Unterschied! Im Saal wurde es still und andächtig: kein Geräuspere und Gehuste mehr, kein unruhiges Rutschen auf den Stühlen. (Für mich ist dies immer eine Spiegelung der Qualität eines Konzertes. Sind die Musiker wirklich gut, dann ist diese Aufmerksamkeit bei den Zuhörern da, wenn nicht, wird es einfach unruhig. Da bekommen die Künstler eine gnadenlose Rückmeldung.) Allmählich schienen es auch die Musiker selber zu bemerken, dass sie gut zusammenspielten: immer mehr strahlende und lächelnde Gesichter waren zu beobachten. Schließlich befruchtete sich alles gegenseitig: gutes Publikum, gutes Spiel – gutes Spiel, dankbares Publikum. Und das nur, weil sich die Instrumentenwesen wahrgenommen fühlten!

Warum ich dies bei Michaeli als Anregung schreibe? Weil es vielleicht Mut braucht, so etwas auszuprobieren. Irgendwie bildet es neue Gemeinschaften: Elementarwesen-Menschengemeinschaften.

Erntedank

Wir feiern Erntedank, weil wir, genau, *Danke* sagen wollen. Danke für die gute und reichhaltige Ernte, die uns der vergangene Sommer und Spätsommer beschert haben. Wem sagen wir Dank? Den Gärtnern und Landwirten? Mutter Erde, ihren Wachstumskräften und Mineralien? Dem Licht, durchdrungen von kosmischen und planetarischen Kräften, und dessen helfenden Engelwesenheiten? Den vielen Elementarwesen, ohne deren Dasein und Tun es keine Ernte gäbe? Uns Erwerbern und Verwertern dessen, was die Ernte uns gebracht hat?

Es ist heute nicht mehr selbstverständlich, *Danke* zu sagen. Erntedank: ein Fest, das ebenfalls an Bedeutung verliert.

Das Erntedankfest gehört zu den ältesten Festen der Menschheit. Man geht davon aus, dass es auch schon die vorchristlichen Religionen feierten. Mit dem Dank erinnern wir uns an den engen Zusammenhang von Mensch und Natur. Das Erntedankfest zeigt, dass der Mensch die Schöpfung nicht unter Kontrolle hat. Es ist nicht selbstverständlich, sein tägliches Brot zu haben, denn in vielen Teilen der Erde herrscht noch immer Hunger. Am Erntedankfest soll heute besonders der Verantwortung gegenüber der Schöpfung sowie der Notwendigkeit weltweiter Gerechtigkeit gedacht werden.

Ursprünglich wurden Erntefeste zu verschiedenen Zeiten gefeiert, da die Ernte unterschiedlich eingebracht wurde.

Die Erntezeit steht sinnbildlich für eine Zäsur, etwas geht zu Ende. Der Sommer hat sich verabschiedet, der Winter steht vor der Tür. Es kann uns nachdenklich machen: Wie steht es mit meiner Ernte im übertragenen Sinne, was habe ich eingefahren, erreicht? Wie ist meine Lebenssituation, bin ich damit zufrieden?

Kinder können sich, wenn man sie beim Feiern der Jahresfeste begleitet, der Zyklen des Jahreslaufes und der Nahrungskette bewusst werden. Schließlich kommt die Milch nicht aus der Tüte und das Gemüse nicht aus der Dose.

Bräuche sind Erntekronen als Kirchenschmuck, Früchteteppiche aus Samen und Feldfrüchten. Körbe mit Obst werden zum Altar gebracht.

Gottesdienste werden gefeiert. In manchen Gegenden wird ein richtiges Festmahl aufgetischt, es wird getanzt und gesungen. In anderen Gegenden gibt es Jahrmärkte.

Oftmals werden Strohpuppen auf einem Feld verbrannt. Die sogenannte Erntepuppe wird aus den Getreidehalmen gebastelt. Man ehrt damit den Geist des Getreides. Heute sieht man oft riesige Puppen aus Strohballen an Ortseingängen.

Beim Erntedankumzug werden viele Wagen festlich geschmückt, die von Pferden, Ochsen oder Traktoren durch die Straßen gezogen werden, manchmal von Blaskapellen begleitet.

In Bergregionen gibt es den sogenannten Almabtrieb. Im Herbst werden die Kühe und Schafe, mit Blumen und Bändern geschmückt, von den Bergen in die Täler zurückgetrieben. (Geschmückt liefen sie an Pfingsten auch schon hinauf.) Sie tragen große Glocken um den Hals, damit sie auf dem Weg ins Dorf die bösen Geister vertreiben.

In den USA heißt das Erntedankfest *Thanksgiving*. Es wird allerdings erst am vierten Donnerstag im November gefeiert. Es ist ein staatlicher Feiertag, einer der wichtigsten des Jahres, als Erinnerung an das erste Erntedankfest der Pilgerväter in den damals neuen Vereinigten Staaten. Man feiert es im Kreis der Familie. Es werden traditionelle Gerichte zubereitet, dabei gibt es immer einen Truthahn. In Kanada wird ebenfalls Thanksgiving gefeiert, aber schon am zweiten Montag im Oktober.

Pan ist ein Begriff, den Marko Pogačnik geprägt hat und den ich gerne übernommen habe. Der Pan ist ein Erdelementarwesen der dritten Entfaltungsebene, also ein hoch entwickeltes Elementarwesen. Er spielt innerhalb seines Bezirkes eine wichtige Rolle, zwar nicht er alleine, aber er ist, für mein Gefühl, der Hauptkoordinator. Er ist der mit dem Überblick. Er tauscht sich aus mit seinen «Kollegen» der anderen Elemente (Wasser, Feuer, Luft), die ebenfalls ein höheres Bewusstsein haben und dort verdichtet vertreten sind, und er dirigiert, delegiert, umsorgt und pflegt alle weiteren Elementarwesen, die in seiner Nähe leben, sodass sie alle zusammen die besten Bedingungen für ihre Landschaft schaffen. Man kann den Pan überall in einem

Naturtempelbezirk leise spüren, da er sein Bewusstsein überallhin ausbreiten kann und jeden Winkel seines Reichs durchdringt.

Bekannt ist uns der Pan als Hirtengott aus der griechischen Mythologie. Er wird dargestellt mit einem Menschenoberkörper und dem Unterkörper eines Ziegenbocks. Pan ist der Gott des Waldes und der Natur. Er wurde von den Hirten verehrt. Sie baten ihn um Schutz für ihre Herden. In der Mythologie wird beschrieben, dass er Freude an Musik, Tanz und Fröhlichkeit hat. Das Wort *Panik* wird von ihm abgeleitet, da er, den Erzählungen nach, nicht gerne während seiner Mittagsruhe gestört wird, und wenn das doch einmal der Fall ist, scheucht er die ruhenden Herdentiere in «panischem Schrecken» zu jäher Massenflucht auf. Leider erfuhr der altgriechische Hirtengott Pan im Verlauf des christlichen Mittelalters eine negative Umdeutung, indem er äußerliches Vorbild für die Gestalt des Teufels wurde (Kopfhörner, Bocksfüße).

Ich kenne Menschen, die das Erdelementarwesen Pan tatsächlich so wahrnehmen. Ich persönlich sehe ihn nicht als Gestalt, sondern empfinde ihn als ganz besondere Schwingung. Ich hege eine große Liebe zu den Pans, aber vor allen Dingen zu dem Pan in meiner Heimat. Er hilft und unterstützt mich sehr bei meiner Arbeit. Viele Informationen, die ich brauche, bekomme ich über ihn. Sein Wohnort oberhalb eines Teiches, in einem großen Park eingebettet, ist schon vor langer Zeit besonders gestaltet worden: eine mit Natursteinplatten belegte Sitzecke in einem Halbbogen, unterhalb eines Mäuerchens mit Blick auf einen kleinen See. Sein Brennpunkt befindet sich genau in der Mitte dieses Platzes. Das finde ich sehr interessant, bedeutet es doch, dass der Gestalter der Sitzecke, bewusst oder unbewusst, eine Wahrnehmung hatte, dass dies ein ganz besonderer Ort sei. Wenn man ihn nicht kennt, fällt er jedoch kaum noch auf. Ich bin sehr gerne dort und kann mich hier gut erholen, auftanken und meditieren. Wenn auf der Erde etwas Prägnantes geschieht, ein Erdbeben, eine Atomkatastrophe, Tsunamis oder auch Pandemien, bitte ich meinen Pan, meine positiven Gedanken und Gefühle, meine Liebe für unseren blauen Planeten und meine Bitte um die heilende Kraft des Christus über seine Pankollegen zu jenen Erdenorten weiterzuleiten. Es gibt mir das Gefühl, doch auch einen kleinen Beitrag leisten zu können.

Naturtempelbezirke reihen sich aneinander, um die ganze Erdenkugel herum. Überall, wo das Panbewusstsein noch intakt ist, gibt es eine Art Globalisierung, einen Informationsfluss von Pan zu Pan. Wenn ich es mal nicht schaffte, Pans Ort aufzusuchen, so gehe ich gedanklich hin, um meine Rituale meditativ abzuhalten, in meiner Vorstellung. Dabei habe ich auch immer das Bild, wie all die vielen Panbewusstseine zusammen sich wie ein rosa Liebesnetz um die ganze Erde spannen, wie ein Ballnetz einen Ball umspannt.

Über dieses All-Panbewusstsein habe ich außerdem die Möglichkeit, über jeden Ort, auch solche, die ich nicht kenne, Informationen über den energetischen Zustand der Landschaft und dessen Naturwesen zu bekommen, indem ich meinen Pan danach befrage.

An einem besonderen Tag wie Erntedank kann ich von dessen Standort bzw. Wohnort aus in Verbindung mit dem Panbewusstsein alle Elementarwesen erreichen und für die gute Frühlings-, Sommer- und Herbsteszeit danken, für das Gedeihen der Vegetation und für den Zyklus von Wachsen, Blühen, Reifen und Fruchten – damit die Samen in der Winterruhe die Urkraft und Urinformation für das nächste Jahr in sich tragen und hüten.

Nun, dieses ganze Buch ist als Dank an die Elementar- oder Naturwesen gedacht! Haben wir für sie eine Ecke besonders gestaltet, können nun auch da, wie auf einem kleinen Altar, Feldfrüchte und Obst dekoriert werden, als kleine symbolische Opfergabe. Kein Spaziergang in dieser Zeit, wo ich nicht Nüsse, Kastanien, Hagebutten, Eicheln und sonstiges Herbstliches mit nach Hause bringe und eine Stelle damit verziere, einen Schrank, eine Truhe oder die Tischmitte. Mein inneres Kind freut sich immer noch sehr, wenn ich solche Dinge in der Natur entdecke. In der Kindheit gepflegte Rituale leben als Erinnerungen auf.

Sankt Martin

Die 11 ist eine sogenannte Meisterzahl. Meisterzahlen haben eine tiefgreifende Bedeutung, sie können Fluch oder Segen sein. Sie signalisieren eine sehr hohe Energie. Dies trifft für beide Seiten – Licht und Schatten – zu. Die Zahl 11 steht für den Instinkt und ist die intuitivste aller Zahlen. Meisterzahlen stehen immer für einen extrem schwierigen Lebensweg und prüfen die inkarnierte Seele hart. Die 11 steht für Idealismus, Erleuchtung, Charisma und Führungsqualitäten, sie ist die Zahl der Visionäre. Mit Logik kann die 11 keinen Frieden finden, sondern nur mit Vertrauen. Sie ist eine Mysterienzahl, ein Tor, das offen ist. Ich finde, diese numerologische Erklärung passt gut zu der Individualität des heiligen Martin. Am 11. 11. ist ebenso Faschingsanfang. Im Volksmund ist die 11 eine Schnaps- oder Narrenzahl.

Der Sankt Martinstag ist heute vor allem ein Fest für die Kinder. Sie ziehen mit bunten Laternen und leuchtenden Augen durch die dunklen Straßen und singen Martins- und Laternenlieder. Mancherorts werden sie dabei von einem Reiter mit römischem Helm und Purpurmantel begleitet, der an die berühmte Mantelteilung des Heiligen erinnert.

Sankt Martin ist der Gedenktag der Grablegung des heiligen Martin von Tours im Jahre 397. Martin ist einer der bekanntesten und beliebtesten Heiligen.

Er lebte in Frankreich, war aber römischer Soldat. Mit 15 Jahren schon trat er in das Heer ein. Die Legende erzählt, dass er wenige Jahre später gemeinsam mit anderen Soldaten im eisigen Winter am Stadttor von Reims auf einen fast unbekleideten Bettler traf. Das Schicksal des frierenden Mannes kümmerte keinen seiner Begleiter, Martin aber wollte helfen. Er hatte außer seiner Uniform und seinem Schwert nichts bei sich, so teilte er kurzerhand seinen Mantel in zwei Stücke und gab eines davon dem Bettler. Er gab das weg, worauf er selber verzichten konnte, und nicht mehr. Eine Hälfte verschenkte er, die andere Hälfte brauchte er für sich selber. In der folgenden Nacht, so sagt es die Erzählung, erschien ihm Jesus im Traum und dankte ihm für die gute Tat. Denn in der Gestalt des Bettlers hatte Martin dem Gottessohn selbst geholfen.

Sankt Martin wurde zum Vorbild für Barmherzigkeit und Mitgefühl.

Er war der erste Heilige, der kein Märtyrer gewesen war. Sein vorbildliches Leben war Anlass genug für die Heiligsprechung. Gerechtigkeitssinn und Weltzugewandtheit wurden durch ihn zum Ideal. Von Frankreich ausgehend breitete sich seine Verehrung rasch aus. Viele Kirchen sind nach ihm benannt worden. Sein Grab in der Martinsbasilika von Tours ist auch heute immer noch eine bedeutende Wallfahrtsstätte.

Die Tradition, die Laternen mit den Kindern selber zu basteln und mit einer echten brennenden Kerze zum Leuchten zu bringen, verschwindet leider allmählich. Es ist ein Unterschied, ob das Kind mit Ehrfurcht, Geduld, Andacht und Vorsicht seine selbst gemachte Laterne vor sich herträgt, oder unruhig umherspringt, weil seine batteriebetriebene Plastiklaterne nicht in Flammen aufgehen kann.

Die farbig leuchtenden Laternenumzüge an Sankt Martin kann man aus der Tradition der hier schon gelegentlich geschilderten Prozessionen verstehen.

In vielen Gegenden gibt es zum Abschluss des Laternenumzugs ein Martinsfeuer. Die Gemeinde sammelt sich um das Feuer, das Licht in die kommende Winterdunkelheit bringt. Symbolisch steht das Freudenfeuer auch für die gute Tat Martins gegenüber dem Bettler, in dessen Leben und in dessen Welt Martin damit auch ein wenig Licht gebracht hat.

Man kann dieses Fest ebenso über die Totengedenktage verstehen. Die Verstorbenen sind in der Zeit sehr erdennah, was manchmal auch ein Gefühl der Unsicherheit mit sich bringen kann. Da können uns ein symbolischer Martinsmantel und viel Licht vor dem schaurigen Totenreich schützen.

Der 11. November war früher der letzte Tag im Wirtschaftsjahr. Daher stammt die Sitte des Martinsgansessens.

Früher war der Martinstag – die Erntezeit war zu Ende – ein Schlemmer- und Festtag, bevor die 40-tägige vorweihnachtliche Fastenzeit begann. Ebenso war der 11. November der letzte Tag im Wirtschaftsjahr und der traditionelle Tag des Zehnten, eine Jahressteuer, vor allem bestehend aus Naturalien, oft in Form von Gänsen, damit die Tiere nicht alle über den Winter durchgefüttert werden mussten. Alles Gründe, um ein Festmahl zu feiern. Daher an dem Tag die Sitte des Martinsgansessens.

Ein beliebter Brauch sind die Martinswecken, ein Gebäck aus Hefeteig, das die Form eines Männleins hat, mit Augen und Jackenknöpfen aus Rosinen. Es hält eine Tonpfeife in der Hand. Sie werden meistens nach dem Laternenumzug an die Kinder verteilt.

Übrigens: Wenn gelegentlich auch der «Martinitag» gefeiert wird, dann ist damit die Taufe von Martin Luther gemeint. Das sollte man nicht verwechseln.

In unserer schnelllebigen Zeit können uns die Kinder eine Hilfe sein, wenigstens für sie noch die Feste zu greifen, schön zu gestalten und zu feiern. Sie laden uns ein, innezuhalten, auf die jeweilige Zeit und deren Bedeutung zu schauen, wo wir sonst im Alltag die Aufmerksamkeit und Kraft dafür nicht finden.

Die warm leuchtenden, bunten Laternen bringen Licht in die Dunkelheit und Kälte des Novembers. Sie rufen dazu auf, sich an die Botschaft des heiligen Martin zu erinnern und die Notleidenden nicht zu vergessen.

Alibo

Ich möchte an dieser Stelle einen grundsätzlichen Exkurs einflechten.

Ich habe einen kleinen Freund Manuel, der mittlerweile dreijährige Sohn einer Freundin. Als Manuel in der Lage war, sich sprachlich in Zwei- und Dreiwort-Sätzen auszudrücken, erzählte er seiner Mama eines Abends nach der Gutenachtgeschichte kurz vor dem Schlafengehen von einem kleinen Zwerg: Alibo. Seitdem spielt Alibo eine wichtige, bewusste Rolle in Manuels Kindheit und in seiner Familie. Ich gehe davon aus, dass er auch schon früher ein Spielgefährte für Manuel war, dass sich dieser dazu aber noch nicht äußern konnte. Seitdem seine Mama auch von Alibo weiß, gehört es oft zum Abendritual, zu fragen, was Alibo möchte: ein bisschen mitkuscheln, ein Stückchen Schokolade, ein Schlückchen Milch oder einfach bei der Gutenachtgeschichte dabei sein und zuhören … Alibo ist Manuel ein guter Freund geworden. Er wohnt aber nicht in Manuels Kinderzimmer, sondern kommt unvermittelt dazu. Manuels Mutter weiß es dadurch, dass ihr Junge dann plötzlich mitteilt: Alibo ist da. Und fragt sie mal danach, ob denn Alibo da sei, schaut Manuel erst wie um die Ecke, seine Augen wandern nach rechts oder nach links, er bekommt einen weichen Blick und dann kommt seine Antwort: Da ist er doch! Oder: Der ist doch in Köln! (Alibo fährt nämlich gerne Auto oder Lkw, erzählt Manuel, und er ist dann mit Manuels Papa mitgefahren.)

Als meine Freundin fragte, wie Alibo aussieht, antwortete Manuel: Na, gelb! Als sei das für ihn eine dumme Frage. Alibo kann seine Größe verändern und anpassen, mal ist er groß, mal ist er klein. Er wohnt draußen in einem Häuschen, und manchmal sieht Manuel auch einen kleinen Hund dazu. Ganz eindeutig nimmt Manuel auch andere Elementarwesen wahr, sogar unerlöste verstorbene Seelen kann er sehen. Dann spricht er davon, dass ein Mann im Haus sei. Zum Glück kann seine Mutter damit umgehen und unterstützt ihr Kind in dessen Erlebnissen. Viele Kinder müssen die Erfahrung machen, auf Unverständnis seitens der Eltern oder Erwachsenen zu stoßen, wenn sie von ihren unsichtbaren Spielgesellen berichten; es wird als Humbug oder als Hirngespinste abgetan. Es macht diese Kinder unsicher, sie fühlen sich unverstanden, anders als die anderen. Das hat leider oft zur Folge, dass sie diese feinstofflichen Wahrnehmungen und Erfahrungen nicht mehr zulassen wollen und sich dafür verschließen. Darüber sind die Elementarwesen wiederum traurig. Ich höre immer wieder Menschen berichten: Das hätte ich als Kind gerne schon gewusst, dann hätte ich ganz anders damit umgehen können! Ich kann nur hoffen, für alle Kinder, die diese Wahrnehmungsgabe mitbringen, dass ein neues Verständnis dafür entstehen möge und dass sie mit ihren übersinnlichen Wahrnehmungen nicht alleine gelassen werden, sondern dass ihr Umfeld lernt, diese Kinder zu begleiten und ernst zu nehmen, ohne sie auszugrenzen. Manchmal bekommen Kinder sogar Medikamente dagegen. Was machen wir damit nicht alles kaputt! Auch für das spätere Erwachsenenleben.

Wir stehen als Eltern von Kindern mit besonderen Wahrnehmungsfähigkeiten durchaus auch in der Verantwortung, ihnen zu vermitteln, dass es die Elementarwesen und Engelwesen *wirklich* gibt, und dass es für diese Wesen sehr wichtig ist, wahrgenommen zu werden, dass es wichtig ist, sie zu ehren und zu achten, sie im Alltag mit einzubeziehen, sie um Rat zu fragen und bei Entscheidungen, die sie und ihren Lebensraum betreffen, zu berücksichtigen und einzuschließen. Wir können diesen Kindern erklären, dass die Elementarwesen gerne Beziehungen zu Kindern aufbauen und pflegen, dass wir Menschen sie aber freilassen müssen, sie nicht zu irgendetwas zwingen dürfen. Kinder, die gelernt und verstanden haben, dass sie die Elementarwesen wie kleine Diener benutzen können, also, dass das durchaus funktionieren kann, werden die Elementarwesen eventuell in ihrem späteren Leben ebenso einbinden und benutzen, dann aber nicht mehr aus einer kindlichen Naivität heraus, und das kann dann keine gute Entwicklung mehr sein.

Als Eltern oder Erzieher müssen wir unser Augenmerk ebenso auf folgende Problematik lenken. Wenn mein Kind über besondere Begabungen verfügt, wird es mit seiner Andersartigkeit konfrontiert. Das kann womöglich das Gefühl auslösen, sich als Außenseiter zu erleben, und kann bei dem Kind zu einer Isolation führen. Womöglich meidet es dann den Kontakt zu Gleichaltrigen und zieht sich mehr und mehr in seine eigene Welt zurück und wird introvertiert. Wenn es die Erfahrung macht, über seine Erlebnisse mit anderen nicht reden zu können oder gar ausgelacht zu werden, pflegt es unter Umständen nur noch zu seinen «wahren» Freunden, den Elementarwesen oder sonstigen unsichtbaren Wesen, eine Beziehung, und kapselt sich damit erst recht ab. Auch da gilt es, sehr behutsam mit dieser Andersartigkeit umzugehen, wachsam zu sein und sie dabei gut zu begleiten, ihnen zur Seite zu stehen, im Gespräch zu bleiben. Vor allem sollten wir als Eltern den Kindern vermitteln, dass wir alle Menschen sind und bleiben, und dass wir zum Leben andere Menschen unbedingt brauchen!

Auch dies ist eine wahre Erfahrung aus meinem Umkreis.

Sankt Nikolaus

Als Belgierin ist mir das Fest des heiligen Nikolaus natürlich wichtig. Auch für die Kinder in Holland ist es das Fest der Feste: Sinterklaas en Zwarte Piet! Geheimnisvoll und aufregend ist die Vorstellung, dass der Nikolaus bzw. sein Knecht in der Nacht vom 5. auf den 6. Dezember durch den Schornstein in die gute Stube steigt und für alle Kinder, die im vergangenen Jahr, nun ja, brav gewesen sind, Geschenke und Süßigkeiten hinlegt. Ich weiß noch sehr genau, wie ich mutig morgens früh als Erste die Treppe heruntergeschlichen bin, um vor den anderen zu schauen, was alles auf dem gedeckten Tisch lag, kurz bangend, ob für mich auch wirklich etwas dabei war – da meine älteren Brüder natürlich nur zu gerne ihre kleine Schwester damit aufzogen, dass sie bestimmt nicht brav genug gewesen sei … Allzu früh wurde mir dieser besondere Zauber zunichtegemacht: Ein Spielkamerad meines Bruders meinte mir verraten zu müssen, es gäbe gar keinen echten Nikolaus, das machten die Eltern selber. Entsetzt und weinend rannte ich zu meiner Mutter, aber zu meinem großen Schrecken bestätigte sie es mir – und dabei ging von meiner staunenden Kindheit etwas verloren. Ich glaube, irgendwie habe ich das diesem Jungen bis heute nicht wirklich verziehen.

Doch die Magie des frühkindlichen Glaubens an himmlische Wesen, die für uns da sind, auf uns achten und uns begleiten, kehrte später zurück. Das konnte mir keiner mehr wegnehmen, und jedes Jahr, wenn für die Kinder der Nikolaus in unser Dorf kommt, bin ich als Erste in dem kleinen Saal und zünde mit besonderer Andacht und Vorfreude die Kerzen an.

Über den heiligen Nikolaus gibt es verschiedene Legenden. Er gilt seit jeher als Schutzpatron der Kinder und der Seeleute. Fleißige belohnt er, Faule lässt er von seinem Gehilfen ermahnen oder bestrafen.

Der echte Sankt Nikolaus lebte 340 nach Christus als Bischof in Myra. Er ist einer der bekanntesten Heiligen des Christentums und wird auch stark in der Ostkirche gefeiert. Sein Name bedeutet griechisch: Sieg des Volkes.

Nikolaus galt als barmherzig und sehr mildtätig. Er ist zur symbolischen Gestalt für die Bemühungen der Menschenseele geworden, sich auf Weihnachten vorzubereiten, damit das Christkind kommen und es Weihnachten in der Seele werden kann.

Sein Wirken hat zu dermaßen vielfältigen Legendenbildungen beigetragen, dass er gewissermaßen ein sehr beliebter Heiliger geworden ist: Sankt Nikolaus gilt als Schutzpatron der Seefahrer, Binnenschiffer, Kaufmänner, Rechtsanwälte, Apotheker, Metzger und Bäcker, Getreidehändler, Drescher, Pfandleiher, Schneider, Küfer, Fuhrleute und Salzsieder. Nikolaus ist ebenso Patron der Schüler und Studenten, Pilger und Reisenden, Liebenden und Gebärenden, der Alten und Kinder und auch der Diebe, Gefängniswärter, Prostituierten und Gefangenen …

Aus dem Schutzpatronat für die Kinder leitet sich das heutige Brauchtum ab.

Der Brauch, die Kinder am Nikolaustag zu beschenken, hat seinen Ursprung in der Perikopenordnung der Kirche. Am 6. Dezember ist die Perikope vom Gleichnis von den anvertrauten Talenten (Mt. 25,14–30) vorgesehen. Drei Knechten wird Geld anvertraut, jeder von ihnen muss daraufhin rechtmäßig antworten, was er mit dem Geld gemacht habe. Der Brauch der Befragung der Kinder durch den Nikolaus, ob sie denn auch brav und fromm gewesen seien, geht auf dieses Gleichnis zurück.

Er beschenkt und lobt die guten Kinder, während er die bösen tadelt und durch Schläge mit einer Birkenrute bestraft bzw. von seinem Knecht bestrafen lässt. Natürlich wird er hier irgendwie als pädagogisches Druckmittel eingesetzt und sorgt für eine moralische Bewertung. Dies gibt es heute zum Glück gar nicht mehr in der Form. Als ich ein Kind war, wurde die Rute noch erwähnt und als Drohung eingesetzt, als erzieherische Maßnahme sozusagen, in der Hoffnung, die Kinder würden sich aus Respekt deshalb etwas mehr betragen. Welche Kinder im letzten Jahr gut und welche böse waren, liest der Nikolaus in seinem goldenen Buch. Heutige Eltern wissen, dass der gute Mann eher die Fähigkeiten loben sollte statt die Unfähigkeiten zu bemängeln, und dass er motivieren sollte. Sie laden gerne einen ehrenamtlichen oder bezahlten Nikolaus ein, der den Kindern zu Hause die Geschenke und Süßigkeiten bringt. Süßigkeiten waren früher ein Zeichen von Wohlstand, etwas Besonderes und Nichtalltägliches.

Die Tradition, das nächtliche Füllen der Schuhe, beruht auf der Legende von den drei Jungfrauen, die nachts vom heiligen Nikolaus beschenkt wurden. Ursprünglich war der Nikolaustag der Tag der Bescherung. In manchen Ländern ist das heute noch so, in anderen wurde die Bescherung seit der Ablehnung der Heiligenverehrung durch die Reformation auf Weihnachten verlegt. Das Christkind löste den Nikolaus als Gabenbringer ab.

Wie man den Heiligen Mann darstellt, ist hierzulande unklar. Eigentlich wird der Sankt Nikolaus mit Bischofsmütze (Mitra) und Bischofsstab gespielt. Er war ja Bischof. Oft findet, gerade in Deutschland, eine Verwechslung mit dem Weihnachtsmann mit rotem Mantel und Pelzbesatz statt. Ein Irrtum ist es, dass die Coca-Cola Company den roten Mantel erfand. Der Konzern warb zwar ab 1931 weltweit mit weihnachtlichen Werbekampagnen für sein Getränk, aber der rote Mantel und der Rentierschlitten stammen aus den USA des 19. Jahrhunderts. In einem englischen Gedicht von 1821 findet man schon die Figur eines in Pelz gekleideten *Santeclaus* vor, der mit einem Rentierschlitten unterwegs ist. Ein Jahr später erhöhte Clement Clarke Moore in seinem Gedicht *The Night before Christmas* die Menge der Rentiere und ließ ihn durch den Schornstein kommen.

Den Brauch des Schiffchensetzens findet man seit dem 15. Jahrhundert: aus Papier oder anderem Material gebastelte Nikolausschiffe, in die der Heilige in der Nacht seine Gaben legen sollte. Der Hintergrund hierfür dürfte das Schifferpatronat sein. Auch heute findet man auf vielen Handelsschiffen ein Bildnis des heiligen Nikolaus. Das Nikolausschiffchen wurde später durch Stiefel, Schuh oder Strumpf abgelöst, zu denen später der Gabenteller kam. Die Kinder stellen am Vorabend des Nikolaustages ihre auf Hochglanz geputzten Schuhe, Stiefel oder einen Teller vor die Tür, oder sie hängen ihre Strümpfe vor den Kamin, damit der Heilige sie auf seinem Weg durch die Nacht mit Früchten oder (heute) Spielsachen füllen kann.

Wer kennt noch den (schon erwähnten) Brauch des Gebildbrotes, das aus Hefeteig hergestellte Sinn- oder Bildergebäck? Es sind Formen figürlicher Darstellungen – beispielsweise Mensch, Hase, Vogel – oder kunstvolle Teigflechtungen. Sie umrahmen die wichtigen Jahresfeste. Ich nannte bereits das Martinsmännchen. Besonders auch in der Weihnachtszeit wird gerne gebacken. Der erste Advent und der Nikolaustag sind ein erster Anlass, Süßgebäck zu produzieren. An Nikolaus sind es oft Kekse aus Spekulatius mit verschiedenen Abbildungen, da man den heiligen Nikolaus früher Spekulator (den in geistige Betrachtung Versunkenen) genannt hat.

Und wer kennt noch den Klausenbaum oder das Paradeisl? Ich kannte es nicht. Es ist ebenfalls ein alter Nikolaus-Brauch, der schon aus dem 15. Jahrhundert stammt. Vier Äpfel werden mit Stöcken zu einem pyramidenförmigen Gestell kombiniert und mit Kerzen geschmückt. Der Klausenbaum wird oft als Vorläufer des Adventskranzes bezeichnet.

Im Mittelalter in den Klosterschulen durften die Kinder am Nikolaustag «verkehrte Welt» spielen und einen sogenannten Kinderbischof aus ihren Reihen wählen. Dieser durfte dann den Erwachsenen predigen und ihr Verhalten tadeln. Mancherorts blieb er bis zum 28. Dezember, dem Tag der unschuldigen Kinder, gewissermaßen im Amt.

Sankt Nikolaus und seine Begleitung: Als bösen Gegenspieler und Furcht einflößenden Gehilfen bekam der barmherzige Nikolaus in verschiedenen Ländern Begleiter zur Seite gestellt. Sie gehen vermutlich auf den Satansmythos, vorchristliche römische Saturnalien und Panverehrung sowie germanisches Brauchtum zurück. Sie stellen das gezähmte und auch das projizierte Böse schlechthin dar. Wir könnten aus der heutigen Sicht der Anthroposophie sagen, es ist unser eigener Doppelgänger, der so dargestellt wird. Das, was in uns noch überwunden und verwandelt werden möchte. Man kann es durchaus humorvoll betrachten. Unsere Schattenseiten gehören einfach auch zu uns. Über die zum Teil lustige Gestalt des Zwarten Piets zum Beispiel kommt einiges zur Katharsis. Das Geschenk des Nikolaus ist die stetige Möglichkeit, an uns zu arbeiten und einiges zu überwinden und zu verwandeln.

Es gibt viele verschiedene Bezeichnungen und Darstellungen dieses Gegenpol-Gesellen: der *Krampus* im Alpenraum (oder die *Kramperln*), der mit Ketten rasselt und damit die bösen Kinder erschreckt. In manchen Gegenden jagen die Krampusse schon am Vorabend, dem 5. Dezember, dem Krampustag, durch die Dörfer (Krampuslauf). Sie sind noch ungezähmt – vor dem Erscheinen des Heiligen Mannes.

Andere Begleiter des Nikolaus können sein: Engel, Körbelträger, Pass, Bass, Bartl, Klaubauf, Schimmelreiter im früheren Ostpreußen, Bullerklas im Norddeutschen, Beelzebub, Pelzebock oder Hans Muff im Rheinland, in den Niederlanden und Belgien der schon erwähnte Zwarte Piet (Schwarze Peter), im Alemannischen der Kinderfresser und Knecht Ruprecht. Sie alle sollen die Kinder unter Androhung von Strafe zu Frömmigkeit und Fleiß erziehen. Heutzutage steht jedoch das Beschenken, sehr zur Freude der Kinder, im Vordergrund des Nikolausfestes. Bestraft wird höchstens, wer es verpasst, den Stiefel rechtzeitig am Vorabend des Nikolaustages vor die Tür zu stellen, und somit leer ausgeht.

Es gibt sogar weibliche Begleiter für den Nikolaus: in Bayern die *Butzenbercht*, das hessische *Fraache* (Frauchen, kleine Frau) oder das *Nikoloweibl.*

Damit möchte ich ein Gefühl dafür vermitteln, wie weit der Brauch verbreitet war und ist, und welche wichtige Rolle im allgemeinen Kulturgut die Figur des Nikolaus spielt. Ebenso wie Sankt Martin ist Nikolaus einer der ersten Nichtmärtyrer, die als heilig gelten.

Heute Morgen, noch im Bett liegend, sann ich darüber nach, wie ich vom Nikolaustag den Bogen zu den Elementarwesen finden könnte. Dieses Buch soll ja auch anregen, wie man im Jahreserleben für sich, aber auch für die eigenen Kinder, die Welt der uns umringenden Elementarwesen mit einbeziehen kann. Und so fand ich es wichtig, beiden Kinderfesten, Sankt Martin und Sankt Nikolaus, ebenfalls ihren Raum zu geben, wenn auch in einer etwas anderen Form als die anderen Jahresfeste.

Das tiefe Verständnis für das Feiern dieser Feste geht uns heute leider immer mehr verloren, alte Traditionen werden infrage gestellt und nicht mehr richtig verstanden. Das ist schade, weil gerade die Kinder an diesen beiden Tagen besonders im Mittelpunkt stehen und nichts so stark hängen bleibt und uns prägt wie die schönen Kindheitserinnerungen. In Belgien wird infrage gestellt, ob der Nikolaus auf seiner Mitra noch das Kreuz als Symbol des Christentums tragen darf, weil dort lebende Menschen aus anderen Kulturen und Religionen Anstoß daran nehmen – statt sich im Gastland anzupassen, in dem Sinne, dass man sich um eine Akzeptanz der christlichen Ursprungstraditionen des Gastlandes bemüht. Auch der *Zwarte Piet* (in Deutschland Knecht Ruprecht) darf nicht mehr sein, da er angeblich diskriminierend und rassistisch sei. Aber ist er nicht vielleicht nur ein Bild für die Dualität zweier Pole, Weiß und Schwarz, Yin und Yang? Außerdem ist er nur deswegen schwarz, weil er durch den Schornstein in die Häuser kommt. In Deutschland wiederum wird darüber debattiert, das

Sankt Martinsfest in politisch korrekter Sprache von nun an *Sonne-Mond-und-Sterne-Fest* zu nennen. Wo bleiben da noch die Bilder, diese starke Imaginationskraft, die auf die Seele des Kindes wirkt und es darüber auch auf das kommende Leben vorbereitet? Soll das keinen Wert mehr haben? Dürfen unsere heiligen Schutzpatrone als Vorbilder nicht mehr gegenwärtig sein? Auch wir wollen unsere christliche Kultur und unsere Traditionen nicht verleugnen müssen. Eine wirklich auch *gegenseitige* Akzeptanz der Andersartigkeit der Kulturen wäre schön.

Meine kleine Freundin Lene wollte in ihren ersten drei Lebensjahren gar nicht mit mir in den Wald gehen. Ihr waren das dichte Wachstum und die Dunkelheit dort unheimlich. Wenn sie mit mir unterwegs war, brauchte sie die Orientierung: Meine Mama und mein Zuhause sind nicht weit weg und ich kann jederzeit wieder nach Hause zurück, wenn ich es möchte. Diese Sicherheit musste sein. So konnte ich lange nicht mit ihr zu meinen besonderen Plätzen mit den unsichtbaren Gesellen gehen und nicht die Erfahrung machen, wie Lene wohl darauf reagieren würde – obwohl ich neugierig darauf gewesen wäre. Denn gerade in den drei ersten Jahren haben die Kinder noch eine starke Verbindung zu den himmlischen Kräften, und damit auch zu dem Unsichtbaren. Als Lene vier geworden war, konnte ich endlich mal mit ihr in den Wald, sie traute sich mittlerweile. Ich wollte ihr ein paar Zwerge zeigen. Ich erzählte ihr vorher auch, dass wir die Zwerglein besuchen würden. Sie war auf ihre frühkindliche Art sehr interessiert, neugierig und gespannt und fragte mich auch immer wieder, wo die Eingänge zu den Zwerghöhlen (wirkliche Löcher an Baumwurzeln) seien. Ich zeigte ihr einige. Die Zwerge waren genauso freudig und neugierig auf uns und zeigten sich. Aber Lene konnte sie nicht sehen. Das machte sie irgendwann unsicher, da ich ihr sagte, schau doch, da ist einer, hier ist er und er hat eine blaue Zipfelmütze auf dem Kopf, guck, so groß ist er … Sie *wollte* es mir glauben, hatte dann aber vielleicht doch den Eindruck, ich würde sie irgendwie veräppeln. Sie guckte und guckte und war enttäuscht, dass sie sie nicht sehen konnte.

Nach einigen Versuchen an verschiedenen Plätzen merkte ich: Jetzt muss ich damit aufhören und auf ein anderes Thema eingehen. Es machte Lene zu unsicher. Am Ende nimmt sie Zwerge und Naturwesen nicht mehr ernst, dachte ich, auch nicht mehr im spielerischen Sinne oder im Kindergarten. Das wollte ich unbedingt vermeiden. So ist das Thema Elementarwesen für Kinder im Erleben ganz unterschiedlich, und ich glaube, wir Erwachsenen müssen subtil und verantwortungsvoll damit umgehen und sie sehr gut begleiten, und zwar in beide Richtungen.

Mittlerweile ist Lene schon zehn und wir sehen uns nicht mehr so oft. Aber wenn wir zusammen sind, erkundigt sie sich sehr interessiert nach meinen Wahrnehmungen und Erfahrungen und hat dazu interessante Fragen. Auch wenn sie weiß, dass in ihrer Familie nicht alle Mitglieder an die Echtheit der Elementarwesen glauben: Sie tut es. Manchmal muss ich auf ihre Fragen auch antworten, oh, das weiß ich nicht, darüber habe ich selber noch nicht nachgedacht oder geforscht. Wir führen anregende Gespräche, auch für mich sind sie es.

Elementarwesen haben ein kindliches Gemüt. Sie sind auf der Herzensebene zu erreichen, nicht auf der nur verstandesmäßigen. Bei den hoch entwickelten Elementarwesen, die einen besonderen Wirkungsbereich verantworten, mag es anders sein. Da ist natürlich eine gewisse Ernsthaftigkeit zu spüren. Aber die Elementarwesen, die wir, so könnte man es sagen, aus Geschichten und Märchen kennen, haben etwas Kindliches, etwas Herzoffenes. Sie strahlen eine Neugierde und eine Freude aus, die wir von den Kindern kennen. Sie stecken voller Humor und lieben schalkhafte Streiche. Sie mögen es, wenn wir ihnen, so wie wir es Kindern erzählen, Dinge erklären und verdeutlichen. Auch im Rahmen des Nikolausfestes kann man die Haus-, Garten- und Umgebungs-Elementarwesen gedanklich in die innerlichen und äußerlichen Vorbereitungen integrieren und sie einladen, daran teilzuhaben.

Ich hatte einmal den Auftrag, mit meinen Enkeln die Stiefelchen auf Hochglanz zu bringen. Das machten wir trotz Kälte draußen vor der Haustür. Was hatten wir einen Spaß zusammen! Der Kleine, noch ganz eingebettet in dem Glauben an den Nikolaus, und die Große, gerade in der kritischen Übergangsphase: Gibt es ihn oder gibt es ihn nicht? Ich möchte gerne noch an ihn glauben. Aber wenn ich ernsthaft darüber nachdenke, weiß ich natürlich … Und aus Rücksicht auf den kleinen Bruder …

Dieser kindliche Eifer und diese Ernsthaftigkeit bei der Handlung des Schuhputzens, es war so schön! Natürlich kamen bei mir die Erinnerungen aus der eigenen Kindheit hoch. Wir begeisterten uns also gegenseitig, die Kinder und ich. Wenn wir so ein gemeinsames Tun mit den Elementarwesen teilen, und wenn sie wie eine indirekte Einladung unsererseits spüren, ich denke, darüber würden sie sich freuen. (Das wird mir in diesem Augenblick von den Wesen, die mich beim Schreiben am Schreibtisch begleiten, Dicky, Ellie, Manu und Melle, auch bestätigt!)

Wie wäre es, wenn nicht nur die Kinder einen gefüllten Nikolausteller oder Schuh über Nacht hingestellt bekommen, sondern auch ein Tellerchen für die im Hause oder in der Familie lebenden Elementarwesen auf den Tisch kommt? Egal, ob von ihnen eine bewusste Wahrnehmung da ist oder nicht. Die Gabe könnte statt Leckereien einen in Moos gebetteten Halbedelstein beinhalten, oder einen Strohstern, etwas aus der Natur, etwas Schönes, was man jetzt noch draußen finden kann, vielleicht eine Feder. Und bestimmt freuen sich die Elementarwesen auch über etwas Gebasteltes oder einen selbst gebackenen Keks, auch wenn sie ihn scheinbar nicht anrühren werden. Es geht vor allem um die Geste und um das Miteinbeziehen innerhalb des Alltags, gedanklich und über das Gefühl. Eine gute Möglichkeit, den Elementarwesen auch zu vermitteln, dass all das wirklich speziell für sie gedacht ist, ist es, ihnen verbal zu erzählen – laut oder auch leise in Gedanken. Auch da kann man Kinder sehr schön mit einbeziehen und ihnen so die Existenz der Naturwesen näherbringen. Nicht nur über Geschichten, die die Kinder über sie hören, oder über ein Puppenspiel im Kindergarten, das sie darstellt, sondern mitten unter uns, real und wahrhaftig existierend. – Manches Kind wird sich dabei dann vielleicht trauen zu erzählen, dass es sie ebenfalls sehen kann …

Exkurs: Die Totengedenktage

Im November gehen unsere Gedanken verstärkt zu den Verstorbenen hin. Der November ist der Monat des Totengedenkens und sollte hier kurz gesondert gewürdigt werden. Das Reich der Toten fühlt sich in dieser Zeit näher an. Die alten deutschen Monatsnamen sagen über die Zeitqualität einiges aus: Windmond, Nebelmond, Schlachtmond. Den Anfang macht Halloween in der Nacht zum 1. November.

Halloween

Es gibt Theorien, die besagen, dass die Tradition von Halloween einen keltischen, andere, dass sie einen christlichen Ursprung hat. Zum einen lässt sich die Bedeutung von Halloween bis ins katholische Irland zurückverfolgen. Durch die in die USA eingewanderten Iren verbreitete sich die Feier dann auch dort. Halloween bedeutet *All Hallows' Eve.* Damit ist der Abend vor Allerheiligen, also der 31. Oktober gemeint. Die Katholiken feiern das Fest Allerheiligen seit etwa eintausend Jahren.

Zum anderen wurde das keltische Neujahrsfest *Samhain* ebenso am 31. Oktober begangen, und auch das schon seit 500 v. Chr. Die Kelten feierten in der Nacht zum 1. November das Ende des Sommers und der Ernte, den Einzug des Viehs in die Ställe und den Beginn jener Jahreszeit, die mit dem Tod in Verbindung gebracht wurde. Sie glaubten, dass an diesem Abend die Welten der Lebenden und der Toten aufeinanderstoßen. Die Toten wollen zurück zu ihren Heimen. Mit Lichtern und Feuern wiesen die Kelten den Geistern der Verstorbenen den Weg. Auch Wahrsagerei war an diesem Tag üblich gewesen.

Als das Verständnis dafür verloren ging, dass das Sterben selbstverständlich zum Leben dazugehört und es nichts Schreckliches oder Schlimmes ist, nur ein Wechsel in eine andere Dimension, bekam das Sterben eine negative Prägung. Das geht so weit, dass das Sterben heute in vielen Zusammenhängen ein Tabuthema geworden ist, über das man möglichst nicht redet. Wir wollen uns nicht wirklich damit auseinandersetzen und meinen, Sterben sei etwas Endgültiges. Als dieses Wissen also allmählich verloren ging, kam für viele die Angst. Das Sterben wurde zum Schreckgespenst. Nun dachten die

Menschen: Wenn sich die Toten in der Halloweennacht auf Erden herumtreiben, dann wollen wir sie lieber zuerst erschrecken, als dass sie uns erschrecken. Sie fingen an, sich zu verkleiden, um die Toten und Geister zu vertreiben. Die Vorstellung war, dass die Toten Besitz von den Seelen der Lebenden ergreifen wollten, um sich so ihre Chance auf ein Leben nach dem Tod zu sichern. Die Lebenden müssen sich demnach entweder verstecken oder sich als Tote tarnen, um nicht erkannt zu werden. So haben die Menschen angefangen, ihre Angst vor der Welt der Toten zu überwinden, indem sie sich selbst gruselig verkleideten.

Bräuche, die sich daraus entwickelt haben, sind: Runkelrüben oder Kürbisse aushöhlen, mit schaurigen Gesichtern versehen und nachts mit Kerzen bestückt aufstellen. Auch diese gruseligen Fratzen sollen die bösen Geister und Dämonen verjagen.

Heute lieben Kinder Halloween, weil sie sich dann verkleiden und von Haus zu Haus ziehen dürfen, um Süßigkeiten abzustauben. Bekommen die Kinder keine Süßigkeiten von ihrem Nachbarn, muss dieser mit einem Streich der Kinder rechnen.

Allerheiligen

Das Bedürfnis, die Verstorbenen zu ehren, beruht auf einer über 1000 Jahre alten kirchlichen Tradition. Natürlich kann man davon ausgehen, dass seit jeher die Menschen aller Kulturen ihren Totenkult hatten. Ursprünglich wurde, von der Kirche ausgehend, das Fest für die heiligen Märtyrer am ersten Sonntag nach Pfingsten gefeiert. Man gedachte derer, die für den christlichen Glauben ihr Leben ließen. Erst im 8. Jahrhundert wurde der Festtag auf alle Heiligen ausgedehnt und im 16. Jahrhundert verschob man das Fest auf den Herbst. Seit dieser Zusammenlegung mit Allerseelen ist Allerheiligen noch populärer geworden. Auch befinden sich nun die zwei besinnlichen Gedenktage für die Verstorbenen in der Voradventszeit, in der dunklen Jahreszeit. In der Natur geht es im späten Herbst ebenfalls um Sterbeprozesse und Todeskräfte. Es ist ein Bedürfnis, den Toten in dieser Zeit besonders nahe zu sein.

Heute steht an Allerheiligen, einem Hochfest, eher die Auseinandersetzung mit dem Tod naher Angehöriger im Blickpunkt. Man geht auf den

Friedhof, schmückt die Gräber und entzündet eine Kerze, die man Seelenlicht nennt. Sie symbolisiert das ewige Leben und die Erlösung nach dem Tod.

Und ja, auch zu diesem Fest wird nach alter Tradition der Allerheiligenstriezel gebacken. Ebenfalls ein Hefegebäck, das zu einem Zopf geflochten, je nach lokalem Brauch mit Zitronensaft oder Rum verfeinert und mit Hagelzucker oder Streuseln verziert wird. Ja, es gab noch kein Fest in meiner Darstellung ohne das Element des Feuers und ein traditionelles Gebäck! Auch ein Markt darf natürlich nicht fehlen: Zu Allerheiligen finden Allerheiligenmärkte statt.

Allerseelen

Einen Tag nach Allerheiligen, am 2. November, wird Allerseelen begangen. Ursprünglich ging es dabei um die armen Seelen im Fegefeuer als Ort der Läuterung, des Purgatoriums. Nach katholischer Auffassung befinden sich alle Toten, die nicht gleich ins Paradies kommen, in diesem Zwischenzustand. Hier werden sie gereinigt, bevor sie in die Gemeinschaft mit Gott aufgenommen werden können. In anderen spirituellen Zusammenhängen spricht man auch vom Kamaloka. Durch Gebete, Fasten, Fürbitten, Almosen, Friedhofsgänge und Gräbersegnungen konnten ihnen die noch Lebenden Ablässe zukommen lassen, also ihre Pein verringern und mildern.

Nach dem Volksglauben stiegen die Seelen der Verstorbenen an Allerseelen vom Fegefeuer auf und konnten sich für kurze Zeit ausruhen. Daher gibt es in vielen Regionen für diesen Gedenktag ebenso Gebildebrote wie das Allerseelenbrot oder den Allerseelenzopf. Sie werden für die Seelen an besonderen Plätzen, meist den Gräbern, hinterlegt. Auch das Lichterbrennen auf dem Friedhof kann man als mit dem Fegefeuer zusammenhängenden Brauch verstehen. Es sollte den Verstorbenen im Fegefeuer zugutekommen. Der Begriff der Kamalokazeit, der in der Anthroposophie eine besondere Rolle spielt, bedeutet übersetzt: Ort der Begierde (sanskr. *kama* = Begierde und *loka* = Ort). Wenn die Seele nach dem Tod in den vier niederen Ebenen der sogenannten Astralwelt weilt, hat sie die Möglichkeit, jene Begierden abzulegen, die auf Erden nur dank des physischen Leibes und seiner Sinnesorgane befriedigt werden konnten und die ihn weiterhin an das vergangene Erdenleben binden. Diese Läuterungszeit dauert etwa ein Drittel der gelebten Erdenzeit. Anschließend ist der weitere Weg des Verstorbenen frei von Belastungen aus seinem irdischen Leben. Die Seele tritt nun in die Geistwelt ein.

Eine Unterstützung können wir Lebenden, Angehörigen und Freunde dem Verstorbenen zukommen lassen, indem wir ihn in Gedanken begleiten, schöne gemeinsame Erinnerungen bewegen und ihm im Gefühl Verständnis, Liebe und Wärme entgegensenden. Dies hilft ihm bei der Verarbeitung seines Erdenlebens. Im Grunde genommen ein ähnlicher Impuls wie der Ablass in der katholischen Kirche. Das Vaterunser oder andere Gebete zu sprechen hat eine starke helfende Kraft; man kann den Toten dabei auch das eigene Geistwissen zur Verfügung stellen. Daraus entspringen die Lesekreise für die Verstorbenen.

Übrigens macht es Sinn, sich vorher gedanklich und emotional auch mit dem eigenen Tod auseinanderzusetzen. Menschen, die sich seit Jahrzehnten in der Hospizbewegung mit Sterbe- und Trauerbegleitung befassen, schildern aus ihrer Erfahrung, dass das Sterben, wenn es denn so weit ist, viel einfacher und friedvoller verläuft, wenn man im Vorfeld zu einer Akzeptanz der eigenen Endlichkeit auf Erden gefunden hat. Wenn Menschen sich gar nicht mit diesem Thema befasst haben und auch noch nicht bereit sind zu gehen, kann es oftmals zu einem stundenlangen anstrengenden Kampf führen, weil man das Leben in der Form nicht verlieren möchte. Nun ist das Leben aber vom ersten Atemzug an, gar im Mutterleib schon, unmittelbar, ohne Entrinnen, mit dem Sterben verbunden. Wer das innerlich bejaht, wird nicht so überrascht, wenn der Moment eintritt.

Volkstrauertag

Der Volkstrauertag gehört zu den sogenannten stillen Tagen im Jahr und ist in Deutschland ein staatlicher Gedenktag. Wir finden ihn eingebettet im Totenmonat November, zwischen Allerheiligen und Allerseelen am Anfang und dem Totensonntag am Ende. (Die stillen Tage sind: Heiligabend, Aschermittwoch, Gründonnerstag, Karfreitag, Karsamstag bzw. die gesamte Karwoche ab Palmsonntag, Ostersonntag, Pfingstsonntag, Allerheiligen, Allerseelen, Volkstrauertag, Buß- und Bettag, Totensonntag und Mariä Empfängnis am 8. Dezember. Per Gesetz gibt es an diesen Tagen ein Tanz- und Lärmverbot, manchmal nur stundenweise, etwa während der Gottesdienste. Die Feiertagsgesetze können jedoch von Bundesland zu Bundesland variieren.)

Nach Kriegsende engagierten sich Politiker und Vereine für das Gedenken an die getöteten Soldaten auf deutscher Seite. Die Motive dafür reichten von Heldenverehrung bis zu Anteilnahme mit den Angehörigen. Diejenigen, die im Ersten Weltkrieg keinen Verlust zu beklagen hatten, wollten ein Zeichen der Solidarität setzen für die Hinterbliebenen der Gefallenen. Im Jahr 1922 erinnerte erstmals der Reichstag an die gefallenen Soldaten – ein Aufruf zur Versöhnung und Verständigung untereinander.

Seit 1952 wird der Volkstrauertag am vorletzten Sonntag im Kirchenjahr, also zwei Sonntage vor dem ersten Adventssonntag begangen. Nun erinnert er an *alle* Kriegstoten und Opfer von Gewaltherrschaft weltweit. Mit zunehmendem Abstand zum Krieg wird dieser Gedenktag auch als ein Tag der Trauer verstanden, als Tag der Mahnung und Versöhnung, als Mahnung für den Frieden.

Totensonntag oder Ewigkeitssonntag

Der Totensonntag ist wiederum in der evangelischen Kirche und beispielsweise auch in der freien Kirche der Christengemeinschaft der Gedenktag für die verstorbenen Angehörigen und Freunde. Er wird am letzten Sonntag vor dem ersten Adventssonntag begangen. Im traditionellen Christentum ist der Tod zwar das Ende des irdischen Lebens, doch gibt es die Hoffnung auf eine Auferstehung. Allerdings gibt es, anders als in der der Anthroposophie nahestehenden Kirche der Christengemeinschaft, den Reinkarnationsgedanken nicht.

Am Totensonntag dürfen Weihnachtsmärkte noch nicht öffnen. Kirchliche Kreise werben dafür, auch mit der Weihnachtsbeleuchtung erst in der Woche vor dem 1. Advent zu beginnen. Das sorgt für Diskussionen, da manche Schausteller und Besucher entsprechende Ausnahmeregelungen für eine frühe Eröffnung begrüßen, während die Vertreter der Kirche diesen Wandel als eine Missachtung der Trauertage ansehen. Trubel am stillen Feiertag? Das gefällt nicht jedem.

Ende November ist es an der Zeit, die Gräber auf den Winter vorzubereiten. Dazu werden sie mit Tannengrün oder Rindenmulch bedeckt. Zu den verbreiteten Bräuchen gehört es ebenso, die Gräber mit Kränzen, Gestecken oder Blumen zu schmücken. Viele Trauernde besuchen am Totensonntag oder an den Tagen davor die Grabstellen ihrer Verstorbenen. Am Ewigkeitssonntag werden im Gottesdienst die Namen der Verstorbenen des vergangenen Kirchenjahres verlesen und für jeden einzelnen wird eine Kerze entzündet. Manchmal finden die Gottesdienste direkt auf den Friedhöfen statt.

Heute hat das Kirchenjahr «Silvester», es endet am Totensonntag.

Der Buß- und Bettag, ebenfalls ein evangelischer Feiertag, der in diese Zeit fällt, wird am Mittwoch zwischen Volkstrauertag und Totensonntag begangen. Er dient der historischen Besinnung und kritischen Lebensbilanz, angesichts von Notständen oder Gefahren.

Elementarwesen reagieren auf Kollektivfelder von Angst und Trauer, Schrecken, Gewalt und Missbrauch. Es führt für sie und ihre Umgebung zu einem Energieverlust. Dies kann man an Schauplätzen, wo Verbrechen stattgefunden haben, als ätherischen Abdruck wahrnehmen. Es sind Orte, wo es dunkel und kalt erscheint, wo man auch unbewusst spürt, hier möchte ich nicht weilen. Ein solcher Abdruck kann lange, sehr lange bleiben, manchmal jahrhundertelang. Leider ist es so, dass es der Elementarwelt nicht möglich ist, selber etwas zu verändern an solchen Missständen, auch wenn sie wissen, was sie dazu bräuchten. Da sie keinen freien Willen haben, können sie ihre Lage nicht einfach umwandeln, kann der Ort nicht einfach regenerieren. Da, wo es Defizite gibt, aus Menschenhandeln entstanden, können es wiederum nur wir Menschen in Form von Erdheilungsritualen in eine Wiederherstellung bringen.

Ein Spaziergang vor Totensonntag

Ich kenne einen herrlichen Weg in unserem Wald: Er verläuft parallel zur Fulda, aber oberhalb am Hügel, etwa mittig zwischen dem Fluss und unserem Haus. Dort ist ein völlig unberührtes Wäldchen, nichts an Bewegung findet dort statt, keine Arbeit, die verrichtet wird, selten ein Spaziergänger, der sich dorthin verirrt, da dieser Weg kaum bekannt ist. Man taucht unmittelbar in eine märchenhafte Stimmung: glänzendes Moos in vielen Grünschattierungen von dunkel bis hell, witzig wachsende, charaktervolle Bäume, verschlafene Ecken und Winkel, Wegbiegungen, die Überraschendes bereithalten, hier und dort noch ein letzter Pilz, der aus dem Boden schaut, und unterhalb die Fulda, die beständig und langsam vor sich hin fließt, im Sonnenlicht silberglitzernd glänzend. Sie fließt in der meinem Weg gegenläufigen Richtung. Auch das gibt dem Erleben eine besondere Note, neben dem Rauschen und Rascheln der auf der Erde liegenden Blätter und dem Herbstgeruch, der leicht modrig vom Boden aufsteigt. Die Natur kann hier noch wachsen wie sie «will», das tote Holz darf liegen bleiben und nach seinem Rhythmus verfaulen, zu Humus und neuer Erde sich verwandeln, als Nahrung oder Unterschlupf für viele Kleinstlebewesen dienen. Es fühlt sich dort sehr lebendig an, trotz der Verwesungsprozesse. Dies ist vor allem gerade jetzt so schön zu erleben, da alles schillert und glänzt vor Nässe, die sich dem Regen verdankt.

Die Blätter der Bäume sind mittlerweile fast alle am Boden.

Ich musste zuletzt oft schmunzeln, wenn ich im Haus aus dem Fenster schaute: Manche Bäume hatten in diesem Jahr im November noch relativ viele Blätter. Wenn die Sonne scheint, strahlt es dann überall noch so schön gelb, rot, orange und braun, ein Lachen im November, ein ganz besonderes Licht, ein Geschenk! (Meiner Beobachtung nach hat sich dieser Rhythmus in den letzten dreißig Jahren um ganze vier Wochen verschoben.) Das typische Novemberbild – grau, neblig, kalt, trostlos, windig, stürmisch, dunkel, nass – hat sich verändert. Früher hatte man schon beim Wort *November* automatisch die Vorstellung einer lang anhaltenden ungemütlich depressiven Phase. Darüber muss ich mit am meisten lächeln: Die Zeit vergeht mittlerweile so schnell, ein Tag nach dem anderen, eine Woche nach der anderen, dass es gar keine Zeit mehr gibt, irgendwie melancholisch werden zu können. Kaum hat der November angefangen, ist er auch schon wieder vorbei – so ist mein Empfinden. Die beste Methode, einer Herbstdepression zu entgehen, ist, sich aktiv mit dem Einmachen der Vielfalt an Früchten und Wintergemüse, die uns der Sommer bescherte, zu beschäftigen: Entsaften, Marmelade kochen, einwecken, einlagern, Nüsse und Kastanien sammeln. Diesen Tipp gab mir ein Freund. Es sind Tätigkeiten, die der vermeintlich moderne Mensch oft kaum noch kennt. Warum denn auch, es lässt sich ja alles im Regal im Supermarkt finden.

Noch etwas begleitet mich heute auf meinem Naturspaziergang: ein Hauch des morgigen Totensonntags. Ja, die Verstorbenen «leben» von unseren Erinnerungen. Diese sind wie ein Licht, das in ihre Welt hereinleuchtet. Aber auch die Verstorbenen schauen liebevoll zu uns und begleiten uns in unserem Erdenschicksal.

Diese Gedanken um die besondere Nähe zu den Toten beschäftigen mich oft auf meinen Spaziergängen. Natürlich könnte man sich die Frage stellen, ob man das nicht das ganze Jahr hindurch pflegen kann? Ja, das kann man!

Stille, Einkehr, Dankbarkeit, Freude begleiteten mich auf meinem Gang durch die feuchte Natur. Ich blieb oberhalb der Fulda stehen, öffnete mein Herz und meine Wahrnehmung für ihr Wesenhaftes, den Fulda-Neptun, einen großen, fröhlichen Gesellen, der sich mir immer mit Dreizack zeigt. Wir haben uns gerne! Ich entschuldigte mich bei ihm, da ich meinen Blick und meine Gedanken schon länger nicht mehr auf ihn gelenkt hatte. Ich blieb eine ganze Weile so stehen, mich erdend, in der Stille mich versenkend, in eine Andacht eintauchend.

Plötzlich fühlte ich wie ein Ziehen und Zupfen an den Hosenbeinen. Ich schaute nach unten und bemerkte mehrere lustige Zwerge, die sich freuten, mich endlich mal wieder gedanklich in ihrer Welt zu finden. Zu lange hatte ich mich diesem Vergnügen nicht mehr hingegeben. So schön es auch ist, es bedeutet für mich stets, mich darauf einzulassen, eine gewisse innere Ruhe zu finden, also erst suchen zu müssen, und in das Fühlen und in die Wahrnehmung zu gehen. Doch, dafür muss ich mich im positiven Sinne anstrengen, es passiert nicht von selbst, dieser Schritt wird mir nicht geschenkt, ich muss es wollen, mich konzentrieren. Es ist jedes Mal eine neue Entscheidung. Und zu dieser bin ich nicht immer bereit …

Die vielen Zwerglein zeigten einfach ihre Verbundenheit. Sie purzelten und drängelten. Schön, dass es euch gibt, ihr Lieben! Es tat mir gut, mich begleitet zu wissen.

Dann ging es weiter zum großen Stein Matuock, auch hier war ich schon lange nicht mehr gewesen. Schade eigentlich! Ich befreite ihn erst mal von dem nassen Blätterdeck, das ihn fast ganz verdeckte. Fast wäre ich einfach an ihm vorbeigelaufen.

Ich versenkte mich meditativ und wurde mit ihm eins. Selber wie zu Stein zu werden, ist eine Erfahrung, die ich immer wieder gerne mache und die sich jedes Mal doch wie neu anfühlt: abwartend sein und verharrend, bedingungslos, anspruchslos, schlafend, nichts erwartend, tatenlos, grundsicher, machtvoll. Ewigkeit, Schwere, unendliche Geduld, Standhaftigkeit, Zeitlosigkeit und Beständigkeit … das sind nur einige der Begriffe, die mir einfielen, diesen Zustand zu beschreiben.

Dann war da noch Xenia, die Walddeva mit ihrem mich stets weitenden luftigen Charakter und ihren irisierenden Pastellfarben. Das neben ihr stehende Buchenbaumwesen wollte ich auch nicht vergessen! Ohne Umarmung gehe ich nicht weiter. Ich lenkte meine dankbaren Gefühle zu ihnen hin. Weiter ging es zum Drachenbaum und zu Dagrons Höhle. Ich wollte ihn endlich auch mal wieder bei sich zu Hause begrüßen, ohne ihn zu mir zu rufen oder einzuladen, wie ich es sonst gerne tue. Ich war einfach nur glücklich, in diese besonderen Begegnungen eintauchen zu dürfen! Warum tue ich das eigentlich so selten? Gefangen im Zeitphänomen der Schnelllebigkeit bin auch ich immer wieder. Über die alte gräfliche Obstwiese ging es wieder nach Hause, erfüllt und bewusst vom Herbst.

Ich habe mal gelesen, dass die intensivsten Erinnerungen über den Geruchssinn ausgelöst werden.

Wenn man sich nicht ab und zu diese Zeit nimmt, gehen die Jahreszeiten einfach ineinander über, ohne dass wir das Typische daran in der Tiefe erfahren.

Was durch die Hitzekräfte des Sommers entsteht, können wir im Herbst ernten und als Nahrung verwerten. Aber nicht nur die Speisen, sondern ebenso die Qualitäten von Licht und Wärme sind wichtig für unser körperliches und seelisches Wohlbefinden. Das Geerntete und in der warmen Jahreszeit Erlebte wird über die Verdauung und die Sinneswahrnehmungen in uns verwandelt. Wir können regenerieren: ein heilender Prozess. Wir vollziehen den Herbst sozusagen gleichermaßen in uns. Wenn wir bewusst den Übergang vom Sommer über den Herbst zum Winter vollziehen, erleben wir es von außen und von innen. Daraus entsteht Gedankenkraft. Im Außen ist diese Denkfähigkeit der Winter, wo Samenkraft keimen kann und die Erde neu belebt wird. Das Denken kann man als inneren Winter verstehen. Daraus kann dann schöpferischer Wille entfacht werden, eine aufbauende und erhaltende Fähigkeit, eine Frühlingsqualität. So haben wir die

Möglichkeit, die Verwandlungskraft der Jahreszeiten seelisch zu entfalten. Und das jeden Tag, jede Stunde aufs Neue, indem wir Nahrung als Heilendes in Gedankenkraft und dieses wiederum in Willentliches transformieren. Wir vollziehen es immerwährend unbewusst. Ein Spiegelbild dafür sind die Jahreszeiten im Jahresverlauf. Der Sommer nährt uns, der Herbst heilt uns, der Winter belebt in uns die Gedanken und im Frühjahr strömt in uns neue Willenskraft.

Dafür kann uns das bewusste Feiern der Jahresfeste im lebendigen Jahreskreislauf der Erdenseele Kraft geben. Ohne eine gepflegte, erlebte, gefühlvolle Beziehung zu den Elementarwesen, ohne deren Wirken, Weben und Walten kann das Prozesshafte der Erde nicht stattfinden. Indem wir sie einfach in unserem Tun und in unseren Gedanken tragen, kann das Erleben noch verstärkt werden. Dazu möge diese Schrift eine Anregung, eine Hilfe und ein Wegbegleiter sein!

Zwerge und Verwesungsprozesse

Einmal mehr durfte ich an einer Totenwache teilnehmen. Das ist immer etwas ganz Besonderes. Man kann sehr unterschiedliche Erfahrungen dabei machen: wie die Stimmung im Raum ist, ob sich die Seele gut vom Körper lösen kann oder es schwer hat, ob sie sich nah oder fern anfühlt, und vor allem, wie sich die Atmosphäre von Nacht zu Nacht verändert.

Als ich nachts um 4 Uhr, als einzige lebende Person im Raum, mich in die Stimmung hineinfühlte, dachte ich plötzlich daran, einmal zu schauen, ob auch eine Begleitung seitens der elementaren Welt wahrzunehmen sei. Ich hatte einige Tage zuvor in einem Buch gelesen, dass die Seele während des Sterbeprozesses durch die vier Elemente geht. Das kann man lernen wahrzunehmen. Das Element Erde löst sich als Erstes auf. Der Mensch hat kaum noch Energie, etwas zu machen oder zu sagen oder sich mitzuteilen. Er wird blass, die Wangen fallen ein. Er wird schwach und gebrechlich. Der Körper beginnt sich aufzulösen. Als Nächstes schwindet die Körperwärme, das Element Feuer löst sich auf. Man kann es nachspüren, von der Peripherie (Füße und Hände) ausgehend, immer weiter Richtung Herz. Die Muskelbeherrschung wird schwächer, die Verdauung versagt. Beim Auflösen des

Wassers, des dritten Elements, verliert der Sterbende die Kontrolle über seine Körperflüssigkeiten, Mund und Nase sind nicht länger feucht, die Augen trocknen aus. Als letztes Element verlässt die Luft den Menschen. Er atmet immer mühsamer, eventuell unruhig, längere Pausen entstehen zwischen Ein- und Ausatmen, bis der letzte Atemzug getan wird. Nun kann die Lebenskraft den Körper endgültig verlassen. Die vier Elemente, die ihn seit seiner Geburt im Leben begleitet haben, haben sich nun vollständig zurückgezogen. Das ist der eigentliche Augenblick des Todes. Frieden, Licht und Farben umringen nun den Verstorbenen, was sich in dem erhabenen Gesichtsausdruck offenbart, den die meisten Toten ausstrahlen.

Ja, gewiss, auch beim Sterbeprozess sind die Elementarwesen anwesend, beschäftigt, involviert.

Während ich mich nach innen kehrte, um die Stimmung im Aufbahrungsraum einzufangen und meiner Frage nachzugehen, bekam ich folgende Bilder: Ich sah den Leichnam, wie er in einen großen Bergkristall eingebettet war und wie dieser eine reinigende Wirkung hatte und dadurch das Loslassen der Ätherhülle unterstützt wurde. Dann sah ich die gerade in die andere Welt hineingeborene Seele, wie sie in einem See aus kristallklarem Wasser schwamm und bei jeder Bewegung ebenso Reinigung geschah. Schwamm sie von der einen Dimension in die andere hinüber? Über dem See leuchtete ein Regenbogen. Der Regenbogen als solcher steht symbolisch für die Verbindung zwischen den Welten, zwischen Erde und Himmel, Mensch und Gott, als Brücke zum Jenseits, als Erweiterung des Bewusstseins. Weiterhin steht er für Frieden, Harmonie, Ganzheit, Hoffnung auf Veränderung und Segen. Ja, das passte sehr schön in das Bild.

Dann sah ich das frisch ausgehobene Grab, wie es von Zwergen vorbereitet wurde, um den Sarg mit dem Leichnam in sich aufzunehmen. Sie schmückten es ringsum mit lauter Bergkristallen. Dieses Bild hatte für mich etwas ungemein Tröstendes. Die Zwerge sorgen dafür, dass die Verwesungsprozesse in der «Gebärmutter» der Erdenmutter stattfinden können. Ohne ihr Tun könnte Auflösung gar nicht stattfinden.

Unter der Erde findet eine Umkehrung statt, im Vergleich zum Heranwachsen eines physischen Menschenkeimes im Mutterleib: Das Grab wird wiederum zu einer Gebärmutter, aber es findet darin Loslösung und Auflösung statt, für die Geburt in der anderen Dimension, als Vorbereitung einer nächsten Inkarnation.

In der darauffolgenden Nacht las ich wieder um die gleiche Zeit für diesen verstorbenen Menschen. Ich schaute innerlich noch einmal auf die Bilder, die ich am Vortag bekommen hatte, und auf das Grab, das mittlerweile auch tatsächlich ausgehoben worden war, und ich sah dieses Mal, dass die Zwerge ihre Arbeit fortsetzten und zu den Bergkristallen, die die Wände schmückten, noch weitere Edelsteine hinzufügten: Smaragde, Rubine, Saphire und vieles mehr. Es sah wirklich sehr schön und sogar einladend aus. Ich finde, dieses symbolträchtige Bild mildert die schrecklichen Vorstellungen, die man sonst von einem Grab hat: kalt, feucht, dunkel, einsam, endgültig, durchdrungen von Kleinstlebewesen.

Ich schaute ebenfalls noch einmal auf das Bild mit dem See und sah, dass hinter dem Regenbogen die Sonne aufging, was ja in der realen Welt so nicht möglich ist. Vielleicht will diese symbolische Botschaft uns mitteilen, dass in der geistigen Welt das, was uns auf der Erde begrenzt, aufgehoben ist, dass dort andere Gesetze, andere Perspektiven gelten. Dass man dort, wie nach einer Geburt, wieder vor einem Neuanfang steht. Es gibt viele Zeugnisse darüber, dass das Sterben an sich, wenn auch nicht immer die Augenblicke, die zum Sterben führen, ein so schönes Erlebnis ist, dass Menschen mit Nahtoderfahrungen schildern, wie ihnen die Entscheidung, umzukehren, um ihr Erdenleben fortzusetzen, regelrecht schwergefallen ist.

Und wie ist es bei einer Feuerbestattung? Da werden wohl wiederum die Feuergeister ihre Arbeit tun und uns Menschen bei der Auflösung unseres physischen Körpers helfen.

Für die Elementarwesen an den stillen Tagen

Die Vorstellung, dass wir uns während der Schwangerschaft und der Geburt allmählich mit den vier Elementen verbinden und diese beim Sterben wieder nach und nach loslassen, können wir bewegen und meditieren. Bei Pflanze und Tier sind es ja ähnliche Abfolgen. Wenn ein Mensch in meinem Umkreis sich verabschiedet oder verabschiedet hat, gedenken wir der Elementarwesen. Auch dem körpereigenen Elementarwesen, man sagt auch: der eigenen Körperintelligenz, sowie dem diesem Wesen untergeordneten Organ- und Lebensprozesse-Wesen, die dem jeweiligen Menschen ein Leben lang gedient hatten, gedenken wir und sprechen einen liebevollen Dank aus.

Das Körperelementarwesen – Marko Pogačnik nennt es auch das Elementar-Ich – verbindet sich mit seinem Menschen bereits vor der Empfängnis, dann, wenn eine Seele den Impuls hat, sich wieder inkarnieren zu wollen. Das Wesen hilft, die richtigen Gegebenheiten dazu zu manifestieren und den richtigen Zeitpunkt einer Empfängnis zu koordinieren. Ab circa zwei Dritteln der Schwangerschaft lenkt es im Mutterleib außerdem den stofflichen und ätherischen Aufbau des Embryos bis zur Geburt und begleitet ihn dann für das weitere Leben bis zum Tod. Dieses Körperelementarwesen ist von Inkarnation zu Inkarnation in starker Symbiose mit seinem Menschen verbunden, teilweise auch im Nachtodlichen.

Man kann sehr wohl lernen, ein Empfinden für das eigene Körperelementarwesen zu bekommen und mit ihm in eine unterstützende Zwiesprache zu finden. Der erste Schritt ist auch hier zunächst einmal überhaupt das *Wissen* um dieses Wesen. Langsam kann man sich hintasten, das Herz öffnen, es einladen, sich zu zeigen, meditativ. Es kann zuerst nur eine Ahnung sein, ein Gefühl, vielleicht später zeigt es sich dann als Gestalt.

Wintersonnenwende oder Mittwinter: 21./22. Dezember

Das vielfältige Reich der Elementarwesen ist mit der winterlichen Erdeneinatmung in die Tiefe mitgegangen und befindet sich nun ganz in der Erde drinnen. Erdenseele und Elementarwesen sind vereint. Diesen Gedanken kann ich zwar denken, ansonsten finde ich es jedoch aus meinem persönlichen Erleben heraus schwierig, den Prozess nachzuvollziehen.

Mit einer Freundin sinnierte ich darüber, dass vielleicht die Erklärung in den Begriffen bzw. in der Unterscheidung von *Wesen* und *Gestalt* zu finden sei. Das Wesenhafte der Elementarwesen ist im Sommer ganz ausgeatmet, im Winter ganz eingeatmet. Die Gestalt der Elementarwesen aber ist jeweils, im Sommer und im Winter, an ihrem Ort. Ich werde diesen Gedanken weiterbewegen.

Wir Menschen machen diese Bewegung der Erdenseele in der Ausatmung im Sommer und Einatmung im Winter seelisch mit. Im Sommer sind wir freudig ausgelassen, im Winter innig besonnen.

Ab Mitte Dezember haben wir einige Tage absoluter Einkehr, die Erdenseele hat in ihre tiefste Einatmung gefunden: ganz nach innen, friedvoll, Nullpunkt, reglos, still. Wir haben jetzt die dunkelste Zeit im Jahreslauf, Wintersonnenwende, wo leise eine Umkehrung stattfindet. Das äußere Licht kann wieder wachsen. Irgendwie poetisch, die Vorstellung!

Die äußere Sonne kann nun wieder an Kraft gewinnen. Gleichzeitig erfährt der Atem der Erde einen Neubeginn, ein neuer Jahreszyklus fängt an. Wachsende Lebenskräfte können daraus im Frühjahr erneut durchbrechen und die Natur beleben.

Sonnenwende im Winter: *Jahres-Mitternacht* nennt es Emil Bock, weil die Nacht das größtmögliche Übergewicht über den Tag erlangt hat. Daraus wird die Erdensonne wie neu geboren und überwindet diese Dominanz der Dunkelheit. In diesem neuen Licht auf Erden, wenige Tage später, darf der Menschensohn geboren werden, als Lichtsymbol für die Menschen.

Schon in der vorchristlichen Zeit wurden Rituale um die Zeit der Sonnenwende gefeiert. Das Fest des Sieges über die Finsternis. Die Menschen hatten eine tiefe Ehrfurcht vor diesem Himmelskörper. Ohne Sonne kann nichts auf Erden gedeihen, sie ist der Quell des Lebens. Daraus entstanden viele Sonnenkulte und Sonnenmysterien.

Wintersonnenwende oder Mittwinter: Die Sonne hat an diesem Tag ihre kürzeste sichtbare Bahn auf der Nordhalbkugel (und ihre größte Erdennähe), das heißt, sie erreicht die geringste Mittagshöhe über dem Horizont. Das kann sich so anfühlen wie ein Atemstillstand im Jahreslauf.

Wintersonnenwende gibt uns die Möglichkeit zur tiefsten Innenschau. Wir werden eingeladen, in Ruhe einzutauchen. Stille und Besinnlichkeit können etwas wunderbar Kraftspendendes sein. Wir können uns getragen fühlen, wenn wir die Dunkelheit als dazugehörig empfinden. Dunkelheit, Stille und Alleinsein zu dieser Zeit können allerdings für manche Menschen als belastend empfunden werden.

Um Mittwinter gibt es eine besondere Dynamik. Bereits etwa zehn Tage früher treten der früheste Sonnenuntergang und erst etwa zehn Tage später der späteste Sonnenaufgang ein. Das liegt an der Differenz zwischen der wahren Sonnenzeit (wahre Ortszeit) und der mittleren Sonnenzeit (mittlere Ortszeit) eines Ortes. Erst zu Neujahr offenbart sich eine Veränderung in der Tageslichtqualität. Es kommt wieder etwas in Bewegung, die Tage werden länger, die Nächte kürzer. Das Licht hat wieder mal die Dunkelheit besiegt.

Noch eine Geschichte: Wintersonnenwende

Da ich noch unbedingt einmal auf den Fuldaer Weihnachtsmarkt wollte, ergab es sich, dass wir wiederum ungefähr zur Dämmerung erst bewusst draußen waren. Mein Mann begleitete mich auf den Richtberg. Dort oben ist es besonders schön und man hat einen Weitblick über das Tal. Für mich ist es ein starker Ort. Einige meiner Elementarwesenfreunde, und auch Dagron, gesellten sich dazu, nachdem ich in der Runde fragte, wer mitkommen wolle.

Oben am Richtberg wehte ein kalter Wind.

Der Legende nach stand hier früher einmal ein Galgen. Demnach, falls das stimmen sollte, waren hier Menschen verurteilt und hingerichtet worden. Daher der Name Richtberg. Andere Stimmen erzählen, der Richtberg habe damals *Rechtberg* geheißen, weil dort Recht gesprochen wurde, aber niemals habe dort ein Galgen gestanden … Tja, wer will das heute noch so genau wissen … Überliefertes, in Schriftform, gibt es darüber nicht.

Allerdings, eines Tages, als ich mich hier oben versenkte, bei der Buche, bekam ich Bilder von einer allerersten Rechtsprechungssitzung an diesem Ort und der damit verbundenen Verurteilung und Hinrichtung, ebenso Bilder von schreienden Frauen und Hexenverfolgungen. Obwohl man davon ausgehen kann, dass der Richtberg schon viel früher ein Kraftort gewesen war. Hier lassen sich auch Druidenenergien erfühlen.

Ich habe hier eine Freundschaft mit einer Buche. Sie ist schon sehr alt und hat viel erlebt, seit sie hier wächst. Sie lädt mich öfters ein, mich mit ihr zu verbinden, indem ich sie umarme. Dabei bekomme ich manchmal Imaginationen. Auch sie zeigte mir Bilder von einer Hinrichtung am Richtberg: Zuerst sah ich, wie Menschen das benötigte Holz mit Karren hochfuhren, wie ein Galgen errichtet wurde. Viele Menschen nahmen den weiten Weg in Kauf, um einer Hinrichtung beizuwohnen. Aus allen umgebenden Dörfern kamen sie, mussten dafür manchmal stundenlang laufen. Es war die Sensation, das Ereignis! Hinrichtungen waren früher so gesehen ein soziales Geschehen.

Sehr viel Abwechslung hatten die Leute damals nicht: keine Fußballspiele, keine Kinoleinwände, kein Bungee-Springen.

Ob das tatsächlich so gewesen ist, wie ich es in den Bildern wahrnehmen durfte, lasse ich mir offen. Ich habe auch kein Problem damit, wenn es jemand nicht glauben mag …

Geschichtlich ist der Richtberg nahe einer wichtigen Kreuzung an dem Fluss Fulda gelegen. Es haben hier Keltenwanderungen stattgefunden. Auf Teilen einer germanischen Heerstraße kann man heute noch im umgebenden Wald laufen. Zwischen Oberwegfurth und Unterwegfurth, zwei Dörfern unterhalb des Richtberges, beide an der Fulda gelegen, sind die Reste einer dazugehörigen Furt zu sehen. Dort wurde die Fulda überquert, bis dann im Jahre 1891/1892 die erste Brücke gebaut wurde. Der heilige

Sturmius ist entlang der Fulda gewandert, bevor er 744 seine Abtei gründete. Daraus entstand 1114 die Stadt Fulda. Man vermutet, dass die heilige Elisabeth von Thüringen 1228 auf ihrem Weg von Eisenach nach Marburg ebenfalls diesen Weg unterhalb des Richtberges an der Fulda entlanggelaufen sei. Beide haben vielleicht gerade dort eine Rast gemacht?

Als ich wieder einmal bei der Buche war, zeigte sie mir den Wald, wie er sehr viel früher ausgesehen hat: ein heiliger Wald, so schien es mir. Alles schimmerte von goldener Energie, und ich sah Druiden, wie sie in ihrem heiligen Hain ihrer Arbeit nachgingen. Die Buche vermittelte mir den Wunsch des Waldes, er möge sich energetisch wieder in einen ähnlichen Zustand verwandeln, allerdings zeitgemäß … Druiden sind heute dort nicht mehr am Werke, aber ihre Energie ist noch deutlich spürbar, wenn man diese Ebene aufsucht.

Wir haben daraufhin am Richtberg viele Erdheilungsrituale gehalten. Und mittlerweile ist die Ursprungsenergie wiederhergestellt.

In den 60er-Jahren wurde oben am Richtberg ein Hochbehälter gebaut, um mit genügend Druck einen tiefer gelegenen Springbrunnen zu speisen. Genau an dem Platz, wo ich vermute, dass der Galgen gestanden hat, wurde dieser Wasserbehälter errichtet. Er steht hier immer noch.

Ich bin oft mit Menschen oben gewesen und habe sie stets gebeten, die Augen zu schließen, sich einige Male um ihre eigene Achse zu drehen, um dann die Richtung zu erspüren, wo sie meinen, dass ein Galgen gestanden haben könnte. Und alle, unabhängig voneinander, haben in die gleiche Richtung gezeigt. Zufall?

Sagt man dem Wasser nicht eine reinigende Kraft nach? Und steht das Wasser nicht als Symbol für das Leben, der Gegenpart zum Tod? Vielleicht hat das Wasser, das hier hochgepumpt wurde, um dann ab und an zum Fließen und Springen gebracht zu werden, schon dadurch dazu beigetragen, dieses Stückchen Erde etwas reinzuwaschen von den Gräueltaten, die stattgefunden haben mögen.

Kurz vor Sonnenwend konnte ich die Stimmung im Wald folgendermaßen beschreiben: Ich fühlte die Ruhe der letzten Tage nicht mehr. Es fühlte sich ähnlich an wie Wehen beim Gebären, eine konzentrierte Stimmung, kurz bevor die Silvesterknaller das neue Jahr einläuten, das Gefühl einer Spannung bzw. Anspannung, wenn man als Kind das Spiel spielt, wer am längsten den Atem anhalten kann, bis man lachend losprustet und wieder atmen muss. Bei den Elementarwesen, die mich während meiner Beobachtungen begleiteten, konnte ich eine verhaltene, feine Freude spüren, sehr subtil.

Nach einer Weile, durchgefroren, aber glücklich, sagte ich allen Wesen des Waldes ein Dankeschön, dass sie mit dabei gewesen waren und mich in meinen Beobachtungen unterstützt hatten. Ich habe es genossen: ein Erleben, was ich so in meinem Leben noch nie hatte, unmittelbar vor der Wende der Sonne in den lebendigen Prozess der Erde einzutauchen.

In einer Stunde etwa würde es so weit sein, da wollte ich wieder hinausgehen …

Nun war es geschehen: die Wende. Fühlte es sich anders an als vorher? Kann man es so direkt überhaupt wahrnehmen? Die kommenden Tage stehen mir zur Verfügung, um weiter ins Erleben eintauchen zu dürfen. Erst mal so viel: So wie ich an Silvester im Kopf weiß, um Mitternacht fängt das neue Jahr an, und mich das als Wissen natürlich in meinem Denken beeinflusst, so fühlte es sich unmittelbar nach der Wintersonnenwende an: Ich weiß es einfach, und dieses Wissen steht so im Vordergrund, dass ich nicht unterscheiden kann, ob sich nach dem Übergang tatsächlich um mich herum stimmungsmäßig etwas spürbar verändert hat oder nicht. Bestimmt hat sich etwas verändert: Die Sonne bewegt sich wieder aufwärts … und die Erde und ihre Wesen, sichtbare und unsichtbare, gehen damit in Resonanz.

Meine Beobachtung am nächsten Tag: leise, ganz leise, so zart, dass ich eigentlich keinen Unterschied wahrnehme, aber er ist eindeutig da!

Die tiefe Innigkeit, kann ich sie meditativ finden? Kann ich sie in den Alltag integrieren? Bewusstsein außerhalb von mir, kann ich es fühlen? Das Wissen darum öffnet eine erste Pforte. Was kommt mir entgegen, wenn ich ganz still werde und mich öffne, in dieser winterlichen Ruhe? Zeigt euch! Ein Lächeln bildet sich, nein, zwei: eines in meinem Herzen, eines auf meinem Gesicht. Und ein drittes strahlt mir entgegen, als zufriedene Antwort.

Eine Meditation für den Winter und das Feiern der Erde

Lege oder setze Dich bequem hin. Atme dreimal tief ein und aus. Die bewusste Atmung hilft Dir, ganz bei Dir anzukommen. Lass Gedanken wie die Wolken am Himmel ohne Wertung vorbeiziehen. Fühle Deine Füße, es gibt Dir eine gute Erdung.

Bilde vor Deinem inneren Auge einen wunderschönen Schneekristall. Er kann langsam entstehen, er wächst um ein Staubkorn herum. Das braucht es, damit sich ein Kristall bilden kann. Schau ihn Dir genau an, oder erfühle ihn, wenn Du kein scharf konturiertes Bild magst. Es geht vor allem um das Erspüren der Kraft, die in einem Schneekristall enthalten ist. Ein Schneekristall birgt sehr große Geheimnisse in sich. Er entsteht, wenn drei Faktoren berücksichtigt werden: die Temperatur, die Feuchtigkeit und die Kondensationskerne (winzige Staub- oder Rußpartikel zum Auskristallisieren). Schneekristalle wachsen in sechseckiger Form, weil Wassermoleküle im Winkel von 60° bzw. 120° aneinander andocken. Jeder Schneekristall, der sich bildet, ist ein Unikat. Das Sechseck oder Hexagramm ist ein Symbol für das Sich-Durchdringen von Geist und Materie. Die Sechseckkraft hat ebenso eine besondere Bedeutung für das Bilden unseres Blutes: eine gestaltende, kräftigende, plastizierende Kraft. Es gibt dem Blut die Festigkeit, die es für die Bildung von Organ-, Muskel- und Knochenaufbau benötigt.

Wenn Du Deinen bezaubernden Kristall in Deiner Vorstellung gebildet hast, nimm seine Kraft in Dich auf, zuerst in Verbindung mit Deinem Blutkreislauf. Übergib ihn Deinem Blut. Fühle dahin, solange es Dir angenehm ist. Dann lasse diese Kraft in Deinem ganzen Körper weiterziehen. Schaue, wo Deine Aufmerksamkeit hin möchte, ein bestimmtes Organ, eine Muskelgruppe, einer Deiner Sinne … Anschließend kannst Du Deinen Kristall der Erde übergeben, wo er verschmelzen kann. Auch da hat Schnee mit seiner formend-kristallinen Kraft eine wichtige Funktion und unterstützt die Elementarwesen in ihrem gestaltenden Tun. Früher wussten die Gärtner darum und brachten im Winter den Schnee sogar schubkarrenweise auch in den Gewächshäusern aus.

Jetzt atme dreimal tief ein und aus, rekele Dich, wenn Du magst. Öffne langsam die Augen. Du bist vollkommen in Raum und Zeit zurück.

Zum Schluss: Vier Übungen, um die Elemente zu erfahren

Eine Möglichkeit, sich auf einer Vorstufe im Empfinden der Elementarwesen zu üben, besteht im vertieften Kennenlernen der Qualitäten der vier Elemente. Vielleicht können folgende Texte dazu eine Anregung sein. Sie sind in der Ichform geschrieben, aber frei übertragbar und veränderbar.

Übung: Das Element Erde / Winter

Im Winter hat die Erdenseele ganz eingeatmet und ist in dieser Zeit mit ihren Wesen eins. Die Elementarwesen wohnen bei den Wurzeln, während die Pflanze sich auf das kommende Jahr vorbereitet.

Wie eine Spiegelung wirkt die eigene innere Einkehr: ganz bei sich angekommen sein, ankommen dürfen. Was in der Natur geschieht, im Wechsel der Jahreszeiten, bekommen wir, wenn wir nicht aufpassen, sonst nur noch am Rande mit.

Diese schöne Übung, sich mit den Prozessen, die im Inneren der Erde geschehen, vertraut zu machen, im urwinterlichem Erleben, bekam ich von meiner über 300 Jahre alten Eiche gezeigt.

Ich stand an ihrem mächtigen Stamm, innig an ihre raue Borke gelehnt. Zunächst geschah gar nichts. Denn wenn es zu einem tieferen Austausch kommen soll, muss ich mich schon wirklich öffnen und nicht nur da sein. Als es mir gelang, mich in einer inneren Ruhe wiederzufinden und mich selber zurückzunehmen, fühlte ich mich sogleich in ihren Stamm aufgenommen. Wie ein Drehkorken führte es mich in die Erdentiefe, in eine Art Raum. Dort sah ich einen dunklen, runden Samen, eingebettet im Mutterschoß der Erde, sonst nichts. Es geschah dort scheinbar auch nichts, also: tatsächlich nichts, außer dass ich die unendliche Geduld und Zuversicht dieses Pflanzensamens beobachtete. Ich fühlte mich eingeladen, mich auf diesen kleinen runden Samen einzulassen, mich mit ihm zu vereinen und in die Erfahrung, ein Same zu sein, einzutauchen: Ruhe, unendliche Ruhe. Geballte Kraft, unendliche Information, unglaubliches Potenzial, Mikro-Universum, ein Nullpunkt in der fortwährenden Verwandlungskraft der Erde. Alles ist möglich, scheinbarer Stillstand. Im winterlichen Erdengrund liebevoll gehegt und gepflegt von den Erdenelementarwesen, die den Samen noch vom Wässrigen abgrenzen und beschützen.

Übung: Das Element Wasser / Frühling

Jeder freut sich vor allem auf den Frühling, außer vielleicht die Pollenallergiegeplagten. Man fühlt es förmlich, etwas will ausbrechen, frei werden, durchbrechen. Das Licht nimmt endlich wieder zu, das Eis schmilzt, die Sonne entfaltet langsam ihre lebensunterstützende Kraft, die Vögel melden sich, erst zaghaft noch, dann immer deutlicher, die Säfte in der Pflanzenwelt strömen wieder aufwärts, und die ersten bunten Frühlingsboten schauen uns aus dem Erdreich entgegen. Die Lebenskraft tritt uns so offensichtlich entgegen und nimmt ihren Raum ein: Hier bin ich! Daran freuen wir uns, atmen auf, atmen durch und gehen innerlich mit. Doch tun wir das wirklich? Ich mache immer wieder die Erfahrung, dass es Menschen gibt, die die ersten blühenden Schneeglöckchen nicht bemerken. Wo sind wir? Gedanklich immer abgezogen, selten im Hier und Jetzt, hadernd mit dem, was alles anders hätte sein können, oder planend, was alles noch zu bewältigen ist. Selten präsent. Aha, es wird Frühling, ich weiß. Aber nehme ich es in meinem Alltag als Geschehen in der Natur auch wahr, oder passiert es irgendwie unabhängig von mir? Bewusst rausgehen, wahrnehmen, staunen, riechen, durchatmen, miterleben!

Ich stehe am Rand eines schönen, klaren Baches. Das Wasser sieht einladend aus, gerne würde ich hineingehen und darin baden, mich mit den dort wohnenden Wesen verbinden und spielen. Sie rufen mich, ich solle es doch einfach tun, nicht lange drüber nachdenken. Und so folge ich ihrem Ruf. Es fühlt sich gut an, wohlig warm, gleichzeitig erfrischend.

Ein leises Plätschern streichelt zart meine Haut. Und wie ich so in dem Wasser bin und es genieße, merke ich eine leichte Strömung um mich, die mich einlädt, mich gehen zu lassen und ihr zu folgen. Eigenartig, es ist eine Gegenströmung, es zieht mich eher als dass es strömt und ich lasse es geschehen. Der Bach wird zum Bächlein. Es plätschert in der einen Richtung, ich treibe in der anderen. Birken, Weiden und Erlen stehen hier und da am Rand des Wassers, frisch geschlüpftes Grün verzieht ihr Holz. Die Äste hängen in dem nährenden Nass des Baches. Sie strecken sich mir entgegen und winken mir zu, wünschen mir eine gute Reise! Je schmaler das Flussbett wird, desto kleiner werde ich. Ein Wassermann steht in einem Tümpel am Rande, auch er winkt mir nach. Undinen begleiten mich auf meinem Ausflug durch das erquickende Nass. Dann, mittlerweile ganz klein geworden, stehe ich plötzlich vor einer Grotte. Wieder höre ich wie einen Ruf, ich solle ruhig hereinkommen, mich eingeladen fühlen:

Ich bin die Quellnymphe, sei willkommen! Hier in den Tiefen der Erde wird mein Wasser geboren. Es ist auch dein Wasser! Werde auch du zur Quelle. Sie ist dein Ursprung, sie ist dein Leben. Labe dich am erfrischenden Nass!

Ich tauche in das Bild ein, irgendwann zur Ruhe findend, die Gedanken, die mich noch beschäftigen, lasse ich vorbeiziehen, wie das Ziehen der Wolken am Himmel. Bis ich nur noch tief atmend, gedankenfrei, zur Quelle, zur Urquelle werde, Anschluss findend an meinen Lebensursprung. Erfrischt und neu belebt, treibt es mich wieder aus der Grotte heraus. Ich bedanke mich bei der wunderschönen Nymphe, dass sie mir ihr Reich offenbart hat. Ich tauche wieder in das Fließen des Wassers ein, nun geht der Weg zurück, stromaufwärts. Was erst noch Rinnsal war, wird breiter, größer, schneller. Ich wachse mit und lasse mich treiben. Das Rinnsal wird zum Bächlein, das Bächlein zum Bach, der Bach zum Fluss, der Fluss zum großen Strom. Ich wachse stetig mit, fühle mich getragen von den Wellen, von den Wasserwesen, die mich immer noch spielerisch und freudevoll begleiten. Am Meer ergießt es mich hinaus: Ich bin stark, ich bin groß, ich bin mündig, *Ich bin*. Ich wachse über mich hinaus.

Ich spüre keine Grenze mehr. Dieses erhabene Gefühl lasse ich noch einen Augenblick, als Eindruck, also möglichst ohne Gedanken, in mir nachschwingen.

Das Wasser steht symbolisch für Ursprung, Reinheit, Weiblichkeit, es steht dem Mond nahe. Es ist Lebenskraft, Lebensspender, es steht für Geburt und Wiedergeburt, Fruchtbarkeit, Segen, Heilung.

Übung: Das Element Luft / Sommer

Vor allem im Sommer zieht unser Blick und unsere Aufmerksamkeit gerne in die Höhen, wo die Sonne scheint und die Wolken ihre Heimat haben, wo der Wind wirbelt und das Spiel der kreisenden Greifvögel uns fasziniert. Wer würde nicht gar selber mal zum Vogel werden wollen, um in eine Leichtigkeit zu finden und sich vom Winde getragen zu fühlen?

Ich werde wie von einem leisen Klopfen an meinem Fenster wach. Es ist schon hell draußen. Überrascht schaue ich hinaus, ein kleiner bunter Vogel steht davor und tockt immer wieder mit seinem Schnabel gegen das Glas. Hallo, du kleiner Vogel, willst du mir etwas sagen? Vorsichtig öffne ich das Fenster in der Hoffnung, er möge nicht wegfliegen. Ich fühle wie eine Aufforderung, mich mit dem Vogel zu verbinden, mit ihm in ein Gespräch zu finden. Da merke ich, dass der Vogel größer wird – bis er etwa die Größe eines Ponys hat. Seine Augen schauen mich liebevoll und einladend an. Verstehe ich ihn richtig? Möchte er, dass ich auf seinen Rücken steige, um mit ihm mitzufliegen? Er nickt. So folge ich seinem Impuls, springe auf – und schon breitet er seine Flügel aus und setzt sich ab. Ich spüre eine leichte Luftbewegung um die Ohren. Sie entsteht durch sein Flügelschwingen, und gleichzeitig scheinen wir ganz leicht zu werden, eine fließende, getragene Vorwärtsbewegung. Auch da begleitet und umhüllt uns ein leichtes kühles Strömen, wie ein Windhauch. Der Vogel überwindet für mich die Erdenschwerkraft. Wir steigen stetig höher. Was für ein erhabenes

Gefühl! Ich fühle mich glücklich und leicht, ich fühle mich getragen, während wir tatsächlich von der Luft getragen sind. Ich passe mich der aerodynamischen Form des Vogels an. Ich schmiege mich an seinen Körper, an seine Form, und werde eins mit ihm, werde selber zum Vogel. Jetzt haben wir die Wolken erreicht. Es sind Cumuli, die ständig ihre Form und ihr Aussehen verändern. Wir verfolgen ihre Bewegungen. Verwandlung: ein Kommen und Gehen, Ziehen und Auflösen, ein lustiges Spiel. Jetzt sind wir mitten in der Wolkenbewegung drin, sind kurzzeitig selber Wolke, leicht, wie Watte, feucht. Ein Windhauch streift uns, der Vogel folgt dem nach: ein Wirbeln und Tosen, ein Strudeln im Getümmel. Ein perlendes Lachen erklingt, es sind die Sylphen und Feen, die uns begleiten. Ihre Freude ist ansteckend. Kurzzeitig wird es heftig. Gibt es mich noch? Wenn ja, wo kann ich mich fühlen, ich bin Wind, ich bin Bewegung, ich bin Luft. Der Vogel lässt den Wind hinter sich weiter winden, löst sich daraus und wird wieder zum Vogel. Ein Weilchen geht es noch rauf und runter, weil es uns allen Spaß macht. Bald sehe ich die Dächer unseres Dorfes größer werden, und ganz leise landend setzt der Vogel mich vorsichtig vor meinem Haus wieder ab. Er nimmt seine kleine bunte Vogelgestalt wieder an, klopft noch einmal mit dem Schnabel zum Abschied an mein Fenster und fliegt davon. Hab Dank, du kleiner Geselle, für diese wunderbare Reise in das Element des Luftigen!

Übung: Das Element Feuer / Herbst

Im Herbst, wenn die reifen Früchte auf ihre Ernte warten, die Kornfelder in einem leuchtenden Gold uns entgegenstrahlen und die Blätter der Bäume langsam ihre Farbe in einem bunten Spiel verändern, sind wir im Jahreskreislauf mitten in den Feuerprozessen der Natur. Vollendung findet statt, nicht bloßes Absterben. Der ausgereifte Samen ist nur scheinbar tot, sein inneres Potenzial darf ruhen, um mit neuer Kraft und Begeisterung im Frühjahr zu erwachen.

Am Abend, nach getaner Arbeit, mich ausruhend am Schwedenofen, döse ich leicht vor mich hin. Leise prasselt und knackt auch er vor sich hin, der Alte: vertraute Geräusche. Nachdem ich die heruntergefallenen Äpfel im Garten aufgesammelt und in der Küche zu Saft und Apfelmus bereitet habe, riecht unser Haus nun gemütlich nach Zucker und Zimt, nach behaglichem Herbst. Zufriedenheit liegt in der Luft. Die Katze springt auf meinen Schoß, schnurrend wärmt sie mich. Ich tauche in das Spiel der Flammen ein, die ich durch das schützende Glas am Ofen beobachten kann: ein lustig springendes Spiel, lebendig und forsch. So schnell kann ich ihm gar nicht folgen. Ist eine Flamme da, fürs Auge kurz greifbar, ist sie schon wieder weg und zur Schwesterflamme geworden: eine blau-rot-orange Darbietung. Wohlige Wärme breitet sich um mich aus. Ich will es wissen: Wie fühlt es sich an? Das Feuer, verbrennend. Zu heiß? Hab Vertrauen, Du Mensch, Dir wird nichts passieren! Wir sind da und begleiten Dich! So sprechen die Feuerwesen. Ich wage es. Ich bin da, ich bin drin, ich bin Flamme! Sein, nicht sein, wieder sein, ein stetiges Springen, Entflammen und Flackern, lustvoll, begierig und heiß. Holz braucht es zum Leben, ohne Nahrung erlösche ich, ausgehungert habe ich keine Daseinsberechtigung. Gierig und leidenschaftlich umspiele ich die gebotene Nahrung: Es ist meins, es ist lebensnotwendig! Ich nehme, um zu geben, das Licht und die Wärme, Rauch und Asche. Ein Holzscheit wird nachgelegt, entfacht mein Feuer aufs Neue. Mächtig und stark ist unser Auftritt, für ein Weilchen. Wir halten zusammen! Die Kleinen vereinen sich und werden zu Großem, unsere Macht wächst: ein sengendes, hitziges Flammenheer, zeitlich begrenzt. Wir schrumpfen und glimmen, verglühen und fallen zusammen, bis nur noch Glut da ist, und auch sie bald nicht mehr. Nur Asche und gräulicher Staub bleiben übrig. Erloschen, erkaltet, stummer, stillstehender Zeuge gewesenen Daseins. Zur Ruhe jetzt findend. Das Bühnenstück endet. Verwandlung, das war es! Und nun? Wo bleibt nun das Feuer, unsichtbar für alle, im Kalium, Kalzium, Phosphor …? Mineralien der Erde für die Erde. Es schließt sich der Kreislauf, aus Asche wird Erde, aus Erde Lebendiges. Leben birgt Sterben und Sterben das Leben, ein ewiger Kreislauf und ich mittendrin.

Ich löse mich von dem Flammenbild, von der erkalteten Asche. Fühle mich wieder im Außen des Ofens, sitzend erwachend, die Katze auf dem Schoß, in der Nase der Duft von Eingemachtem, den Früchten des Sommers. Der Winter darf kommen im rhythmischen Sein.

Das Element Feuer hat innerhalb der vier Elemente einen besonderen Stellenwert. Erde, Wasser und Luft nimmt man bewusst nur im Außen wahr. Beim Feuer bzw. bei der Wärme hat man die Möglichkeit, es auch im Innern, im Körper, wahrzunehmen. Uns kann es wohlig warm sein oder wir können frieren. Somit hat das Element Feuer zwei Seiten. Was Luft, Wasser, Erde in uns ist, davon haben wir keine bewusste Wahrnehmung. Der Mensch fühlt sich erst im Wärmehaushalt. Außerdem ist das Feuer das Element, was die drei anderen durchdringt. Luft, Wasser und Erde sind Wärmeprozessen unterlegen.

Sieht man einen brennenden Gegenstand, so sieht man daraus zum einen Licht und zum anderen Rauch sich entwickeln. Aber in Wahrheit kann das Auge Licht gar nicht sehen, sondern es werden lediglich Gegenstände – feste, flüssige oder luftförmige – durch das Licht sichtbar. Das Licht selber ist unsichtbar. Wir treten von äußerlich Wahrnehmbarem, Sichtbarem, ins Unsichtbare hinein, ins Ätherisch-Geistige. Das Feuer bildet eine Grenze zwischen dem, was äußerlich-materiell wahrnehmbar ist, und dem, was ätherisch-geistig ist. Wir haben von der einen Seite Licht, das erste äußerliche Nichtwahrnehmbare. Und von der anderen Seite etwas, das in die geistige Welt hineinwirkt, das nicht mehr bloß äußerlich materiell ist.

Der Äther – das fünfte Element

Das Fünfeck, Träger des Äthers, steht symbolisch für den Menschen. Der Äther wird auch als die Quintessenz verstanden.

Äther umhüllt die anderen vier Elemente. Im Ayurveda wird Äther als Akasha bezeichnet, das heißt Leere oder Raum. Das Adjektiv *ätherisch* ist uns geläufiger: Es bedeutet hell, luftig, spirituell. Der Äther ist die Kraft, die alles Lebendige aufbaut und erhält. Er wirkt den physischen Kräften wie Gravitation oder Kohäsion entgegen. Er durchdringt alles Lebendige auf

Erden, die Pflanzen, Tiere und Menschen. Wir können Äther mit den gewöhnlichen Sinnen nicht wahrnehmen, nur dessen Wirkung sehen wir; es ist eine übersinnliche Substanz. Es bedarf der übersinnlichen Wahrnehmungsorgane.

Schon Aristoteles entwickelte die Vier-Elemente-Lehre. Darin ordnet er jedem bestimmte Eigenschaften zu. Über diesen jedoch existiert nach Aristoteles' Vorstellung die Quintessenz, das fünfte Element, der Äther, der jeglichem Leben entspricht und aus dem alles entstanden ist. Betrachtet man den Äther genauer, so kann man ihn wiederum in vier Seinszustände differenzieren: Lebensäther, Klang-, Ton-, Zahlen- oder chemischer Äther, Lichtäther und Wärmeäther. Jeder hat seine spezifischen Eigenschaften.

Die Christuselementarwesen

Marko Pogačnik und andere schildern, dass sie seit der Jahrtausendwende eine neue Art von Elementarwesen wahrnehmen. Sie gehören dem fünften Element Äther an. Marko Pogačnik nennt sie Umweltgeister. Sie bringen ein neues Bewusstsein innerhalb der elementaren Welt. Während unserer ersten Begegnung führte mich Thomas Mayer auf den Brennpunkt eines solchen Wesens. Er nennt sie *die Christuselementarwesen*, weil sie mit dem Erscheinen des Christus im Ätherischen zu tun haben. Er wies mich darauf hin, dass es auf dem Fokus eines solchen Wesens unmöglich sei, böse oder unangenehme Gedanken über einen anderen Menschen zu haben. Das machte mich natürlich neugierig: Wie fühlt es sich an?

Ich fühlte mich sehr geborgen. Es ist ein sattes Gefühl, glückselig, man möchte den Platz nicht so schnell wieder verlassen, sondern Zeit und Muße haben, sich dem hinzugeben. Ich fühlte mich im Einklang, mit der Umgebung, mit mir selber, auch eins mit dem Fluss des Lebens. Es fühlte sich harmonisch und sehr friedlich an, liebevoll. In Verbindung mit einem Christuselementarwesen kann man lernen, Liebe zu sich selber zu finden, jene, die so wichtig ist, die Akzeptanz des eigenen Lebens, der Umstände und Begebenheiten, mit all den Unzulänglichkeiten, die einen begleiten.

Weil die Aura eines Christuselementarwesens von seiner All-Liebe zu der Schöpfung und dessen Wesen durchdrungen ist, kann ich hier zu einem besseren Verständnis für andere Menschen finden. Unterschiedliche Meinungen oder Erfahrungen können nebeneinander bestehen bleiben: Sowohl-als-auch statt Entweder-oder.

Trete ich heraus aus dem Bewusstseinsgefilde eines solchen Wesens, können die negativen Emotionen allerdings sofort wieder da sein. Ein großartiges Übfeld, nicht?

Es hilft uns, ein besseres und intensiveres Verständnis für die Impulse der Gegenwart zu bekommen. Es findet eine Verwandlung in mir statt, wenn ich mich regelmäßig mit diesen Wesen verbinde, und das ist für alle Menschen möglich.

Natürlich kann ich mich auf dem Fokus eines Christuselementarwesens hinstellen und trotzdem in meinen Emotionen gefangen bleiben. Aber nur, wenn ich mich eben nur dahin stelle, ohne wirklich eine Verbindung zu dem Wesen zu bekommen. Ich stehe dann eben nur da, zufällig in seiner Aura. Ich gehe aber nicht in Resonanz mit dem Wesen. Dann werde ich keinen Unterschied wahrnehmen können.

Manchmal fühle ich den Auftrag, an Orten, wo ich bin, ein solches Wesen wie einzuladen. Es sind dies oft Orte, wo sehr viel Menschenverkehr stattfindet. Viele Menschen laufen dann einfach durch den Fokus hindurch, auch wenn ihnen das nicht bewusst ist, und so können sie immer ein wenig in die Schwingung solch eines Christuselementarwesens eintauchen. Solche Plätze können sein: dicht an einem Kirchenportal, in einem Großstadtpark, in einer Einkaufsmeile. Diese Wesen, so zeigt es sich meiner Beobachtung, können sich von diesen Begegnungen ernähren und dadurch ihren Wirkungsradius erweitern. Auch ohne meine Einladungen sind sie überall zu finden.

Wo kommen sie her, diese Christuselementarwesen? Wer gibt ihnen diesen besonderen Impuls? Thomas Mayer schreibt dazu in seinem Buch *Rettet die Elementarwesen!*:

«Ich habe diesen Elementarwesen mehrmals die Frage gestellt, wo kommt ihr denn her? Und ich wurde dann immer in einen Bereich geführt, wo ich nur sagen kann, das ist die Substanz des Christus. Sie sind offensichtlich keine Engelstaten, wie andere Naturelementarwesen, sondern direkte Christustaten.»

Wie fühlt sich so ein «frisch geschlüpftes» Christuselementarwesen an? Jung, zart, wie ein Neugeborenes eben, unbeschrieben, aufgeweckt, neugierig, aufmerksam, lichtvoll, strahlig, freudig da zu sein … so würde ich es beschreiben.

Es gibt für mich, wenn ich in seinem Feld stehe, einen starken Sog nach unten, erdenverbindend, wohltuend, loslassend, in der Ruhe frei seiend. Es fühlt sich stimmig an, wohl entsprechend dem Zeitgeist. Das Elementarwesen hat für sich eine einrollende Bewegung und Dynamik, der ich folgen kann.

Manchmal, wenn ich aus der Ferne auf das Gesamtbild der neuen Prägung schaue, sehe ich imaginativ, wie der Himmel über dem Ort strahlt und ein intensives golden leuchtendes Kreuz darin zu sehen ist. Ähnlich wie das Symbol des Sankt Hubertus, ein Hirsch mit einem Kruzifix im Geweih.

Gefühle von Glück und Dankbarkeit steigen bei dessen Anblick in mir hoch.

Manche der Kollegen, mit denen ich im Austausch bin, können im Zuge der Erdwandlung Christuselementarwesen nach verschiedenen Gruppen unterscheiden.

Ich mache ebenso die Erfahrung, dass manche Elementarwesen der zweiten und dritten Entfaltungsebene einen Christusimpuls bekommen möchten, nicht zwingend, nur manchmal. Ich frage sie vorher, und wenn sie es bejahen, spreche ich für sie folgenden Spruch von Rudolf Steiner (aus: Rudolf Steiner, Seelenübungen I, GA 267, Dornach 2018):

Ein Stern steht über meinem Haupte
Christus spricht aus dem Stern:
«Lasse tragen Deine Seele
von meiner starken Kraft
Ich bin bei Dir
Ich bin in Dir
Ich bin für Dich
Ich bin Dein Ich»

Verblüffend ist für meine Wahrnehmung stets die anschließende sphärische (aurische) Veränderung, die damit einhergeht. Aber nicht nur das: Das Wesen strahlt auch sofort ganz anders in die Landschaft aus, visuell wahrnehmbar. Und was verändert sich meinerseits? Mein Herz weitet sich, meine Atmung vertieft sich, ein innerer Frieden wird spürbar. Und während ich darüber schreibe, aus der Erinnerung des Erlebten heraus, gehe ich sofort in eine Resonanz. Du vielleicht auch, beim Lesen? Das Bewusstsein des Elementarwesens verwandelt sich durch das Sprechen dieser Zeilen schlagartig.

Technische Elementarwesen

Keine Maschine, kein Gerät, das wir Menschen erfunden haben, ohne die in dem Fall *technischen* Elementarwesen! Auch diese wollen erkannt werden, anerkannt werden, für ihr Sein, für ihr Tun. Sie sind nicht freiwillig da, sondern stehen, noch einmal anders als die Naturwesen und die kosmischen Wesenheiten, im Dienste der Menschen, unmittelbar. Sie haben keine Wahl: Während des Prozesses des Erfindens, des Bauens und der Produktion müssen sie sich dazugesellen, bzw. sie «entstehen» sozusagen, aus dem Prozesshaften, werden hineingebannt. Schon vorher, bei der Idee, die man bekommt, etwas zu kreieren, geht stets etwas Wesenhaftes damit einher. Und je nach der Gesinnung bei der anschließenden Vermarktung kommen noch mal andere Wesen hinzu.

Die technischen Elementarwesen stehen selten in der Mitte, unter den Fittichen des Christuswesens, sondern gehören dem Gegenpart, den Widersachermächten, an. Das heißt, sie stehen unter ahrimanischem und/oder luziferischem Einfluss. So ist nun mal unsere Entwicklung auf Erden. Es bedeutet nicht, all die Errungenschaften, die unser Leben bereichern und vereinfachen, zu verdammen. Sie haben natürlich ihre Berechtigung. Sie stehen allerdings nicht immer im Dienste einer guten Evolution der Erde.

Was kann man konkret tun, um diesen Wesen eine «bessere» Existenz zu ermöglichen? Zuerst einmal sich dessen bewusst sein. Daraus kann ich Verständnis und Interesse für ihr Dasein entwickeln. Da geschieht schon eine erste «Kommunikation». Wenn ich es dann noch ab und an schaffe, sie in meinen Alltag zu integrieren, ein Dankeschön auszusprechen oder hinzudenken mit warmen, liebenden Gefühlen, kann für das technische Wesen Verwandlung stattfinden; es lässt sich unmittelbar an dem Gerät oder seiner Umgebung erkennen. Es fühlt sich wie freier an, das Gerät funktioniert unter Umständen besser, es wird klarer, lichtvoller, und der Elektrosmog wirkt weniger aggressiv. Mache einfach mal selber die Erfahrung! Unsere Liebe heilt und verwandelt immer. Auch auf dieser Ebene. Manche Störungen lassen sich nur aushalten, indem man sie lieben lernt. Das musste auch ich unter Anstrengungen lernen.

Ein christliches Gebet zu sprechen, kann für diese Wesen ebenso hilfreich und erlösend sein!

Und wer kennt es nicht: Wenn dann ein «lieb gewonnenes» technisches Gerät ausgetauscht werden muss, fällt das nicht leicht, denn es hat einem gut gedient. Da haben all diese Vorgänge während der gemeinsamen Zeit stattgefunden, wenn auch unbewusst.

Nachwort

Der Rahmen dieses Buches über die Jahreszeiten und Jahresfeste gab mir einen neuen, bereichernden Impuls: staunen, nichts wollen, forschen, erleben und teilhaben, auf eine kindliche, naive Art. Noch sind es nur Augenblicke. Ich kann es nicht festhalten, nur anfänglich, punktuell, im Jetzt. Sternstunden im Alltag, oder: Sternminuten, Sternsekunden. Noch erlebe ich das Hin und Her, den Wechsel dieser besonderen Augenblicke mit dem normalen Alltag, als Spagat, als Diskrepanz. Aber da wir im stetigen Wandel sind, mag auch das sich irgendwann ändern.

Das bewusste Feiern der Jahresfeste, kreativ mit Elementarwesen, gibt uns die Möglichkeit, noch einmal ganz anders in das Naturgeschehen einzutauchen. Wer spiegelt dabei wen? Es ist eine Wechselwirkung! Und beides bereichert sich gegenseitig!

Elemente, die das ganze Jahr hindurch als Symbol und Brauchtum zu finden sind, sind

das Feuer – es steht für Verwandlung, Licht, Reinigung und den Christus –,
die Lichtsymbolik (Sonne, Kerzen),
die Umgänge und Prozessionen, als gemeinsames Tun im Sinne einer Gemeinschaft,
von Haus zu Haus ziehen, etwas vortragen oder etwas bringen, dafür etwas bekommen,
das Gebildbrot, Spaziergänge durch die Natur, für das unmittelbare Erfahren einer Stimmung.

In dem riesigen polaren Spannungsbereich zwischen kosmischen und irdischen Kräftewirksamkeiten das Wesen und Wirken der elementaren Reiche zu erkennen und verstehen zu wollen, kann nur ein Anfängliches sein.

Doch es ist jedes Mal ein ganz bewusster Entschluss. Und wenn ich ihn nicht treffe, verhindere ich mich selbst. Ich versage es mir, die spannendsten und schönsten Erfahrungen zu machen. Ich kann lernen, mit jeder Blume mitzublühen, mit Freude nachzuempfinden, wie sie langsam ihre Knospe öffnet, wie sie jeden Morgen die Tautropfen empfängt und darin sich das

Sonnenlicht reflektiert. Obwohl es sich immer wiederholt, bleibt es ein tägliches Geheimnis, dessen Zeuge ich sein will. Ich möchte nicht mehr, dass sich mein Erleben der Jahreszeiten auf den Wintermantel, wenn es kalt ist, den Regenschirm, wenn es regnet, und die Sonnenbrille, wenn es warm ist, beschränkt.

Naturbetrachtungen sind uns eine Brücke zum Reich des Christus. Die Natur selber ist nicht das Reich Christi. Er webt in seinem eigenen Reich, das die Natur durchdringt. So können wir die christlichen Feste natürlich zunächst auch unabhängig vom Jahreslauf erleben und feiern, indem wir an seiner Seinsebene anknüpfen. Die Manifestation dieser Wirklichkeitsschicht offenbart sich aber in der Natur, im Jahreslaufgeschehen. Sie ist uns insofern wiederum eine Stütze. Das eine Reich ist in die Zeit eingebunden, das andere ist zeitlos.

Oft begegne ich Menschen mit einem echten Interesse an den Elementarwesen und deren Sein. Dabei mache ich immer wieder die Erfahrung, dass mir erzählt wird:

«Ich weiß, dass es sie gibt, ich grüße sie regelmäßig, das ist mir sehr wichtig, aber ich sehe sie nicht, ich weiß nicht, wo es sie gibt, wo ich sie finden kann. Davon habe ich keine Wahrnehmung. Ich weiß nicht, ob meine Grüße und meine Gefühle bei den Elementarwesen somit überhaupt ankommen? Es macht mich unsicher: Ist es trotzdem sinnvoll, es zu tun?»

Diese Menschen sind voller Zweifel, obwohl ein starker Wunsch nach einer Begegnung in ihnen lebt. Sie stehen sich lediglich noch selbst im Weg. Aber während sie mir ihre Unsicherheit kundtun, strahlen diese Menschen. Sie strahlen mit den Augen und mit dem Herzen. Und in diese ihre Freude kann ich mich sogleich ebenso hineinfühlen. Und dann sage ich ihnen: Aber natürlich siehst Du sie, vielleicht noch nicht bewusst, aber eine Wahrnehmung ist da, auf jeden Fall eine Wahrnehmung über Deine Herzenskraft, sonst würdest Du nicht so strahlen, wenn Du mir das alles so erzählst, und natürlich ist die Verbindung, die Begegnung da, und Deine guten Wünsche und Gefühle kommen an, da kannst Du ganz sicher sein!

Die Elementarwesen warten förmlich darauf, dass wir uns mit ihnen so zusammentun, wie wir uns mit Menschen verbinden. Immer, wenn wir etwas geistig durchdringen, haben die Elementarwesen die Möglichkeit, es mit uns mitzuerleben.

Wir können dem Weben der Naturwesen überall begegnen. Im sich bildenden Nebel über dem See, im Wachsen einer Pflanze, im Aufblühen einer Blüte, dem Reifen einer Frucht, im Hauch des Windes, in einer Wolke, die entsteht und sich wieder auflöst, im Flug einer Biene oder eines Vogels, im Knistern des Feuers, im Sprühen der Funken. Überall, wo ich es schaffe, präsent zu sein, sind sie für mich «sichtbar» da. Ich kann sie ahnen, empfinden, wahrnehmen. Jeder kleinste Gedanke, verwoben mit dem Gefühl der Liebe, der Andacht, der Wertschätzung, kann bewirken, dass sich Gemeinschaft bildet, dass «Kommunion» stattfindet.

Auch dieses Mal habe ich meine ganz persönlichen Erlebnisse mit eingewoben. Es ist für mich sehr deutlich, welchen Weg ich in den vielen Jahren, seit ich mein erstes Buch geschrieben habe, gegangen bin. Auch im Austausch mit vielen lieben Menschen, die ähnliche Erfahrungen machen.

Höhen und Tiefen begleiten mich, Unlust und Unsicherheit, Zeitmangel und Kraftlosigkeit. Aber es gibt nichts Schöneres für mich als die Liebe zu den Elementarwesen, die Liebe zu der Landschaft und die Liebe zu meinem Wohnort. Und jedes Mal, wenn es mir gelingt, meinen Blick dahin zu richten und in eine Kommunikation, gar Kommunion zu finden, sind es Höhepunkte im Alltag, kann ich daran erkraften und reifen, Zuversicht finden und Erlebnisse haben, die mich bestärken: Ja, es ist ein guter Weg!

Möge dieses Buch Dir Mut machen, Deinen ganz eigenen Erfahrungsweg zu gehen. Es bleibt etwas Persönliches. In der heutigen Zeit kann es auch gar nicht anders sein.

Mir ist bewusst, dass die zwei Worte, die ich am häufigsten benutzt habe, die Worte *Liebe* und *Dankbarkeit* sind. Aber sie sind die Säulen, sie beschreiben die Grundhaltung, die uns begleiten muss. Darin enthalten sind die Wertschätzung und die Anerkennung: Wertschätzung und Anerkennung für die Arbeit dieser Wesen, an der Erde, an der Landschaft, für uns!

Danke!

Literaturhinweise

Barz, Brigitte: *Feiern der Jahresfeste mit Kindern*, Stuttgart 1984.

Benesch, Friedrich: *Leben mit der Erde*, Stuttgart 1993.

Bock, Emil: *Der Kreis der Jahresfeste*, Stuttgart 1967.

Bockemühl, Almut: *Sinnesbilder, Seelenbilder – Betrachtungen zum Jahreslauf*, Stuttgart 1997.

Cloos, Walther: *Das Jahr der Erde*, Stuttgart 1986.

Debus, Michael: *Maria-Sophia*, Stuttgart 2000.

Flau, Karlheinz: *Die Dreiheit im Jahreslauf. Ein Werkbuch zur Festesgestaltung*, Stuttgart 1983.

Geiger, Rudolf: *Märchenkunde*, Stuttgart 1982.

Gerasch, Michael (Hrsg.): *Der anthroposophische Taschenkalender*, Stuttgart 2021.

Hagemann, Ernst: *Weltenäther – Elementarwesen – Naturreiche*, Schaffhausen 1987.

Hahn, Herbert: *Von den Quellkräften der Seele*, Arlesheim/Schweiz 1959.

de Jong, Nicolaas: https://www.runework.eu/het-religieuze-jaar-als-afbeeld-van-de-mens-en-wereldwording/

Kinslow, Frank: *Quantenheilung*, Kirchzarten b. Freiburg 2008.

Lenz, Friedel: *Mit Kindern Feste feiern*, Freiburg i. Br. 1973.

Mayer, Thomas: *Rettet die Elementarwesen!*, Saarbrücken 2008.

Pogačnik, Marko: *Elementarwesen. Die Gefühlsebene der Erde*, München 1995.

Pogačnik, Marko: *Schule der Geomantie*, München 1996.

Ruland, Jeanne: *Das Geheimnis der Rauhnächte*, Darmstadt 2009.

Steiner, Rudolf: *Jahreslauf und Festeszeiten*, Dornach 2004.

Rudolf Steiner-Nachlassverwaltung, Edwin Froböse und H. E. Lauer (Hrsg.): Die Oberuferer Spiele. Weihnachtsspiele aus altem Volkstum, mitgeteilt von Karl Julius Schröer, 6. Auflage, Dornach 1938.

Tolle, Eckhart: *Jetzt. Die Kraft der Gegenwart*, Bielefeld 2000.

Übersicht: Ordnung der Elementarwesen

(nach Marko Pogačnik)

Erdelementarwesen

Dritte Entfaltungsebene: Pan

Zweite Entfaltungsebene: Die Liebende Alte, der Alte Weise

Erste Entfaltungsebene: Faune, Elementarwesen bei Tier und Mensch, Heinzelmännchen, Kobolde, Elfen, Zwerge, Gnome

Luftelementarwesen

Dritte Entfaltungsebene: Deva-Meisterin, Deva des Ortes, Ritualdeva

Zweite Entfaltungsebene: Raumfeen, Pflanzendeva, Waldfee

Erste Entfaltungsebene: Sylphen, Feen

Wasserelementarwesen

Dritte Entfaltungsebene: Nympfenkönigin, Landschaftsnymphe

Zweite Entfaltungsebene: Nympfen (Quellnymphe, Auennymphe …)

Erste Entfaltungsebene: Nixen, Undinen, Wassermänner, Geister des Gleichgewichts

Feuerelementarwesen

Vierte Entfaltungsebene: Musen

Dritte Entfaltungsebene: Lichtgeister

Zweite Entfaltungsebene: Geister der Reifung und Wandlung

Erste Entfaltungsebene: Geister der Erdmitte

Danksagung

Mein erster Dank geht an Claudia und Jonathan Stauffer-Zangger. Ohne Deine Frage, liebe Claudia, wäre dieses Buch nicht entstanden. Im Namen Eures Verlags klingt es schon an: Euch sind Impulse und Themen wichtig, die für eine gute Zukunft tragend sein können.

Ich bedanke mich bei meiner Familie: bei meinem Mann Thomas und bei meinen Söhnen Simon, Felix und Victor mit ihren Familien. Weil wir zusammengehören und das sehr schön ist!

Ein Dank geht auch an Dich, liebe Beate: Du hast immer Zeit für mich, wenn ich Dich brauche. Wir sind zusammen ein gutes Team.

Alfredo, Dir möchte ich danken für Deine Freundschaft und weil ich Dir so viele Fragen stellen darf.

Victor, hab Dank für Deine Fotos und Deine Vorschläge!

Ich danke meinen vielen Kollegen und Freunden für die inspirierenden Gespräche. Gespräche sind so wichtig – für die Selbstbestätigung und dafür, dass man angeregt wird, nicht dort stehen zu bleiben, wo man angekommen ist, sondern neugierig immer weitergehen will. Unsicherheiten werden aufgefangen, Klarheit kann im gemeinsamen Austausch gefunden werden.

Großen Dank empfinde ich auch für die Geistesforschung, von der ich während der Arbeit an diesem Buch profitierte. Für all diese Hilfen seien hier namentlich genannt:

Heike Pepper, Regina Leese, Gregor Arzt, Thomas Mayer, Frank Burdich, Gisela Wuttig, Bettina Heydeker, Monique Perrot (verst.), Andrea Wasolua, Anja Sosat, Silvia Quint, Anna und Gerd Vespermann, Hans-Joachim Aderhold, Gunhild von Kries, Jürgen und Antje Knothe.

Ein großer Dank geht an meinen Lektor! Es ist ihm gelungen, aus einem wilden Garten, der auch etwas Schönes ist, aber eben wild, einen gepflegten Garten zu gestalten. Das war bestimmt eine Herausforderung.

Außerdem danke ich den Kindern und all den Menschen, die Teil meiner Geschichten sind.

Und nicht zuletzt möchte ich mich herzlich bedanken bei all den geistigen Helferwesen, den Sternen- und Elementarwesen, die meinem Leben und Tun Sinn geben.

In Liebe und Dankbarkeit

Langenschwarz, in Mai 2022 *Christine Frieda Josée Beusch*